阿佩尔均线操盘术

活跃投资者的超级工具

[美] 杰拉尔德·阿佩尔(Gerald Appel)◎著 | 张艺博◎译

TECHNICAL ANALYSIS

Power Tools For Active Investors

人民邮电出版社
北京

图书在版编目（CIP）数据

阿佩尔均线操盘术 ：活跃投资者的超级工具 / (美)
杰拉尔德·阿佩尔 (Gerald Appel) 著 ; 张艺博译. --
北京 : 人民邮电出版社，2017.2
ISBN 978-7-115-44745-6

Ⅰ. ①阿… Ⅱ. ①杰… ②张… Ⅲ. ①股票交易－基本知识 Ⅳ. ①F830.91

中国版本图书馆CIP数据核字(2017)第014297号

内容提要

作为平滑异同移动平均线系统（MACD）的发明人，阿佩尔不仅在本书中对MACD的思想精髓和应用准则给出了最权威的说明，还结合自己40年的交易经验，以与众不同的视角对市场趋势判断、买卖时机分析和技术指标应用进行了精彩的解读。此外，书中介绍的一系列跟踪和预测市场的技术分析工具，如T型形态指标、移动平均线交易通道指标、市场广度指标和交易者指数等，对投资者判断市场趋势、锁定投资时机具有很好的指导价值。

本书中的交易技巧和分析工具都是即学即用的，适合所有股票投资者阅读。

◆著　【美】杰拉尔德·阿佩尔（Gerald Appel）
译　张艺博
责任编辑　王飞龙
执行编辑　陆林颖
责任印制　焦志炜

◆人民邮电出版社出版发行　北京市丰台区成寿寺路 11 号
邮编 100164　电子邮件 315@ptpress.com.cn
网址 http://www.ptpress.com.cn
北京虎彩文化传播有限公司印刷

◆开本：700×1000　1/16
印张：16.5　2017 年 2 月第 1 版
字数：156 千字　2025 年10月北京第35次印刷

著作权合同登记号　图字：01-2016-1233 号

定　价：55.00 元

读者服务热线：（010）81055656　印装质量热线：（010）81055316

反盗版热线：（010）81055315

推荐序

本书是送给严谨交易者的一份珍贵礼物——既包括那些寻求提升自己投资成绩的专业人士，也包括那些想要在现实中少走弯路的投资新手。真希望我在很多年前就已经拥有此书，我会手不释卷直至今日，并不断从中寻找能够提升我的交易智慧的金玉良言。

杰瑞（杰拉尔德的爱称）是世界顶级基金经理之一，他那非凡的头脑在一个月里所产出的奇思妙想比大多数人一辈子产出的都要多。1973年，他开始担任交易技术实时通讯——《*Systems and Forecasts*》的编辑，该杂志由他所在的公司——信号预警公司（Signalert Corporation）出版，此后他逐步成为一名举足轻重的投资经理，以及好几本畅销书的作者。作为MACD指标的发明者，他很早就成名于用计算机进行技术分析的时代。如今，MACD指标——平滑异同移动平均线（Moving Average Convergence and Divergence）——已经成为绝大多数交易软件的标配。

本书致力于总结资金管理的方法以及作者本人终生研究的成果。杰瑞用市场的情绪指标来鉴别投资环境的风险水平，并用获利/亏损比率来评估这些指标。他从移动平均线和变动率指标中提炼出了强有力的市场信号。他还通过设置一系列清晰易懂的规则，将技术分析中最为模糊和棘手的工作——读图——加以简化。

所有的交易者和投资者都非常关心价格的走势，但是只有最优秀的投资者才会关注市场时机的选择。杰瑞在本书中会教你如何借助强大的T型形态（T-formations）来驾驭市场周期。除此之外，他还解释了自己为什么相信市场广度指标，比如指数的新高和新低，足以反映市场的真实情况。在讨论市场成交量和波动率的章节中，他清清楚楚地描述了市场在进入顶部时的那种“暴风雨来临前的平静”，和市场进入底部时出现的“沉寂之前的最后躁动”。诸如此类以及其他一些看似简单、实则不易的概念，将彻底改变你的交易方式。

本书的核心体现在介绍MACD指标以及移动平均线交易通道的相关章节之中。我大约是在1990年第一次听到杰瑞谈及这些投资策略的，而且迄今为止，这些策略依然影响着我的交易。杰瑞是从自己丰富的市场经验中提炼出了一整套被他称为超级工具的投资策略。

我在最近一次拜访杰瑞时问他为什么要写这本书。他笑着回答：“因为我喜欢看到自己的照片出现在书的封面上……将自己的投资理念向世人传播的感觉棒极了，这可以在纷繁的人世间留下一丝自己的微不足道的痕迹。将自己的理念与他人分享，我并不会损失什么；而倘若他人因此而受益，我会不胜欣慰。”

全身心地投入到市场研究中是对阅读此书的人的唯一要求。你追求成功投资时所需要的全部工具就在这里、摆在你面前。我现在急切地想知道，到底有多少人会真正掌握这些知识，并通过使用它们而成为成功的交易者和投资者。

亚历山大·埃尔德博士

《以交易为生》一书的作者

前言

如果你因为轻信自己的证券公司，轻信自己所熟悉的共同基金经理或者盲目信任那些炙手可热的交易大师而受到过伤害，那么本书正是为你而写。同时，本书也适用于那些希望能够驾驭越来越不稳定、越来越令人琢磨不透的证券市场的投资者，以及每一个愿意自负盈亏的投资者。最后，本书还适用于每一个准备好花时间去研究，以及至少愿意花费一定精力在证券市场分析上的投资者。

投资者往往会因为股市的变化无常，而在错误的时间作出错误的决策。例如，在20世纪20年代末股票市场的暴涨，会使投资者误认为股票市场只有一个方向——上涨，当时人们对市场无限上涨的预期是如此强烈，甚至开始利用杠杆来放大自己的交易。

然而，就在投资者蜂拥而至的时候，股市却轰然崩塌。尽管股票市场在1931年—1932年就已经完成了历史大底的构筑，但事实上，从那以后的20年间，人们依然对股市心存余悸。到了20世纪90年代中期，标准普尔500指数（Standard & Poor's 500 Index）一路高歌猛进，展现出一派王者气象，而与之相关的指数基金也成为皇家的御用马车，令投资者斩获颇丰。从1996年到1998年间，巨量的资金涌进以标准普尔500指数为主要投资对象的共同基金，例如由先锋（Vanguard）投资公司发行的指数基金。其中最大的资金流涌入正好发生在1998年中期——市场的一次剧烈调整之前。之后市场又恢复了上涨，但是本轮上涨并不是由标准普尔500指数中的成分股主导，而是换成了由纳斯达克综合指数（Nasdaq Composite）中的科技概念股来引领。在这类股票（互联网及相关行业）中，有一些每股售价高达几百甚至上千美元，即便是在这些公司没有任何盈利时也是如此。随后在2000年3月发生了互联网泡沫破灭后的崩盘，纳斯达克综合指数最终跌幅超过了77%。

因此，投资者重新回归到投资的庄严法则上，即依靠公司的总收益、内在价值、盈利和分红能力来投资。虽然这一策略在2000年到2002年间的表现并不算好，但是在接下来2003年春季出现的新一轮牛市行情中，这一策略的投资业绩相当突出。此时的市场主角重新换为高科技和互联网类股票，这主要得益于它们整体业绩和营收的回归（当然，在2004年前三个季度中，科技类股票再一次将领涨的接力棒交接给了以价值和营收为主导的实业类股票）。

至此，问题的症结可以归结为，传统投资者只是跟随趋势，而没能引领趋势。事实上他们总是慢一拍而不是快一拍：在交易中常常是随波逐流而不是自主导向。根据达尔巴（Dalbar）公司（一家市场调研公司）的市场调查，投资者在1984年到2000年间的平均年化投资收益是5.32%，而同一时期标准普尔500指数则以每年16.3%的速度增长。当把统计时间延长至2003年7月时，情况甚至更糟，此时投资者的平均年收益率只有2.6%。而同期（1984年至2003年）标准普尔500指数的年增长率是12.2%。

本书致力于使投资者获得比市场年平均收益率更好的收益，而且我们坚信最终收益会远超平均水平。

本书的内容结构也是为提供投资信息和交易工具而设置的，不论你是专业的还是相对非专业的股票市场投资者，其中有些交易工具和信息都是可以即学即用的。而且我将在一开始就和你们分享我最喜欢的交易技巧——对共同基金和ETF基金[1]的选择技巧。

接下来我会向读者介绍一些跟踪和预测市场的技术分析工具。其中一些“非常实用的超级工具”，可能会涉及一些数学计算——其实并不是很

1 这类基金以股票市场指数为主要投资对象，是走势类似市场指数的共同基金，但是它们以更低的内部管理成本，为投资者提供了更大的灵活性，当然，交易此类基金也会产生一定的成本，但是普通共同基金的交易同样需要花费成本。

难。我之所以在“非常实用的超级工具”中强调“实用性”，主要就是想强调 KISS（Keep It Simple，Stupid）原则，即尽可能简单，尽可能通俗易懂。而且我也将尽自己的所能，始终将这一原则贯穿本书。

例如，在第一章中所涉及的两个技术指标，每周只需要占用你 5 到 10 分钟的分析时间——是的，每周，而不是每天。这就足以让投资者判断市场气候是有利于还是不利于交易，而且这种方法在过去一直保持着良好的纪录。当然，尽管没有什么工具可以在股市中保持永远有效，但是你仅需观察这两个简单的技术指标，就能够在过去三十年间的市场中表现优异。这足以证明，在市场投资中选择择时交易策略，不仅简单有效，而且收益令人惊艳。

即使你读完第一章就不再读下去，你也已经掌握了很有用的、能够提升你投资业绩的分析工具。此时，你已经可以继续学习更复杂一点的方法了——我在自己的投资决策中已经使用多年的技术分析工具，其中包括诸如 T 型形态指标——一种基于时间的、能够帮你很好地捕捉可能出现的市场反转形态的交易工具。在之后的章节中，你还会学到移动平均线交易通道指标，它利用市场过去的特定形态来预测未来可能会呈现的形态。

最后我将手把手向你展示，我在 20 世纪 70 年代发明的 MACD 指标的使用方法，而且自那时起，它就已经成为全世界使用范围最广泛的、被大多数技术分析师用来预测市场的工具之一。此外，你还将学到如何跟踪使用 MACD 指标，以及如何解释其从 15 分钟（对于日内交易者而言）到数十年（对长线投资者而言）的不同时间框架下的意义。

本书中所涉及的每一个技术指标都是非常有效的，尤其是当你在开发工具中融合了你的买卖规则以及高回报、低风险原则等各种要素时。而且你会发现，将它们搭配起来使用效果更佳。我会为你展示多种组合搭配使用的具体方法。

总之，本书是我近 40 年对股市的研究和交易的总结，是迄今为止我发现的最好的市场分析和择时交易工具的总结。这些都是实实在在的交易分析工具，是具有超强实用性的交易分析工具，也是我和我的同事们每天用来跟踪市场、为我们自己和客户的资金进行投资所使用的交易分析工具。而且最重要的是，它们也是你马上就可以使用的工具。

我相信在学习的旅途中，还会有一些其他的格外有趣的行程和风景未经提及，但是我暂且只能将我们的日程描述成这样。那么现在让我们开始这次旅程吧！

致谢

我非常感谢信号预警公司的同仁们为本书所作出的艰苦卓绝的研究工作，以及大量的图表绘制和编辑工作，特别是（按字母顺序排列）我的儿子，马文·阿佩尔（Marvin Appel）博士；我的弟弟，亚瑟·阿佩尔（Arthur Appel）；崔准硕（Joon Choi）；邦尼·高特乐（Bonnie Gortler）和罗尼·纳尔逊（Roni Nelson）。没有你们的无私付出，要写就本书是不可能的。

我还要在此感谢无数的技术分析师和证券市场的研究者们，正是从他们身上，我学习了许多年，而且仍将继续学习下去。虽然有很多具体的需要感谢的人未能一一列出，但是我对他们的感谢同样是真挚而热烈的。

我的第一本书《市场制胜法则》（*Winning Market Systems*）写于 34 年前的 1971 年，此书献给我的妻子朱迪（Judy），她是“我一生中做过的最好的投资”。如今，在 34 年后的今天，作为我们结婚 48 年的礼物，我同样要再一次将此书献给她。朱迪是我生命中最重要的人，她就是我的生命。

目录

第一章 超级实用的投资策略

选择投资工具的第一原则

成功的投资包括两大基本决策：你买卖的是什么，什么时候买卖。在接下来的几章里，请读者跟随我们开发的各种各样的择时交易指标，来着重讨论“什么时候买卖”的问题。当然，在我们讨论择时问题之前，必须要先介绍在选择投资工具时的第一原则。

第一原则：重要的不是你能赚多少，而是你准备亏损多少。

让我们先从一组数字说起。纳斯达克综合指数在 2000 年 3 月 6 日到达历史最高点，收盘在 5048.60 点。接下来发生的熊市将指数在 2002 年 10 月 9 日打压至最低点，即 1114.40 点——下跌幅度 77.9%。此后指数开始展开反弹。到 2003 年 12 月 3 日为止，指数上升至 1960.20 点——比 2002 年 10 月份的低点上涨了 75.9%。在这一点位，那些从 2000 年的高点开始坚持买进并持有的投资者都承受了什么？暴跌——非常惨烈的暴跌，从 2000 年 3 月的收盘点位下跌了 61.2%！

深刻的教训：为弥补股票市场的亏损，你必须获取比所受损失更大的收益百分比才行。至于亏损和获利的先后顺序并不重要。

例如，如果你的本金亏损了 20%，你就不得不使用余下的本金赚取 25% 的利润才能打平（如果你的初始本金为 100000 美元，损失 20% 就剩下 80000 美元。而要将 80000 美元变回 100000 美元，你就必须获利 20000 美元，也就是你账户中剩下的 80000 美元的 25% 的收益）。

如果你亏损了三分之一，也就是 33% 的本金，你就不得不以余下的本金为基础赚取 50% 的利润才能打平。反过来，如果你先赚了 50%，你只要亏损 33% 就能将你打回原形。

如果你损失了 25%，你需要赚取 33% 才能不赚不赔。

如果你损失了 50%，你就必须赚取 100% 来赚回原始本金。

如果你亏损了 77.9%，你就需要赚取 352.5% 的利润才能扳平。

我想你现在应该明白了，总的来说，为确保长期投资的成功，保护好本金要远比获取偶然暴利重要得多。

风险与波动率的联系

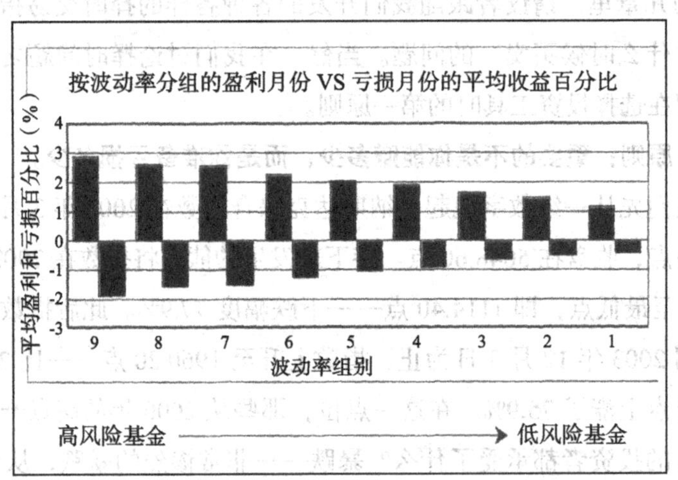

图 1-1　按波动率分组的盈利月份 VS 亏损月份的平均收益百分比

本图展示了共同基金在盈利月份的平均收益与亏损月份的平均亏损相比较的结果，其中共同基金根据其波动率排名，分为 9 组，通常是以标准普尔 500 指数作为比较的标准。图中第 9 组代表了波动率最大的基金，第 1 组代表波动率最小的基金。时间样本的取样区间为 1983 年 12 月到 2003 年 10 月。通常情况下，波动率越大的基金在盈利月份就赚得越多，当然在亏损月份中也亏损得越多。

如果没有特别提示，本章中所使用的计算结果和研究结论，以及本书中在其他章节列举的数据，均来自于信号预警公司（一家作者本人独资创立并管理的投资咨询公司）的研究成果。本例中我们采用的共同基金样本起始于 1983 年，是我们为 3000 多种共同基金模拟投资策略而得来的，因为随着年份的增长，市场上又逐渐创立了许多新的共同基金。

图 1-1 展示了从 1983 年到 2003 年，不同波动率（价格的波动范围）的

共同基金的平均收益百分比，以及在上涨月份和下跌月份中的表现之间的关系。例如，本例中最具波动性的共同基金（即第 9 组）在普遍上涨月份中，其收益率接近 3%，在下跌月份中亏损接近 2%。而波动率最小组（即第 1 组），与之相对应的表现分别是 1.2% 和 0.4%~1%。

图 1-1 告诉了我们这样一个事实：更具波动性的共同基金——即个股的波动率高于平均水平的投资组合——可以给投资者带来很好的收益；但是，当这类投资组合表现很差时，也会让投资者损失惨重。那么问题是，这些额外的收益值得投资者冒这样的风险吗？我们下面会继续展开对这个问题的探索。

收益 / 损失比率

至此我们已经可以得出结论，在市场上涨期间，投资组合越激进，平均收益就越高。同时我们也发现，在市场下跌期间，越激进的投资组合亏损也越严重。这一点非常符合逻辑，毕竟天下没有免费的午餐。但是这和收益 / 亏损比率又有什么关系呢？

接下来我们来看图 1-2，它展示了如下结论：相对来说，高波动率共同基金的亏损相对于收益而言更大，它们的收益 / 亏损比率要小于低波动率共同基金。例如，第 9 组上涨月份收益 3%，在下跌月份损失 2%，其收益 / 损失比率为 1.5；而第 1 组的收益 / 损失比率接近 2.7，其含义是，你在亏损月份每 1% 的亏损对应在盈利月份的 2.7% 的收益。相较而言，高波动率基金的额外收益与其风险不成比例。

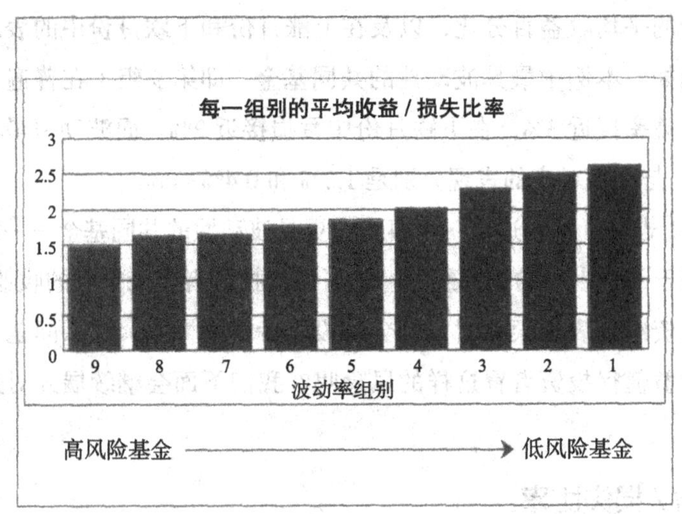

图 1-2　根据波动率分组的平均收益 / 损失比率

上图展示了依据波动率分组的基金在盈利和亏损月份的平均收益 / 亏损比率。例如第 9 组，最高波动率组，其收益 / 损失比为 1.5。也就是说，平均而言，其在盈利月份的收益 1.5 倍于在亏损月份的损失。第 2 组，波动率第二小的组，其收益 / 损失比是 2.5。即平均而言，其在盈利月份的平均收益 2.5 倍于其在亏损月份的损失。该图的时间跨度区间为 1983 年到 2003 年。

你很可能会注意到风险和波动率之间的联系非常稳定，而且呈现出线性相关的特征。波动率越大，收益 / 损失比越小，风险越大——但是在深受投机客喜欢的暴涨暴跌的市场动荡期，投资者又常常会选择性地忽视这种关系。

对未来风险的度量方法：回撤幅度

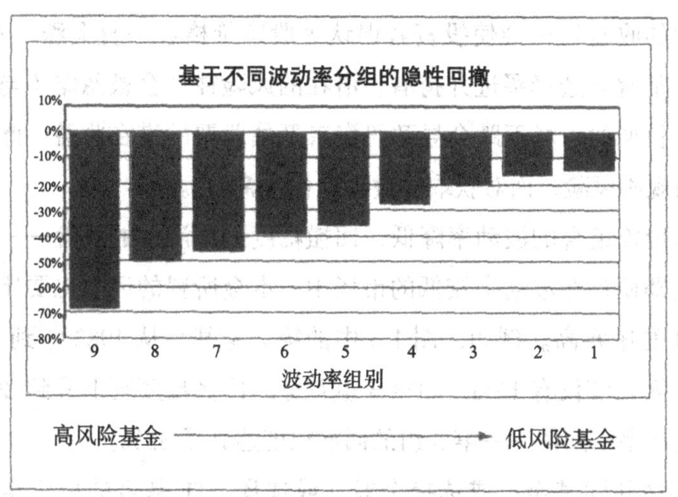

图 1-3 不同波动率的隐性回撤

回撤指从投资组合的一个最高值到下一个最高值之间所发生的最大亏损额。图中显示最高波动率的组（第 9 组）在 1983 年到 2003 年间遭受了高达 68% 的回撤；而与此同时，最低波动率组（第 1 组）的最大回撤幅度仅为 15%。

回撤幅度，即在投资组合达到下一次新高之前，从最高值到最低值的下跌幅度。它是最有效的风险度量方法之一。

例如，我们假设你被那些高波动率的共同基金吸引，因为它们总是在市场上涨期给投资者带来可观的收益。如果你选择它们，那么仅在 1998 年到 2000 年间你就可以获得大约 120% 的收益，也就是说如果你初始投资 100 000 美元，最后会收获 220 000 美元。这自然很好。然而，这个投资组合在接下来的 2000 年到 2003 年的熊市中却会让你损失 70%，也就是说你的本金只会剩下 66 000 美元。尽管自 1974 年的熊市以来，普通的共同基金组合并没有遭受过如此大的损失，但是这种损失确实在某一个特定的历史时期发生过，所以激进型投资者在设置风险等级时就必须对这一现象加以足够的重视。更进一步讲，如果一个投资组合的资产总值在到达下一个新高之前预计会跌至新低，那么投资者有必要提升这一投资组合的风险等级。这种情况在 2004 年的头几个月中并没有发生过。

持续的收益往往会使投资者误认为股票价格会一直上涨，永不停歇；此时人们常常会选择买进并持有，潜在的风险往往会被忽略（与之对应的情况是，长期的市场下跌会导致投资者低估股票的潜在收益。此时大家都强调如何规避风险，而对获取收益不抱什么希望）。

随着投资组合的波动率降低，回撤幅度——潜在的风险——会急剧下降。但是即便是在波动率较低的市场中，本金所冒的风险也要比大多数投资者预计的还要高。例如，图 1-3 中的第 2 组基金从 1983 年到 2003 年间最大的回撤幅度仅有 16%，而第 3 组基金的回撤幅度则上升到 20%；共同基金的波动率中间值——第 5 组的回撤幅度达到了 35%。

在评估共同基金，或选择个股，或选择 ETF 基金的投资组合时，你应该确保在这些组合的历史表现中，资本回撤的最大风险不超预期。ETF（交易所交易基金）基金是一种证券，其背后由相关的一揽子股票做支撑，它们被挑选出来代表并反映特定股票市场和 / 或行业的指数。例如，有一些 ETF 基金被叫作 SPYDRS，它们反映的就是标准普尔 500 指数的价格运动，亦步亦趋地随着指数上涨和下跌；另一种 ETF 基金，名字叫 QQQs，它反映的是纳斯达克 100 指数；还有一些 ETF 基金反映的是道琼斯工业平均指数中高收益股票类组合的走势，或房地产类股票投资组合，甚至还有一些 ETF 反映的是十年期国债债券的走势。ETF 基金和基于指数类或行业类的共同基金具有很多相似之处，比如它们不但可以在全天任何时间无限制交易，而且其内部费用也低于一般的共同基金。当然，它们也有自己的劣势，这主要和它们的买卖价差有关，那不但会增加交易成本，而且其流动性偶尔也会受到限制。

你可以通过平衡组合中高风险和低风险股票的构成，调整投资组合的整体风险，使之趋于合理。例如，一个包含 50% 中期国债基金（历史上最大回撤幅度仅为 10%）和 50% 第 8 组共同基金（历史上最大回撤幅度为

50%）的投资组合，其综合回撤幅度大约是30%，这比一般投资者愿意承担的风险可能会稍高一点，但也高不了多少。

高波动率带来低收益

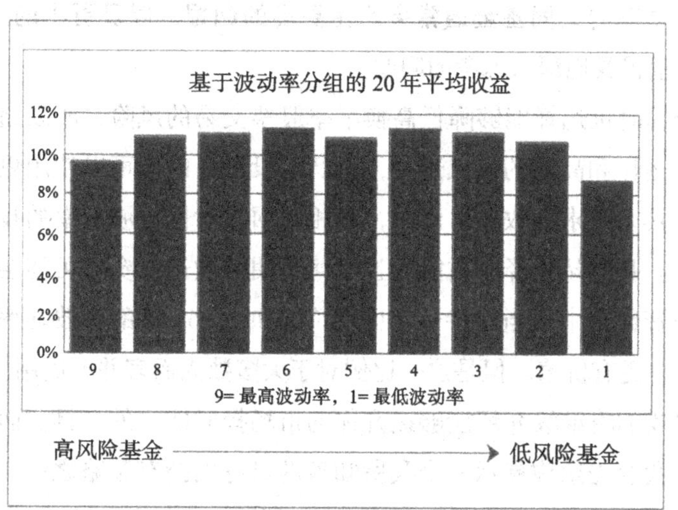

图 1-4　共同基金 20 年业绩对比（按波动率分组）

从图中可以看出，整体而言，投资者如果将资金主要投资于高风险类基金，最终盈利确实不大。长期来看，低波动率和高波动率组别的基金获得的投资收益基本一样，但是前者的风险却更低。

图1-4很好地阐明了历史。除了第1组共同基金（它包含了太多的综合性证券和债券基金）之外，从1983年到2003年的20年间，低波动率的股票类以及平衡型共同基金，和高波动率的共同基金产生的最终收益基本一致。一般情况下，最高的平均收益是由波动率趋于平均水平的共同基金创造的，它们的收益曲线呈现出峰值的形态。当然，仅依照第2组和第3组，第4组到第6组共同基金之间收益的不同，并不能得出这样的结论，即随着不同组别的基金波动率从低到高变化，风险是逐步增加的。

总而言之，对于买进并持有的策略而言，越高的波动率在历史中产生的收益越低，即便是要冒更大的风险，其最终收益也提升不多。这些真实的结果与我们常规的观念——能冒高风险的投资者总能获得高收益——相违背，这一常规观念在特定的时间段，对于那些出击精准和头脑灵活的市场交易者而言可能是真的，但是事实上，对于大多数交易者而言，他们则很有可能在错误而不是正确的时机采用激进的投资策略。

低波动率的共同基金通常会产生更高的回报，以及更小的回撤幅度，这是一个值得我们深入思考的问题。

精准的时机选择能够降低高换手率股票交易的风险，所以通过纪律严明的管理运作和高效的时机选择，活跃的投资者的确可以使用更高波动性的投资工具来谋求高收益。此时，其相对回报对比低波动率的投资工具会有所提升。具有超强择时技能而且纪律严明的激进投资者可能会发现，在自己的投资组合中适当保持一定比例（比如说25%）的高波动率投资标的会投资组合更有价值。但是这一比例对于大多数人而言并不适用。

接着我们将继续介绍能够提升你的市场择时能力的工具。而在我们开始之前，我会先给你展示一个我所知道的最好的持有策略之一，它会使你的业绩表现优于股票、共同基金或市场指数的平均收益水平。

相对强度投资法：时时持有最优组合

现在让我们假设你有一个选择。

你去赛马场赌第四场比赛。在研究了参赛马的历史表现，分析了赛道环境，查看了骑手的状态并评估了可能的胜率之后，你才最终决定下注。你选择的那匹马一开始看起来非常好，但是到第一个弯道时就开始落后于群马，而且看来不可能再次领先了，你所下的赌注可能会因为马的表现而付诸东流。当然赌马比赛规则允许你同时给多匹马下注。虽然你下注的马数越多，你就有越大的机会胜出，或者至少赌对第二名或第三名，但是很快他们也可能都会成为失败者。

后来你发现有一种全新的玩法。开始的时候你可以对任何你看上的马下注，但是到第一个弯道时你可以改变赌注——甚至可以将你一开始下的赌注转移给最领先的马。如果那些马在第二个弯道仍然领先，你很可能会继续持有筹码。当然，如果这些马再次落后，你仍被允许改变下注对象到最新领先的马，如此这般直至比赛结束（当然，这只是一种略显夸张的类比）。

那么，你喜欢哪一种方法呢？下注之后在任何情况下，而且很有可能在你的马已经失去领先势头的情况下，仍始终坚持原有的赌注？或者每圈都可以改变你的决定，把赌注重新押给最领先的马？

第一种方式非常像股票市场上的情形，基金经理们总是告诉投资者们买什么，有时也会告诉他们什么时候买，但是很少会告诉投资者什么时候改变交易品种。买进并持有策略确实能获取利润，尤其是在一个相当长的时间框架内。毕竟，这有可能让所有的股票市场投资者最终都赚到钱，可是这种策略并不适用于赌马比赛中所有的下注者。

当然，第二种方法会让玩家更具优势。当强悍的马开始失去领先地位时，你没有必要一直对它压注直至终点。这就带给我们一个有关投资的相对强度投资法。

相对强度投资法

相对强度投资法的基本原则如下。

- 找出领涨股；
- 买进领涨股；
- 只要它们保持领先地位就一直持有领涨股；
- 当领涨股开始减缓上涨速度时，卖出它们并买进新的领涨股。

是不是太简单了？

下面我们来看更具体的细则。

对于那些风险承担能力低于平均水平的一般投资者而言，开始着手投资的时候应该确保有一两个强大的，包含大量共同基金的大型数据库。我常用的数据库包括大约 1000 只共同基金——实际上很可能更多一些，但是对于单个的投资者而不是资本运作管理者而言，几百只肯定就足够了。

保守型投资者应该自动忽略波动程度超过标准普尔 500 指数的基金。在投机盛行的时候，这类基金常常会产生非常优秀的投资收益，但是为了平衡风险和收益，你在选择共同基金时最好将注意力集中在波动率约等于或者低于（最多稍高于）标准普尔 500 指数的品种上。在满仓投资时，你持有组合的波动率一般相当于标准普尔 500 指数波动率（风险率）的 80% 到 85%。而如果你用相对强度投资法对之进行调整，实际风险可能会比这更低一些。

当你已经瞄准了一批波动率约等于或不超过标准普尔 500 指数的共同基金，例如道奇（Dodge）和考克斯（Cox）平衡基金以及草原第一鹰基金（First Eagle Sogen），那么就从你的共同基金池中，挑选出在过去三个月中业绩表现在前 10%（前十名）的基金。这些就是在这一时期内投资收益百分比表现最好的基金。

现在从前 10%（波动率约等于或不超过标准普尔 500 指数的共同基金）中最少选择两只——最好是四到五只——共同基金买进。一定程度的多样化意义重大。即便是只有两只基金的投资组合，也比仅有一只基金的投资组合具备更高的安全性。寻找那些只需持有 90 天以上就免收申购和赎回费用的基金效果会更好。

因为新的季度报告数据的出现，投资者应当每三个月检查一遍自己的投资组合。如果其中任何一只的业绩跌出前 10%，那就卖掉它，并用其他一直保持或者刚进入前 10% 的基金来替代。继续持有其他当前的业绩表现仍保留在前 10% 的基金。

基金的排名应该和它们的波动率相匹配。在市场上涨期间，高波动率基金的业绩表现要比低波动率基金更出色，因为高波动率基金或股票比低波动率基金或股票上涨得更迅速；反之，较高波动率的投资标的往往也比较低波动率的投资标的下跌得更快。而我们致力于寻找的是那些在任何投资气候下——包括上涨和下跌市场周期中——都具有最好收益率的基金。

如果遵循这一过程，你就能够时不时地对你的共同基金投资组合进行再平衡和再分配，在每个季度都持有始终引领同行业平均水平的共同基金组合。最终，你的投资组合将由表现最优异的共同基金组成，如同在每一圈都处于领先地位的赛马。

测试：为期 14 年的相对强度投资法的业绩表现

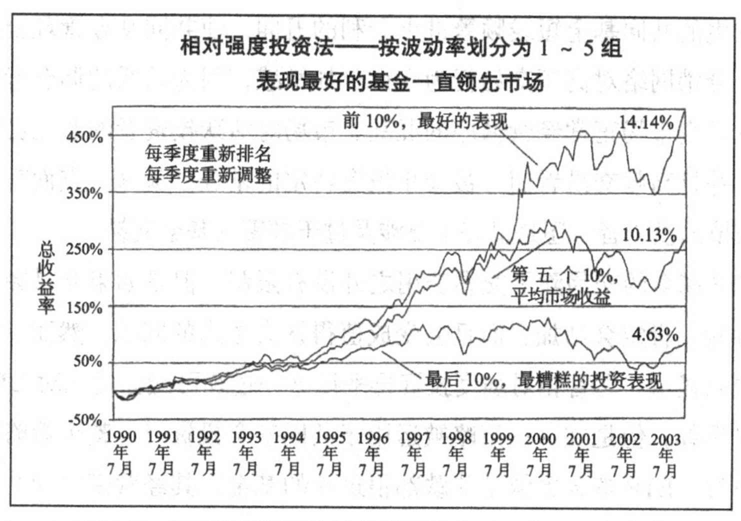

图 1-5　相对强度投资法的业绩表现（1990 年—2003 年）

图 1-5 展示的是从 1990 年到 2003 年间按 10% 划分的 10 个分组的共同基金的业绩表现。前提是我们假设在每个季度的开始，投资资产都被重新平衡，以保证自己投资的基金始终在上一个季度业绩表现的前 10% 中。1990 年初全球大约有 500 只基金，而到了 2003 年已经有 3000 多只。每一只基金的排名都和业绩表现紧密相关。本图使用的数据是以研究为前提的实验数据。

图 1-5 展示的结果是基于组合中共同基金的波动率均低于平均水平的假设。同时，每季度对共同基金进行重新排名，卖出那些业绩表现跌出前 10% 的共同基金，并且从那些一直保持在或者新进入前 10% 的基金中寻找挑选出替代品以重新配置投资组合。我们还要再次重申，最好挑选那些只要持有 90 天以上就不用申购和赎回费用的基金。

如果你喜欢的话，持仓的再平衡策略也可以比 90 天的间隔更频繁一些，比如可以对有些回报率高的基金进行每月而不是每季度的重新排名和持仓平衡。当然，对投资组合进行过于频繁的调仓会导致交易成本以及赎回费用的增加，但是所有这些费用，相对于再分配策略所带来的收益来说都微不足道。超过三个月的投资再平衡时间间隔也会带来相当大的益处，但是投资收益可能会有所降低。

对于降低交易频率这一点，还有一个更重要的理由。在 2003 年到 2004 年间发生的共同基金短线频繁进出套利的丑闻，使共同基金管理公司及共同基金分销网络对高频交易行为变得更加敏感，因为活跃的调仓行为可能会引发基金市场正常经营秩序的混乱。市场对活跃投资者的监控已经成为常态，并且高频交易者们会被禁止投资特定的基金。就这一点而言，作为一个谨慎的投资者，还是最好不要涉及过于频繁的基金交易。

ETF 基金的交易除了交易费用之外没有限制，但是如果交易频率较高这部分费用肯定会增加，而且会变成值得认真考虑的问题。然而，我们的研究结果显示，尽管相对强度投资再平衡这一过程可能会优化对 ETF 基金的随机选择，但是在这一策略被运用于共同基金投资时，整个策略的业绩表现更好。ETF 基金更像是涨跌都很迅速的基金，其经营模式和共同基金完全不同，而且作为基金中的一种类别，与低波动率的共同基金比较起来，它的投资标的似乎更集中而且波动性更高。即便如此，从信号预警公司以及时事通讯《公式研究》(*Formula Research*) 的研究结果来看，至少某些 ETF 基金可以适用相对强度再平衡策略，而且从最终结果来看非常有效。但是在大多数情况下，我们还是建议使用共同基金。

有时候，每隔一年调整一次投资组合的策略会带来意想不到的高收益。在每一年的开始，你买进业绩排名在前 10% 的共同基金，然后持有一整年，并且接着在下一年开始时根据全新的排名进行投资再平衡。年度投资再平衡策略并不会像季度投资再平衡策略那样有着相当高的税前收益，但是考虑到可能的交易成本缩减和更有利的税收待遇，其最终的净利润被证明和季度再平衡策略相当。

季度排名和季度再平衡策略的业绩报告（1990 年—2003 年）

正如你在图 1-5 中看到的那样，如果你坚持为投资组合配置不同频段 10% 的基金，并在每季度开始的时候进行再平衡，那么你会发现一个完美的线性关系。最高的 10% 表现最优秀，最低的 10% 表现最差劲。

下面是以表格形式展现的最终统计结果。

表 1-1 波动率排名 1~5（低于或者等于标准普尔 500 指数波动率）的共同基金的季度再平衡策略的投资结果（从 1990 年 6 月到 2003 年 10 月）

业绩排名每 10%	每 100 美元变成（美元）	年度收益（%）	最大回撤幅度（%）
第一个 10%	596.31	+14.1	20.3
第二个 10%	556.85	+13.6	24.0
第三个 10%	508.53	+12.8	27.4
第四个 10%	427.32	+11.4	27.4
第五个 10%	368.06	+10.1	31.6
第六个 10%	327.59	+9.2	34.8
第七个 10%	337.09	+9.4	35.6
第八个 10%	303.17	+8.6	37.0
第九个 10%	275.22	+7.8	35.0
第十个 10%	184.31	+4.6	40.1

注：最大回撤幅度指的是，投资组合从前一个峰值到下一个新高之前下跌的最大百分比。尽管不能说过去的最大回撤幅度就代表着最大的风险，但是过去发生的最大回撤幅度肯定能代表最小的投资组合风险。

买进并持有的投资效果：以标准普尔 500 指数为基准

通过对比，以标准普尔 500 指数为基准的买进并持有策略，最终产生的回报（包括分红但是不含交易费用）为年化 10.8%，而在此期间最大的回撤幅度（在你的总资金达到新高之前的最大减少数额）是 44.7%。先锋标准普尔 500 指数基金的年化收益率是 10.7%，最大回撤幅度是 44.8%。这些结果应归到我们对以买进并持有为基本策略的基金分析研究的第 4 和第 5 个 10% 区间，考虑到我们对较低波动率共同基金的整体研究，这个结果跟我们预期的并没有出入。

对低于平均波动率水平的共同基金进行每季度再平衡，其最终产生的收益是年化 14.1%，对比买进并持有标准普尔 500 指数的 10.8% 的收益，还是很有优势的。而且这种前 10% 投资组合的最大回撤幅度仅为 20.2%，与标准普尔 500 指数 44.7% 的回撤幅度相比也更有吸引力。这也就是说，相对强度投资法给投资者带来更高的收益和更低的风险。

如果你在证券公司开户，也能够像交易共同基金一样交易 ETF 基金。你可以建立一个全部 ETF 基金的相对强度轮动排名，或者建立一个 ETF 的每季度排名，就像对待共同基金那样。ETF 基金的走势可能不如许多共同基金那样稳健，但是随着越来越多 ETF 基金的设立，它们也会成为基金家族有益的补充和不可或缺的一部分。

增加赌注：在波动率更大的投资组合中运用相对强度投资法

现在我们已经得出的结论就是，投资高波动性股票（或者股票等价物）的收益要小于投资低波动率股票的收益。为了验证这一理论，前文已经对按季度进行排名和再平衡的共同基金进行过研究。这次，我们要将前面的第 1 到 5 组的研究范围增加至 1 到 7 组。因为之前 5 组所选择的共同基金的波动率要低于或粗略等于标准普尔 500 指数的波动率，现在我们加上了第 6 组和第 7 组，使整体的平均波动率几乎和标准普尔 500 指数一样，但第 1 到 5 组共同基金的波动率要低于标准普尔 500 指数。

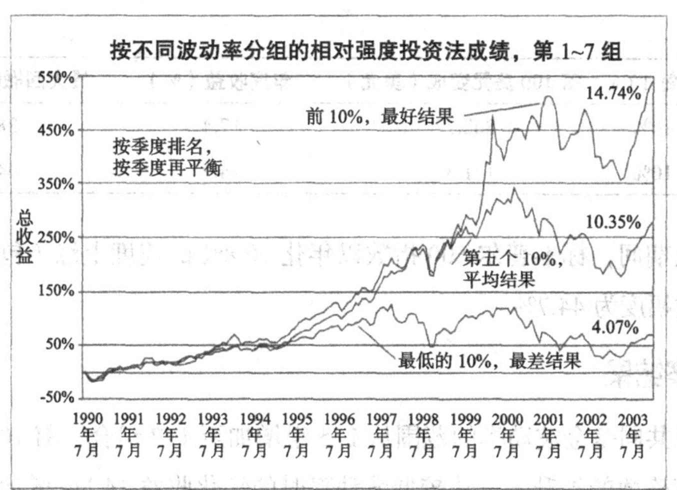

图 1-6 相对强度投资法结果（1990 年—2003 年），在第 1 到 5 组之后又添加了第 6 组和第 7 组

这次前 10% 的投资组合的收益，比原来 1~5 组的最优投资组合要稍微高一些，但是由于增加了波动率较高的基金，整体风险也明显增加了。和上次一致的地方在于，十分位排名和收益仍保持线性关系：即每季度中排名更高的 10%，收益也更好。

图 1-6 展示了第 1~7 组波动率的最终投资收益结果。下面让我们来直接查看表格形式的结果清单。

表 1-2 按季度排名进行再平衡的投资回报率（从 1990 年 6 月到 2003 年 10 月），将共同基金按波动率分为 1~7 组（约等于标准普尔 500 指数）

业绩排名每 10%	每 100 美元变成（美元）	年度收益（%）	最大回撤幅度（%）
第一个 10%	640.05	+14.7	25.7
第二个 10%	598.58	+14.2	26.1
第三个 10%	546.91	+13.4	27.0
第四个 10%	436.13	+11.5	33.1
第五个 10%	377.81	+10.4	37.3
第六个 10%	338.25	+9.5	39.3
第七个 10%	338.48	+9.5	39.3
第八个 10%	303.26	+8.6	39.3

（续表）

业绩排名每 10%	每 100 美元变成（美元）	年度收益（%）	最大回撤幅度（%）
第九个 10%	262.72	+7.4	38.6
第十个 10%	171.37	+4.2	44.2

在此期间，标准普尔 500 指数以年化 10.8% 的速度上涨（包括分红），最大回撤幅度为 44.7%。

观察结果

当把共同基金波动率的范围从 1~5 组增加至 1~7 组合，前 10% 的业绩表现只有略微的提升——从较低波动率时的年化收益 14.1% 增加到现在的 14.7%。当然最大回撤幅度也从 20.3% 增加至 25.7%。前 10% 的平均收益 / 损失水平从 1~5 组的 0.69（平均收益率 14.3%，最大回撤幅度 20.2%）下降为 1~7 组的 0.57（平均收益率 14.7%，最大回撤幅度 25.7%）。

结论：长期来看，采取更激进的投资策略即使能带来额外的收益，其额外收益也非常有限。

提高赌注：在波动率更大的投资组合中运用相对强度投资法

现在让我们再次重复前文中的投资分析过程，在投资组合中增加一些高波动率的行业类股票基金。选择范围包括所有在股票市场炙手可热的板块——黄金类公司、互联网类公司、小盘创业类公司、科技类公司等——以及波动率较低的基金，包括完整的按波动率排名的共同基金组别，1~9 组。

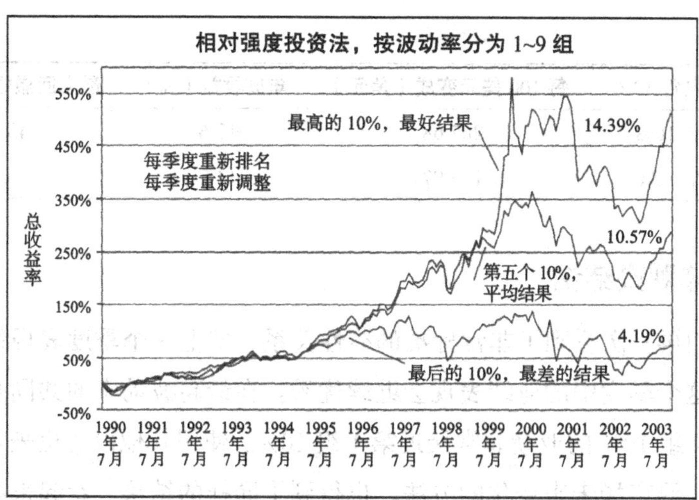

图 1-7　相对强度投资法的表现（1990 年—2003 年），包括所有的共同基金分组，排名顺序从 1~9

将波动率分为 1~9 组后，前 10% 的那一组的收益，仍与较低波动率的 1~5 分组和 1~7 分组的最高收益域一致。当然，从图中你可以看出，风险却大大增加了。此外，前一个季度中表现最好的 10%，在后一个季度中也会表现最好，尽管与第 2 组 10% 的差距并不是很大。

现在，让我们再一次以表格的形式重现分析结果。

表 1-3 是季度再平衡策略的投资结果（1990 年 6 月—2003 年 10 月）。

表 1-3　按波动率分组的共同基金，按 1~9 组排名（囊括了几乎所有的股票型基金，其中很多基金的波动率都比标准普尔 500 指数大）

业绩排名每 10%	每 100 美元变成（美元）	年度收益（%）	最大回撤幅度（%）
第一个 10%	614.44	+14.4	40.2
第二个 10%	605.24	+14.3	34.2
第三个 10%	539.98	+13.3	31.5
第四个 10%	454.66	+11.9	38.6
第五个 10%	388.29	+10.6	39.9
第六个 10%	335.07	+9.4	41.8
第七个 10%	330.19	+9.3	42.2
第八个 10%	296.95	+8.4	43.7

（续表）

业绩排名每 10%	每 100 美元变成（美元）	年度收益（%）	最大回撤幅度（%）
第九个 10%	267.68	+7.6	43.1
第十个 10%	173.97	+4.2	50.1

整体观察结论

我们再一次看到了非常标准的线性关系，即上一个季度表现优秀的基金，在这个季度中的业绩表现会继续优秀。在最高波动率的共同基金分组中，第 2 组 10% 的业绩非常接近第 1 组 10%。使用其他以历史表现数据为基础来预测市场未来变化的方法，也得到了同样的结果。看起来如果持有第 2 和第 3 个 10% 的共同基金组合，会有更加稳健的收益。尽管在研究中，仍是使用第 1 个 10% 的收益率最高。

我们还注意到，即使在 1~9 组中表现最优异的 10% 的共同基金，其平均收益 / 最大回撤幅度比率都很低，只有 0.36（平均收益率 14.9%，最大回撤幅度 40.18%）。的确，收益是明摆着的，但是亏损更值得关注，对身处快节奏生活中的投资者更是如此。

尽管投资组合的再平衡是以每季度为时间间隔，但是这并不意味着你必须要一个季度才能调整一次投资组合。通常情况下往往是以两个季度，也就是 6 个月为持有周期。

结论：增加共同基金投资组合的波动率并不会显著地增加收益，而风险水平却实实在在地增加了。所以一般来说，你应该坚持重点投资低于平均波动率的共同基金。

快速回顾相对强度投资法

以下是管理共同基金投资组合的三步走过程。

第一步：你需要一个能够访问至少 500 只（越多越好）共同基金在最近一个季度的价格和波动率数据的数据源。

第二步：开设一个可以进行多元化投资组合的共同基金投资账户，用于投资那些在上个季度业绩排名在前 10%，且波动率低于标准普尔 500 指数的共同基金，这些共同基金的波动率最高不能超过整个投资组合的平均波动率。

第三步：在每一个新季度的开始，剔除跌出前 10% 的基金，用新进的前 10% 共同基金来替换。

对于拥有广泛的共同基金平台的证券公司而言，这种账户可能是最值得推广的服务。

本章小结

总之，我们已经研究了从 1990 年起便行之有效的共同基金持有策略，而且这一策略所产生的收益完美地超过了买进并持有策略，同时还大大地降低了风险。

这些策略看起来适用于多种投资工具，包括共同基金、ETF，而且很有可能（尽管我个人没有进行过测试）也包括个股。通常情况下，共同基金要比 ETF 更适于这种方法，因为平均来说后者具有更大的波动率。

你现在已经掌握了一种优于买进并持有策略的投资策略，一个基于相对强度，而非市场择时选择共同基金的策略。

下面让我们继续学习下一个章节，关于两个可以帮助你决定何时买进的、简便易行的技术指标。

两个简便易用的股市行情指标

识别高风险和低风险的投资环境

众所周知，所有的股票、基金以及相关的投资品种都是独特的。在第一章中，我们讨论了能够真正带来超出市场平均收益水平的投资策略。同样的道理，并不是所有的投资环境都一样。在有些时期，股票看起来涨得毫不费力；而在另一些时期，股票就涨得很吃力，而且还没有持续性。如果此时你想获利，难度确实挺大。在本章中你将学会两个能够即学即用的策略，用以分辨利于股票上涨的投资环境，以及一般而言表明市场即将下跌的投资环境。

让我们考虑一下可能的投资情形。第一种情形是，你一直投资股票市场，这是一个在长时期来看非常有效的投资策略。一般而言，股票的生命周期可以用百年长度来计算，它们平均每年会产生大约 10% 的总利润增长率。当然，你必须首先要熬过一些严峻的熊市才行，例如 1929 年—1932 年、1969 年—1970 年、1973 年—1974 年以及 2000 年—2002 年，还有那些介于主跌和中级下跌之间的中间时期；第二种情形是，你只在特定的投资模型给出明显的信号时——即市场情绪比平时更有利于投资，股票的价格将开始上涨时——才投资。

如果只在市场环境有利时投资，那么你可能只能获得平均每年 10% 的收益（如果我们遍寻历史的话，实际上这是一个相当谨慎的估算）。当然，在你进行投资的这一时间区间——大约是总市场时间的 50%，你的本金所产生的收益不是平均每年 10%，而是大约 20%，这主要取决于市场指数。在那些你不参与市场交易的时期，你的本金就没有风险，而且你还可以享有利息收益，这种收益一般都会超过仍将资金放置于股票市场中的潜在分红收益。

现在我要讲两个股票市场指标，它们在超过 20 年的历史走势中都非常好（虽然并不完美，但是毫无疑问是很好的）地预测到了市场中适宜投资的最好时期。而且这两个指标只需投资者坚持每周跟踪一次即可，每次需要的时间只有大约 15 分钟——可能会更少。更为难得的是，你所需要的信息随处可见，不必为寻找来源不明的神秘数据而费神。

在进一步阐述它们之前，我们需要先对相关的技术分析工具（通过分析当前的数据和市场过去的行为表现来预测股票市场未来走势的工具）进行一个简单的回顾。比如像移动平均线，变动率这样的技术分析工具，不仅能够很好地判断股票市场趋势，而且还能判定价格的运动走势。读者不用担心不明白这些术语的含义，我们很快就会给出关于它们的定义和解释。

最后，我们要结合市场情绪指标改进你对共同基金的投资技术。

纳斯达克 / 纽约证券交易所指数相对强度指标

尽管纽约证券交易所是历史上最悠久和最著名的股票市场交易中心，但是最活跃的交易活动却发生在其他地方：纳斯达克证券市场、场外交易市场、美国股票交易所、能够进行场外交易的三板市场、各种期权交易所以及各个地方性股票交易所等。

纽约证券交易所指数和纳斯达克综合指数各自都包括超过 3500 只相互独立的成分股，这些成分股分别在纽约证券交易所场内，以及经销商的网络中进行交易。纽约证券交易所之所以常被称为“主板”市场，一部分原因是它历史悠久，另一部分原因是在这里上市的公司都是那些经营最稳健的大型企业。

相对而言，在纳斯达克上市的要求要比纽约证券交易所低一些，因此过去它通常被认为是小型企业及风险较大公司上市的理想场所。尽管迄今为止我们仍能在该交易所发现这类股票，但是最近有趋势表明，有些大型企业，例如微软公司和英特尔公司，也赫然在列，它们宁愿选择在纳斯达克也不去纽约证券交易所上市。当然也有一些公司会选择在纳斯达克和纽约证券交易所同时上市。一些最令人兴奋的发展最快的技术公司、与健康有关的公司和互联网公司，现在都选择在场外市场交易。尽管在纳斯达克上市的大型公司名单依旧在增长，但是在人们的心目中，在纳斯达克上市的股票比在纽约证券交易所上市的股票带来的投资机会更好，科技含量更高，并且公司规模（总市值）更小。当然，整体而言，现在纳斯达克市场的日成交量已经超过了纽约证券交易所的日成交量。

纳斯达克综合指数和纽约证券交易所指数在运行方向上总是密切相关，尽管从很大程度上讲，它们在指数运动方面并不是完美相关的，但是基本上表现得亦步亦趋。鉴于纳斯达克综合指数具有较高的波动率，所以它总是比纽约证券交易所的指数——例如标准普尔 500 指数或纽约证券交易所指数——上涨或者下跌得更厉害。我可以给出这样的结论，在绝大多数市场上涨期，纳斯达克综合指数（所有在纳斯达克上市的股票平均价格，按各公司的资本大小来分配权值，所以大公司比小公司占有更高的权重）的表现要比波动率不高的纽约证券交易所指数（所有在纽约证券交易所上市股票的公司，按照其总资本进行权重分配的指数）好得多。如果没有什么特殊原因的话，通常情况下纳斯达克市场的股票价格波动率也要大得多。

纳斯达克综合指数上涨和下跌的速率大约是纽约证券交易所的 1.5 到 2 倍。标准普尔 500 指数的成分股，其中既包括在纳斯达克市场上市的公司，也包括在纽约证券交易所上市交易的股票，其波动率要比纳斯达克综合指数小，而同时又比纽约证券交易所指数大。

同理，在市场下跌时期，纳斯达克综合指数跌起来要比纽约证券交易所指数更迅速，这同样是源于它更大的波动率。

除了波动率以外，纳斯达克综合指数和纽约证券交易所指数之间的相对强度关系，也经常会被公众对股票市场的情绪所影响。当投资者对经济形势以及股市持乐观情绪时，他们很愿意冒着风险将本金投向成长型企业，以及一些小型的新兴的高科技公司；当投资者对经济形势和股市持悲观情绪时，他们又倾向于将自己的本金集中投资于更加稳健的防御型企业，以寻求分红收益来使资本增值。

无论出于何种原因（毫无疑问存在很多种原因），从历史上我们可以看出，通常情况下，当纳斯达克综合指数在相对强度方面领先纽约证券交易所指数时，股票市场会产生更大的收益。而且，并不是只有纳斯达克综合指数能获得更大的收益。纽约证券交易所指数、道琼斯工业指数以及标准普尔500指数，它们在这段时期也都会表现得非常好。然而这并不是说当纽约证券交易所指数在相对强度方面领先于纳斯达克综合指数时，市场就会处于熊市状态。实际上，此时市场往往表现得比较中性。当然，纽交所领先纳斯达克时，有时也会出现很好的获利机会；也有时会是市场发生严重下跌的时期。倘若在此期间进行投资活动，则很有可能会胜负各半，不赔不赚。

对 Nasdaq/NYSE 指数相对强度指标的解读

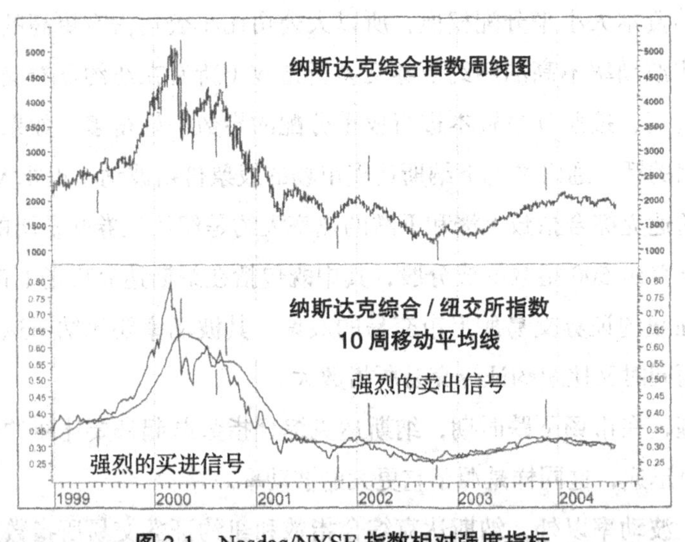

图 2-1　Nasdaq/NYSE 指数相对强度指标

本图展示了 Nasdaq/NYSE 指数相对强度曲线，同它们的 10 周移动平均线一起。在 2000 年到 2002 年的熊市期间，纳斯达克指数滞后于纽约证券交易所指数。如果说它领先纽交所指数的时间是从 2002 年第四季度开始，那么接下来这种领先走势贯穿了整个 2003 年，这一点从当年的股市走势中能够反映出来。Nasdaq/NYSE 指数相对强度线趋势向上时，纳斯达克指数相对处于强度领先地位；反之，纽交所指数相对强度处于领先地位时，该趋势线的趋势则向下。

下面是创建 Nasdaq/NYSE 指数相对强度指标的相关步骤。这些步骤会在每个交易周得出一个具体的值。一旦该值被确定，它则会对整个下周的市场走势起作用，直至下一个周指标值被计算出来。

步骤一：获取纳斯达克综合指数和纽约证券交易所指数的每周指数收盘点数。这些可以通过互联网上的财经版块和任何主流新闻媒体的财经页面上获取。

步骤二：用纳斯达克综合指数的周收盘点数除以纽约证券交易所指数的周收盘指数。你可能需要用一张类似表 2-1 的表来填写这些结果。例如，如果纳斯达克综合指数的周收盘点数是 2020，纽约证券交易所指数的周收盘指数是 6543，那么周相对强度比率（Nasdaq/NYSE）就是 0.3092（2020 ÷ 6543=0.3092）。

步骤三：每周计算最近十周的相对强度比率的平均值。用最近十周的比率值之和除以十即可。在第十一周，去掉最早的那一周的旧的比率数值，并且加上最近一周的新的比率数值，这样你每次统计和计算的都是最近十周平均值。这就是所谓的移动平均值（参照表 2-1）。

步骤四：将最新的 Nasdaq/NYSE 指数相对强度指标的读数和该比率的十周移动平均值相比较。当 Nasdaq/NYSE 指数相对强度指标比率大于十周移动平均值时，我们就认为纳斯达克综合指数在相对强度方面领先于纽约证券交易所指数。这就是牛市信号（买进）。反之，如果 Nasdaq/NYSE 指数相对强度读数低于十周移动平均值，我们则认为纳斯达克综合指数的相对强度落后于纽约证券交易所指数的表现，此时则不会表现出牛市信号（中性）。

以下是 2004 年 1 月 2 日之前的十一周相关数据的具体数值。

表 2-1　Nasdaq/NYSE 指数相对强度指标比率周报

日期	纳斯达克综合指数	纽约证券交易所指数	Nasdaq/NYSE 比率	十周比率	领先指数
10/24/2003	1865.59	5851.14	0.3188		
10/31/2003	1932.21	5959.01	0.3243		
11/07/2003	1970.74	5989.17	0.3291		
11/14/2003	1930.26	6010.73	0.3211		
11/21/2003	1893.88	5942.32	0.3187		
11/28/2003	1960.26	6073.02	0.3228		
12/05/2003	1937.82	6122.89	0.3165		
12/12/2003	1949.00	6196.29	0.3145		
12/19/2003	1951.02	6284.30	0.3105		
12/26/2003	1973.14	6364.36	0.3100	0.3186	NYSE
01/02/2004	2006.68	6451.26	0.3111	0.3179	NYSE

在 2003 年 12 月 26 日之后，我们才能根据该数据计算出第一个十周移动平均比率，因为该比率至少需要十周的数据值。由表中可以看出这一周的 Nasdaq/NYSE 指数相对强度比率值（0.3100）低于十周平均值（0.3186），所以相对强度的读数对纽交所指数有利。

而且，按照惯例，当纳斯达克综合指数相对强度指标领先时，无论是在纳斯达克市场还是纽约证券交易所市场中，与指数相关的股票表现都非常抢眼。当然，这并不意味着当纳斯达克滞后时股票就不上涨，事实上这样的情况也时有发生。但是当纳斯达克指数的相对强度领先于纽约证券交易所指数时，市场上涨的概率确实大大地增加了。

下面我们用一些数据来验证。

表 2-2　基于 Nasdaq/NYSE 指数相对强度比率的投资

（仅在纳斯达克综合指数领先时才持有股票仓位——其他时间为无风险收益头寸。）
交易发生在周收盘后相对强度比率发生逆转之时
研究的时间区间：1971 年 4 月 8 日到 2003 年 12 月 12 日

	纳斯达克综合指数	标准普尔 500 指数	纽约证券交易所指数
交易次数	130	130	130
每年交易次数	4	4	4
交易获利	54.6%	64.6%	69.2%
平均获利	9.2%	4.9%	4.5%
平均亏损	3.6%	3.1%	3.4%
平均变化，所有交易	+3.4%	+2.1%	+2.1%
总收益	443.6%	266.5%	267.2%
年度（交易）总收益	12.0%	7.7%	7.7%
买进并持有策略总收益	9.2%	7.4%	7.4%
适宜投资的时间百分比	54.9%	54.9%	54.9%
投资时的年度收益	23.0%	14.5%	14.5%
平仓交易最大回撤幅度	32.2%	21.5%	21.6%
开仓交易最大回撤幅度	39.7%	24.2%	23.7%
买进并持有策略的开仓交易回撤幅度	77.4%	48.0%	49.7%

这些附表并没有包括平仓后资金的利息收入，通常来说，这些利息往往高于投资股票的股息收入。

观察结果

标准普尔 500 指数和纽约证券交易所指数表现出惊人的相似性。

交易的频率：这是一个在任何择时模型中都意义非同寻常的参数，因为交易中确实不得不考虑类似滑点（slippages）和佣金这样的成本。如果你只在市场行情有利于投资的时候才出手，那么每年只需要进行四个回合的交易即可，这种交易频率适合那种很低或几乎没有手续费和佣金的品种——比如开放式共同基金（no-load mutual funds），有很多这类基金都接受低频率交易行为。这种交易频率很可能会被绝大多数投资者接受，特别是对于想要避税的交易者来说更是如此，因为他们不愿意增加额外的税费负担。

获利交易百分比：该值分别是纳斯达克指数 54.6%，标准普尔 500 指数 64.6% 以及纽约证券交易所指数 69.2%。所有这些获利交易百分比对于按照这一频率发出的择时指标信号来说都是极好的。

盈利与亏损交易的盈 / 亏比率：总的来说，盈利交易的获利金额要远超过非盈利交易的亏损金额。这个盈 / 亏比率相对于交易频率而言也极为适宜。

使用 Nasdaq/NYSE 比率和使用买进并持有策略进行投资的年度总收益对比：投资组合在纳斯达克综合指数中的表现为年化收益率 12.0%，而同样情况使用买进并持有策略年化收益率仅为 9.2%。这些结果已经剔除了能够影响交易结果的交易成本和税费，但是不包括在每年的（平均）45% 的非交易时间中资本所取得的其他收益。所以使用 Nasdaq/NYSE 比率进行投资的收益更大一些，而且相比之于将 100% 的时间都用于投资，这一策略的总投资时间不超过 55%。

适宜投资时的收益率 VS 买进并持有策略的收益率：如果依据 Nasdaq/NYSE 比率的投资策略，仅在适宜的时间进行投资，纳斯达克综合指数年化收益率为 23%。如果对行情走势不加区分，一直投资于股市，则年化收益率下降为 9.2%。投资收益率和纽约证券交易所指数与纳斯达克指数相比的强势与否，呈现出负相关状态，即当纽约证券交易所指数的走势强于纳斯达克综合指数时，投资组合的最终收益往往是负值。

当纳斯达克综合指数走势相对强劲的时候，投资标准普尔 500 指数的收益率为年化 14.5%，在其他时间投资则收益率稍微低一些。纽约证券交易所指数也呈现出大致相同的结果。

回撤幅度：如果投资者仅在纳斯达克综合指数的走势领先于纽约证券

交易所指数时投资，那么最大回撤幅度（账户总资产从峰值到谷底的总量）分别是——纳斯达克综合指数是 39.7%；标准普尔 500 指数是 24.2%；纽约证券交易所指数为 23.7%。

买进并持有策略的最大回撤幅度要高得多，分别是——纳斯达克综合指数是 77.4%；标准普尔 500 指数是 48.0%；纽约证券交易所指数为 49.7%。

如果你仅在纳斯达克综合指数的走势领先于纽约证券交易所指数时投资，那么到 2004 年中期为止，你应该就已经能够弥补在 2000 年到 2002 年间的熊市中所产生的绝大多数亏损，而且你的资金曲线（本金的累积增长）几乎可以达到 2000 年的峰值水平。而如果你不加区分地将所有的时间都用于投资，那么你的最终资产总额仍然低于 2000 年峰值的 60%。

总而言之，用 Nasdaq/NYSE 比率法进行投资的年化总收益，远远高于买进并持有策略，而且用于投资的时间还仅仅只有后者的一半多一点——在减少风险的同时大幅度地提升了投资收益率。对于那些没有过多时间和精力投入在股市中的人来说，这一指标也可以在作单独的买卖决策时使用。当然，在任何纳斯达克综合指数相对强度领先于纽约证券交易所指数的时间内，当你持有很大的多头头寸时，最好把这个指标作为投资决策的关键因素纳入考虑。而在 Nasdaq/NYSE 相对强度有利于纽约证券交易所指数时，则宜保持较小的仓位、投资波动率较小的股票。

货币过滤器指标

股价与利率的联系

股票价格的运动方向和利率变化趋势之间的关系，长期以来引起了人们的关注。通常情况下，在利率呈下降趋势时股票价格会上涨；而在利率上涨期间，股价的涨幅整体而言相对较小。图 2-2 解释了这种关系。

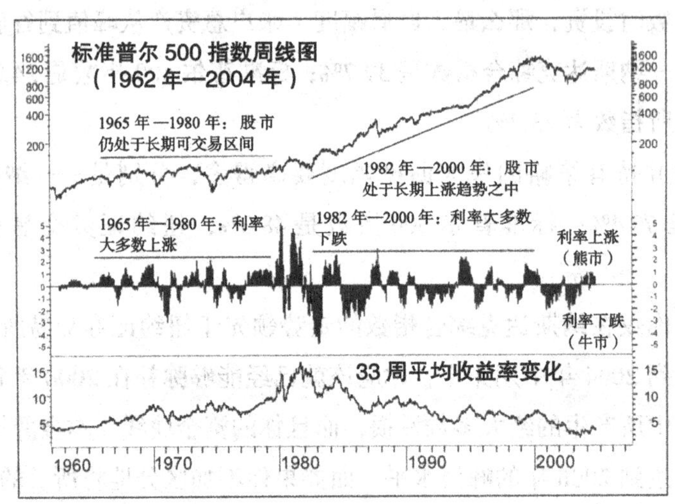

图 2-2　股票市场主要趋势 VS 利率市场主要趋势

许多熊市都随着利率的见顶而结束——例如，1970 年、1974 年、1982 年和 1990 年，但是 2000 年—2002 年的熊市除外。从图中你可以看出股票市场非周期性的长期趋势和利率市场的非周期性长期趋势之间的关系。

利率的方向和水平与股票市场的表现之间的关系再一次被大众所熟知（“不要和美联储作对”）。尽管这种关系作为一条规律来看并不算完美，但是这种规律确实存在，**即利率持续下跌之时股市表现最好，利率稳步上涨之时股市表现最差**。

如果你认为相对较低的利率对经济和股市的表现有着积极的影响，这一点都不奇怪。例如，低利率导致抵押贷款减少，支撑起走高的房地产价格，促进房屋交易，进而将导致基建增加，而基建有利于住房和写字楼行业的盈利，从而增加房屋所有者的收入及福利水平，促进他们在商品和服务消费方面的消费等。

此外，低利率还能有利于促进商业投资行为、存货购买和公众消费等行为——这些都有利于促进经济的增长。

最后，低利率使得长期债券、短期市场货币共同基金以及银行大额可转让存单，和股市比较起来的吸引力减小。这将有助于公众积极投资股市，因此直接和间接地投资到新兴及成熟企业中来。

当然，所有这一切都是明摆着的事实。实际上，美国联邦储备局委员会的每次会议都是新闻媒体密切关注的焦点，试图从中寻求任何可能会影响利率水平的政策性变化。而美联储对于货币政策对股票市场的潜在影响也极其敏感，在最近十年中只要股票市场走势低迷，美联储都会迅速降低短期利率（仍处于可控范围）。例如，在 1987 年股市暴跌之后和 1990 年市场修复期间，美联储都降低了利率；在 2000 年—2002 年的熊市期间，美联储更是 12 次下调利率，并且在后来 2003 年市场修复期间，一直保持较低的利率水平。

其中 2000 年—2002 年间的熊市最为惨烈和持久，起因是 20 世纪 90 年代兴起的投机泡沫的破灭。期间有一段时间经济甚至受到了通货紧缩的威胁，这是对股票市场最为不利的经济环境。通常情况下，2 到 3 次降息就足以遏制股市下跌的步伐，而这一回下调了 12 次，还要加上一揽子整个联邦层面上的减税政策，才刺激了经济的复苏以及（特别是）股票市场的回暖。

所有这些都说明，投资者们仍然缺乏客观的和系统性的，定义和区分有利货币环境（利率趋势下降）和不利货币环境（利率趋势上升）的策略。在这里我们将介绍一种能够达成这些目标的基本策略，使每周定义货币环境的情绪，或许同时你也可以计算 Nasdaq/NYSE 相对强度比率。和以前一样，我们首先讨论计算方法，然后讨论如何运用计算结果。最后，我们使用货币模型和 Nasdaq/NYSE 相对强度比率一起来检测最终的结果。

建立货币模型

只需要两类数据就可以维持货币模型的正常运转。它们分别是美国政府每周发布的中期债券的投资收益：三年期债券和五年期债券。

这些投资收益数据极易在财经新闻中和互联网上获取。比如《巴伦周刊》的财经周报就在“市场研究室”（Market Laboratory）专栏记载这些信息，此外，它同时也发布各类市场指数，市场广度指标，各个债券以及共同基金价格数据。

2004年1月5日，《巴伦周刊》报道的截至2004年1月2日那一周的具体数据如下。

表 2-3 可调整抵押贷款基准利率（Adjustable Mortgage Base Rates）

单位：%

	2004年1月2日	2003年12月26日	2002年12月27日
三年期国债	2.40	2.38	2.08
五年期国债	3.22	3.20	2.89
平均每周收益	2.81	2.79	2.485

（我们在自己的指标中用到了三年期和五年期债券的平均收益数据。）

从表格中显示的数据可知，就短期而言银行利率是非常稳定的，但是也存在着潜在的压力：最近一周的收益只是略高于前一周的收益。当然，长期来看利率一直处于上升区间，因为利率从一年前开始就高于平均收益水平了。

货币过滤器的计算和规则

这一过程非常基础而且简单：

1. 确保每周阅读三年期国债的收益率和五年期国债的收益率。和以前一样，将两个加在一起求平均值，最终得到一个平均的周收益。

2. 每周坚持计算这一平均值。你可能至少需要34周的数据。

3. 当你确实拥有了34周的数据之后，只需将最新的数据和33周的平均数据进行比较即可。如果最新数据低于前33周的平均数据，我们会认为利率正处于下降趋势之中，此时利率环境有利于股市。反之，如果最新数据高于前33周的平均数据，那么我们就认为利率正处于上升趋势之中，此时不利于股票市场上涨。

4. 如果利率趋势有利于市场上涨，在仅考虑利率的情况下，我们会认为股票市场有利于持有头寸。当这种情况发生时，价格可能会以高于平均水平的速度上涨。而如果利率方向相反，股票市场通常会展示出不明确的收益率——时高时低。如果市场发生非常严重的下跌，这种情况很可能发生在利率上升期间而不是利率下降期间。当然也有例外，比如2000年至2003年的熊市。

表2-4　三年期和五年期国债收益指标的样本数据

单位：%

周截止日	三年期国债收益	五年期国债收益	平均收益	相对33周平均值的变化
1）5/16/2003	1.76	2.52	2.14	
2）5/23/2003	1.65	2.35	2.00	
3）5/30/2003	1.60	2.32	1.96	
4）6/06/2003	1.53	2.27	1.76	
5）6/13/2003	1.39	2.13	1.90	
6）6/20/2003	1.52	2.27	1.90	
7）6/27/2003	1.59	2.36	1.98	
8）7/03/2003	1.67	2.49	2.08	
9）7/11/2003	1.74	2.60	2.17	
10）7/18/2003	1.90	2.82	2.36	
11）7/25/2003	2.07	3.08	2.58	
12）8/01/2003	2.27	3.31	2.79	
13）8/08/2003	2.32	3.24	2.78	
14）8/15/2003	2.41	3.35	2.88	
15）8/22/2003	2.47	3.39	2.93	
16）8/29/2003	2.55	3.49	3.02	
17）9/05/2003	2.51	3.51	3.01	

（续表）

周截止日	三年期国债收益	五年期国债收益	平均收益	相对 33 周平均值的变化
18）9/12/2003	2.25	3.23	2.74	
19）9/19/2003	2.16	3.10	2.63	
20）9/26/2003	2.15	3.07	2.61	
21）10/03/2003	2.02	2.94	2.48	
22）10/10/2003	2.17	3.13	2.65	
23）10/17/2003	2.36	3.32	2.8	
24）10/24/2003	2.36	3.24	2.80	
25）10/31/2003	2.33	3.22	2.78	
26）11/07/2003	2.49	3.37	2.93	
27）11/14/2003	2.51	3.36	2.94	
28）11/21/2003	2.35	3.16	2.76	
29）11/28/2003	2.47	3.27	2.87	
30）12/05/2003	2.58	3.40	2.99	
31）12/12/2003	2.45	3.27	2.86	
32）12/19/2003	2.38	3.20	2.79	
33）12/26/2003	2.38	3.22	2.80	
34）1/02/2004	2.40	3.28	2.84	+0.70 A
35）1/09/2004	2.36	3.24	2.80	+0.80 B

注：收益率高于前 33 周平均值。货币指标在 2003 年初并不利于股市。

以下是使用货币过滤器模型交易的结果展示。

表 2-5 使用 Nasdaq/NYSE 相对强度比率指标，货币过滤器指标以及两者的综合运用，在仅当这两个情绪指标都有利于交易时（1971 年 4 月 8 日到 2003 年 12 月 12 日）才交易纳斯达克综合指数

	Nasdaq/NYSE 相对强度比率	货币过滤器指标	两个指标都有利于交易时才进场交易
交易次数	130	36	88
每年交易次数	4	1.1	2.7
利润率	54.6%	63.9%	61.4%
获利交易的平均收益率	9.2%	24.3%	7.7%
亏损交易的平均亏损率	3.6%	6.4%	3.2%
所有交易的平均盈利率	3.4%	13.2%	3.5%
年化收益率	12.0%	10.6%	8.7%
投资时年化收益	23.0%	20.8%	30.4%
可投资时间百分比	54.9%	52.7%	31.4%
最大收盘回撤幅度	32.2%	52.6%	28.3%
最大未平仓回撤幅度	39.7%	66.4%	34.0%
买进并持有年化收益	9.2%	9.2%	9.2%
买进并持有未平仓回撤幅度	77.4%	77.4%	77.4%

观察结果

三年期和五年期国债收益率指标产生的最终投资回报，与 Nasdaq/NYSE 相对强度比率指标产生的收益十分接近，但是其交易次数要少得多。虽然这种方法的平均收益和亏损，以及回撤幅度都很高，但是盈利交易的百分比也很高。

这一指标所涉及的交易次数很少（36 次对比 130 次），而且相比 Nasdaq/NYSE 相对强度比率带来更少的交易成本支出，这种潜在的影响因素并没有在上表中反映出来。另外，利用三年期和五年期国债指标交易的收益率是 20.8%，而使用 Nasdaq/NYSE 相对强度比率指标交易的回报率是 23.0%。

综合运用两个指标

仅在这两个指标——货币指标和Nasdaq/NYSE相对强度指标——都有利于进场交易时才在股市中交易的策略表明，在1971年到2003年间仅有31.4%的时间可以进场交易，而在可交易时间投资的年化收益率达到了30.4%，而全年投资的平均收益率仅有8.7%（比买进并持有策略产生的年化9.2%的收益率还要低一点）。

这些收入并没有将剩余68.6%的非交易时间的利息收入计算在内，而且这种策略还显著地降低了回撤幅度和风险。

支持论点与反对论点

股票市场的择时指标，尤其是那些产生交易信号相对较少的择时指标，产生的收益水平并不稳定。在某些时间区间，它们的表现要远比买入并持有策略好得多；而在另外一些时期，它们的表现也可能比不上买入并持有策略。投资者应该对时不时会发生变化的指标保持足够的敏感度。例如，直到20世纪90年代之前，一旦标准普尔500指数的分红收入跌至3%以下，和/或市盈率（股票价格除以每股盈利）上涨至22以上，人们就会判定市场风险较大。然而，在2000年牛市到达峰值时，标准普尔500指数的分红收益跌至了1%左右，而且市盈率最高上涨到了46。

这些市场曾经认可的股票估值指标产生这样的变化，主要是因为利率一直停留在较低的水平，而这正是支持股票价格持续上涨的根本因素。近些年来受股市成交量持续增涨，各交易所在场内或场外持续增发新股，线上计算机交易盛行和交易费用打折等因素的影响，用于技术分析的具体参数和基本面指标都发生了变化。所有这些都导致市场的日内波动更加剧烈，而且相邻交易日之间的关联性也越来越低。

由于以上及一些其他的原因，通常情况下最好使用多于一个或两个（但是也不宜太多）指标来跟踪股市。

带着这一目的，我们来回顾以最小单位十年为期的三年及五年国债收益表现的指标。

表 2-6　每十年为期的纳斯达克综合指数
三年和五年期国债收益指标 VS 买进并持有策略投资收益

十年	年度收益指标	年数	未平仓回撤幅度	买进并持有年度收益	未平仓回撤幅度
1971 年—1979 年	+9.95%	8.8	-12.8%	+ 4.7%	-59.4%
1980 年—1989 年	+16.19%	10.1	-15.7%	+11.6%	-35.7%
1990 年—1999 年	+15.85%	10.1	-25.7%	+24.3%	-32.3%
2000 年—2003 年	-12.06%	3.9	-66.4%	-16.9%	-77.4%

观察结果

参照三年和五年期国债收益指标进行投资的业绩，在四次中有三次都比参照买进并持有策略所取得的业绩高。回撤幅度也因使用这些指标而在所有的测试时间段都有所减小，尽管在 2000 年到 2003 年到熊市期间的回撤数据远不如在之前的熊市期间（包括 1973 年到 1974 年熊市期间，以及 1987 年市场崩盘期间）的回撤数据表现好。

最大的回撤发生在 2000 年到 2003 年，这样的巨型亏损再次说明股票市场和经济并没有对在此期间利率的降低作出正确的反应。在这一市场周期中，熊市的形成并非是因为利率的上涨和日益严重的通货膨胀，而更多的是出于对通货紧缩和不利的股票投资环境的担忧，即便是伴随着利率的下降（股票市场理想环境的特征之一是温和而且可控的通货膨胀，但是有些通胀并非如此）。

回顾历史我们注意到，在 20 世纪 30 年代初，国债实际上稍稍表现出和利率的反比关系。如果你借钱给美国政府，那么你要事先搞清楚，你所获得的收益实际上要低于政府债券所标明的收益率。可是随着大量银行的倒闭，投资者们为安全考虑也宁愿损失部分收益来持有政府债券。

最终的长期统计数据

我们对三年期和五年期国债收益指标进行了长期的测试，从 1962 年 8 月到 2004 年 1 月。利率下跌时期占总时间的 49%，在此期间标准普尔 500 指数领先，平均收益为年化 8.5%，最大回撤幅度为 36%。剩余 51% 的时间利率是上涨的，此时标准普尔 500 指数的年化跌幅为 1%，最大回撤幅度是 48%。（注：纳斯达克综合指数在 1971 年前并不存在。）

以买进并持有为基础进行投资，标准普尔 500 指数每年收益率为 7.3%（所有这些计算都没有包括分红）。整体而言，所有这些净利润都是在利率有利于股市发展期间取得的，而在其他时段则会有较小的亏损。因此如果你单独使用这一指标，你只需在 50% 的时间内投资，就可以获取更高的收益并同时承担较小的风险。

本章小结

第一章研究了选择股票市场投资时机的技巧，以及一些选择共同基金的基本理论，还有一些在整体收益上可以超越普通基金和市场指数的投资策略。

在本章中我们着重讨论了两个极具针对性的技术指标，并用历史数据验证了，运用这两个指标可以战胜市场，并且秒杀买进并持有的投资策略。

即使你不想进一步学习下去，你也已经获得了提升自己选择股票和共同基金的水平，以及在普通市场中择时投资的方法。你只需将已经学到的具体应用即可。

现在我们继续介绍能够解读和预测股价走势形态的，更微妙的技术分析工具。

第三章 移动平均线和变动率指标：跟踪趋势与动量

在上一章中，你已经学习了构建和运用移动平均线的方法。该方法描述了简单移动平均线的构成，即其中用到的所有数据点都享有相同的权值。其他形式的移动平均线则会为最近的数据点赋予更高的权值，这样最终获得的平均值数据就会受最近数据的影响更多一些。本章提供了关于移动平均线的构建以及应用的更进一步的相关知识。

移动平均线的用途

移动平均线系统被用来平滑短期价格波动的“噪音”，这样可以更便于投资者识别和定义重要的市场趋势。

例如在图 3-1 中就展示了带有三条简单移动平均线的纳斯达克 100 指数走势图，一条 10 日移动平均线用于反映短期市场趋势；一条 50 日（如果以周线图来看则是 10 周）移动平均线用于反映市场的中期趋势；还有一条 200 日（或 40 周）移动平均线用于反映股票市场的主要趋势。（移动平均线系统可以使用月线均线发现非常主要的趋势运动，或者与之相反，可以在很短时间的视图上，例如一分钟级别的视图，识别日内和逐日交易的趋势，用于短线交易的决策。）

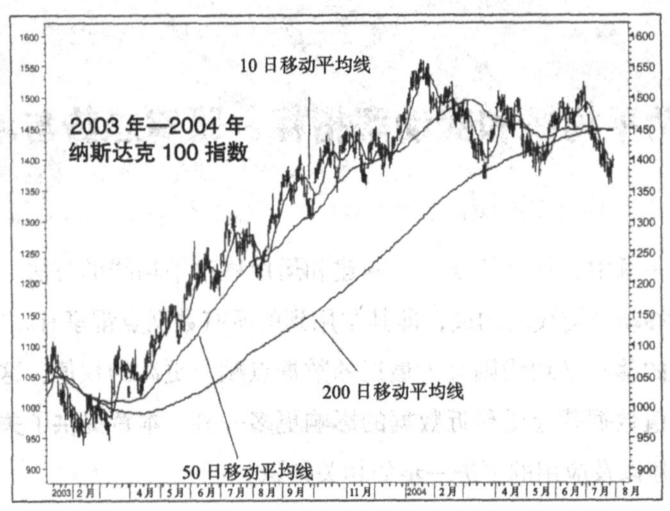

图 3-1　纳斯达克 100 指数附带反映其短期、中期和长期走势的移动平均线

图 3-1 展示了带有三条移动平均线的纳斯达克 100 指数走势图，三条均线分别反映了不同的时间框架下指数的走势。200 日移动平均线反映的是股市中的长期趋势——在本例中明显是上涨；50 日移动平均线也被称作 10 周移动平均线，反映的是中期趋势——在此时间段明显也是上涨的；10 日移动平均线反映的是股市中的短期趋势，在本图中显示出与上涨的背离，而并非持续上涨。

短期移动平均线

图 3-1 开始的时间点处于 2000 年—2002 年熊市的尾声，此时指数抵达了熊市最低点并且完成了转势，正在步入 2003 年开始的牛市。10 日移动平均线被 3 月中旬的日线价格带动而向上突破，并且很快转成一波凌厉的上涨。你可以从 10 日移动平均线的走势看到转折是怎样发生的，并由此理解每日价格运动的变化。

让我们更仔细地研究 10 日移动平均线。移动平均线的斜率表明了市场趋势的潜在力量。通过观察知道，图中 10 日移动平均线上涨的拐点发生在 2003 年 2 月中旬，并一直持续到 3 月份。在此段时间斜率和高度都比较温和，随后在 3 月中旬出现了回撤。

接下来请看始于 3 月中旬的 10 日移动平均线上涨行情：这一次具有鲜

明的不同以往的特征。3 月份上涨的斜率更加陡峭，这表明发动行情的动量更大，是市场力量增强的信号。另外，本次行情上涨的高度也是一个有利于行情持续发展的积极信号。接下来发生在 4 月份的回撤行情斜率降低。上涨段的走势比下跌段更具活力，而且后者持续的时间更短。

现在让我们观察移动平均线在 4 月中旬、5 月下旬和 7 月上旬的脉冲。从 4 月到 5 月底的上涨脉冲持续时间相对较长，且保持了较大的仰角；5 月到 6 月的脉冲较短（代表上涨的势头或动量较弱）；而 6 月到 7 月的上涨脉冲持续的时间进一步缩短，而且上涨的角度也进一步降低，这说明上涨的动能在持续衰减中。

一般规律是这样的，当上涨动能越来越弱的时候就表明市场调整会随之而来。而越来越强的上涨动能表明股价很有可能还会进一步上涨。

至此你可能会继续研究图中 8 月到 10 月的市场脉冲走势来验证这一规律。你也可能会发现 10 日均线中一系列越来越高的高点和低点，这些都清楚地表明市场正处于强劲的上涨行情之中。

中期移动平均线

图 3-1 中从 3 月到 10 月期间，10 日移动平均线有着明显的上涨形态，这表明市场处于强烈的上涨氛围之中。然而从 10 月到 12 月初，由移动平均线形态产生的市场指标开始变得有点模棱两可。上涨脉冲开始衰弱，并且发展成一个更为中性的模式。

尽管短期形态变得更加中性，但是中期趋势仍处于上涨之中，你可以从 50 日移动平均线的走势中看出这一点，中期趋势开始于 3 到 4 月份，从那时起一直稳步上涨直至年底。

长期移动平均线

200 日移动平均线反映了市场的长期趋势。正如你所看到的那样，它一般比 50 日移动平均线在转变方向时反应更慢一些。从图中可以看出，从

2003 年 4 月开始，200 日移动平均线转头向上，此后在全年中都保持着上涨的态势，而且随着上涨斜率的增加它也反映出上涨动能的不断增强。200 日移动平均线在 2004 年初就表现出动能衰竭的迹象，这反映出股票市场会在这一年走弱。

一定要时时关注移动平均线的斜率以及波动的高度：脉冲持续时间越长，斜率越垂直，出现持续趋势的概率就更大；而如果斜率和脉冲开始变得温和，那么出现市场逆转的危险就迫在眉睫了。

运用周线的长期移动平均线系统

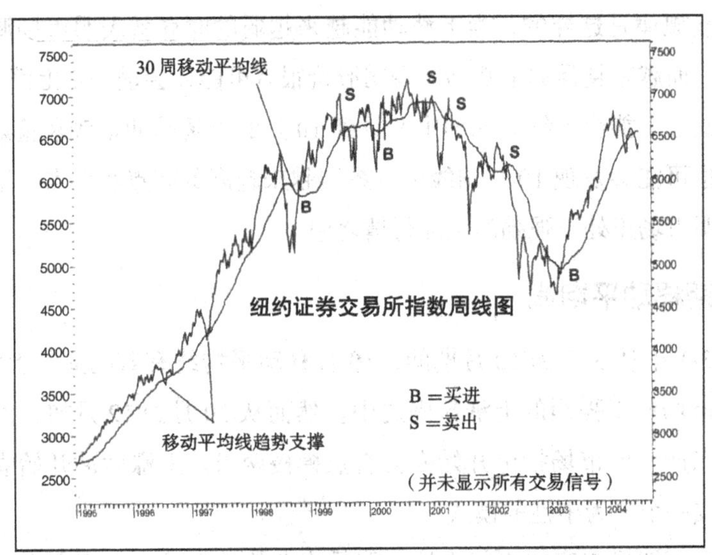

图 3-2　纽约股票交易所指数周线图，叠加 30 周移动平均线

本图展示了 1995 年到 1997 年间纽约证券交易所指数的周线走势图，并附带 30 周移动平均线。图中信号 B 和 S 代表价格向上或者向下击穿 30 周移动平均线的信号，事实证明该类信号具有非常重要的意义。这类市场上穿和下穿信号分别标志着高于平均水平的上涨或低于平均水平的下跌。

图 3-2 是纽约证券交易所指数的收盘价周线图，并配以 30 周移动平均线，以每周的收盘价进行计算。从图中不难看出，开始于 1990 年末到 2000 年初这一时间区间，市场处于强烈的上涨趋势之中，而之后随即出现了凌

厉的下跌走势，时间持续到2002年底，接着在2003年中市场又重拾升势。从某种程度上讲，观察在此期间股票价格是高于还是低于30周移动平均线，比平时更有意义。

你还记得关于市场脉冲斜率递减的规律吗？对，当市场波动的斜率递减时，趋势逆转会随即到来。你可以看看图中移动平均线反映出来的买进信号。最持久且最强烈的波动出现在1996年到1998年中期这段时间。此后市场出现了急跌行情，紧接着又是一波上涨行情，时间横跨1998年中期到1999年中期，但是此次上涨的强度不如上一次（1996年到1998年）。

最后一次上涨发生在1999年底和2000年初，此次上涨有着比前两次上涨更加温和的斜率，这就是对纽约证券交易所指数上涨动能衰竭的确认。指数和移动平均线很快走平，这是行情疲软的先兆。这一点和图3-1中纳斯达克100指数的日线图形态非常一致。

上述的两个时间段中，一系列的脉冲上涨行情都是由三个波浪完成的。这种三浪形态总是非常频繁地发生，很明显和艾略特的波浪理论（Elliott Wave Theory）有关。该理论主要研究波浪运动的方法，而且它们的预测结果在股票市场的技术分析派人士中有着广泛的追随者。当我们研究移动平均线交易通道时，需要结合波浪理论，它可是非常有效的市场择时工具。

超长期移动平均线

正如我们看到的那样，移动平均线可以被应用于短期，中期和长期的价格运动分析中。当然，如果你是一位非常活跃的交易者，也可以将它应用于日内市场数据来进行日内交易。这类数据可以使60分钟、30分钟、15分钟甚至5分钟走势图，但是这里我们要在超长时期中运用它。

图3-3是标准普尔500指数的月线图，叠加的是30月移动平均线。有两点你要注意到：第一，充分考虑移动平均线系统为股票市场侦察有效支撑区域的作用。当市场环境有利时，市场的下跌经常会在关键的中期和长期移动平均线处止跌回稳；第二，请注意因移动平均线的加速上扬而形

成的抛物线。这种现象通常只有在整个市场投机非常盛行的时间段（例如1980年的黄金价格）内才会发生，并且随之而来的经常是凌厉的市场下跌行情。正如你从图中看到的那样，2000年的高点到2004年初仍是遥不可及的。而1980年所产生的黄金价格高点，在经历了四分之一个世纪之后仍然不能被企及。

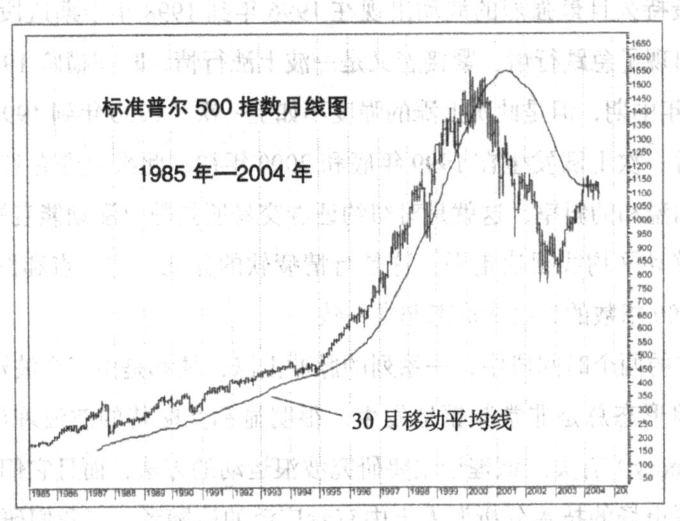

图 3-3　1986 年到 2003 年标准普尔 500 指数月线图，叠加 30 月移动平均线

正如图3-3中所展示的那样，股票市场在1986年到2000年加速上涨，形成上涨抛物线形态，期间30月移动平均线提供的强力支持贯穿始终。市场的顶部一般出现在上涨速度衰竭的时候，但是有时市场也会以极端的抛物线方式上涨，最终伴随着避雷针一样的高点而突然结束。抛物线形态的上涨往往发生在市场处于高度可投机时期，只要能持续那简直就是捡钱，然而这种形态最终结束的方式都很糟糕。

使用移动平均线的两种交易策略

一般而言我们这样来判定股票市场的牛熊，只要价格在30周移动平均线之上运行，就称其为牛市，否则被称为熊市。有时也可以用10周或者20周移动平均线来替代。这种做法有一定的可信度，然而依据移动平均线的交叉来买卖股票，其最终的收益只能略高于买进并持有策略。

例如，现在对比以下两种策略。第一种策略是当道琼斯工业指数的日收盘价上穿200日移动平均线时买进，当日收盘价下穿200日移动平均线时卖出。第二种策略是和第一种大体一样，只是把200日移动平均线换成100日移动平均线。

表3-1　利用移动平均线交叉信号交易道琼斯工业指数
（1970年1月5日—2004年1月13日）

	200日移动平均线模型	100日移动平均线模型
总交易次数	120	195
获利交易次数	26（21.7%）	44（22.6%）
亏损交易次数	94（78.3%）	151（77.4%）
获利交易的平均获利	14.1%	18.7%
亏损交易的平均亏损	-1.2%	-1.1%
投入时间百分比	68.6%	65.5%
交易时的年化收益率	9.6%	9.1%
包含空仓期的年化收益率	6.6%	6.0%
未平仓合约最大回撤幅度	44.2%	48.1%
买进并持有：年化收益率为+7.8%；未平仓合约最大回撤幅度为-45.1%		

*注：这两种交易策略的年收益中，既不包括现金的平均年化2%的市场利息收入，也不包括股票分红收益。如果包含这些的话，其收益率应该和买进并持有策略一样。

由此可见，基于100日或200日移动平均线的交叉来买卖的交易策略，其益处微乎其微，或者甚至还有弊端。而且，道琼斯指数也不是那种有着独立波动或者趋势的市场指数。纳斯达克综合指数的波动性和趋势性可能更强一些，而且纳斯达克综合指数也已经多次被证明与这种择时交易模型更加兼容。这种兼容性在最近有所下降，因为如今这个市场板块已经失去了许多自相关性，那种上涨之后接着再上涨，和下跌之后接着再下跌的单边行情已经不多见了。现在上涨日和下跌日的出现再也不像十年前那样有关联了，而更像是一种随机现象。

如果我们使用指数移动平均线把近期数据的权值提高，那么通过价格与移动平均线交叉买卖的最终收益就会有效改善。这种方法我们稍后会在第六章研究周线脉冲信号时提及。此外，移动平均线系统还有一个特殊应用，即多条移动平均线形成的波段交易法，一种根据过去的市场行为预测未来市场走势的方法，这种交易方法在本书中也有专门的章节来讲解（具体参阅第九章）。

使用移动平均线来确认市场周期的四个阶段

移动平均线可以被用来确定典型市场周期的四个阶段（参照图 3-4），它将会立竿见影地引导投资者在适合每个阶段的投资组合策略间进行转换。

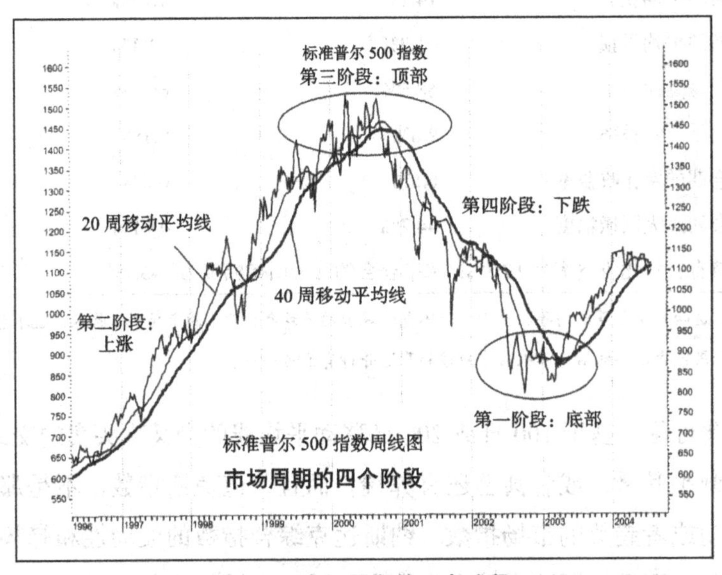

图 3-4　市场周期的四个阶段

图 3-4 展示了市场周期的四个阶段：上涨、顶部、下跌和最终为了下一次上涨而形成的底部。正如你从图中看到的那样，在第二阶段上涨期间，价格的主要趋势都在关键的移动平均线之上。在第四阶段的下跌时期，价格的主要趋势都在关键的移动平均线之下。

第一阶段

在这一阶段，股票市场会从基本的熊市转换到基本的牛市。这是一段市场为上涨打基础和做准备的时期。这一阶段所包含的时期，开始于熊市的末段，或市场下跌周期渐短的时期。此时最后一批抛售股票的投资者将筹码移交给那些敏锐的投资者，使其用来累积将来上涨的头寸。在第一阶段快要结束时，股票市场通常已经开始稳步上移，市场广度指标的数值（衡量大量股票参与市场上涨或下跌行情程度的方法）开始上升，并且很少再有股票下跌形成 52 周新低（股票在过去 52 周的最低点）。

第一阶段中的移动平均线形态

短期移动平均线开始显示出更加有利于上涨的形态，而长期移动平均线仍在下跌。但是所有移动平均线的下跌斜率都在逐步趋于缓和。

股价线呈现出这样一种情形，即无论是下跌长度、斜率还是动量都在减少。而一直在关键的移动平均线下方挣扎的价格也开始出现反弹，并能上穿关键移动平均线，而且这些关键的移动平均线也开始走得更加水平。

如果预期会发生重要的趋势逆转，那么就要在短期市场疲软的时期积累投资头寸。这是你从容调整投资组合的绝好时期，因为一个大的股市运行周期的第一阶段的形成，往往需要数周甚至数月的时间。

第二阶段

价格上涨的趋势是通过股票市场突破原来的阻力位（前期股票难以向上突破的价格区域）来得到确认的。投资者们开始注意到市场的主旋律正在发生变化，并且开始积极地买进。此时是持股的最佳时期。

在第二阶段价格往往是爆发性上涨，并且突破在第一阶段中形成的交易区间。在这个阶段中，市场正在发生积极的变化并且得到广泛的认同，同时这也是一个做空策略不大可能产生利润的阶段。

第二阶段上涨期间的移动平均线形态

随着短期移动平均线的第一次反转，中期以及长期移动平均线也开始出现反转，并且上涨开始加速。价格开始能在关键的移动平均线处找到支撑，一般情况下这一关键移动平均线的参数为25日到10周。而下穿移动平均线走势的行为非常短暂。如果用斜率和长度来度量的话，买进脉冲波段要比卖出脉冲波段持续时间更久，且角度更为陡峭。

此时，开始做多头寸，而且如果有可能的话，应该计划在整个上涨阶段都始终持股。你的投资组合中的主要组成部分都应该在这一阶段的早期买进。

第三阶段

随着筹码从早期的买家手中移交到新进场的投资者手中，市场上涨开始变慢。这一阶段是市场的派发期，精明的投资者开始处理头寸，比后来的投资者持有更少的头寸。

第三阶段派发期的移动平均线形态

先是短期移动平均线，再是中期和长期移动平均线都失去了向上的动能，并开始走平。价格的下跌导致价格在远低于关键移动平均线的位置运行。上涨趋势以一种温和的价格运动方式展开，而且移动平均线也运行得四平八稳，波澜不惊。只有少数股票和极个别行业板块的移动平均线表现出上涨趋势。

无论从哪个角度讲，这一阶段对于很多投资者来说都是一段艰难时期。这在一定程度上是由于此时第二阶段的上涨正在悄然让位给筹码派发的第三阶段。另外，与承担亏损相比，许多投资者更害怕失去利润，而且他们也不愿意承认令人欢欣鼓舞的牛市盛宴这么快就结束。

新的买家应该更加注重甄别股票。此时，应该开始部署持有头寸的卖出策略，使用停损单来保护利润，并且也应将那些失去相对上涨力的股票卖出以降低投资组合的仓位。不期而遇的反弹应该被看作是清仓的机会。

第四阶段

在这一阶段熊市的效果开始显现。市场下跌的趋势开始扩大并加速。首先是短期移动平均线，接着是长期移动平均线开始转头向下，并随着熊市的深入而向下加速。越来越多的股票价格运行在关键的移动平均线之下。反弹往往正好受阻于，或者稍高于下跌移动平均线。市场的确会出现反弹，虽然有时非常猛烈，但是一般都很短暂。

这个阶段往往伴随着投资者的巨大亏损。它往往——但并不总是——以利率的上涨为标志，而且这个阶段开始的时候通常媒体中仍播放着有利于股市的新闻。在价格走势上，股市往往倾向于比经济新闻早 9 个月到一年的时间就预测到经济形势的改变。在第二阶段中，一开始的上涨总会遭到一些质疑。而在第三阶段中，经济新闻中有利于股市上涨的消息，仍在引导投资者们无视股票市场本身发出的警告。

对于大多数投资者而言，此时最好还是持有现金为妙。严重的市场下跌时常会伴随着高利率，这可是完全无风险的收益。而那些激进的或者经验老道的交易者，则可能会尝试用短线交易获利。但是对于大部分投资者而言，试图以满仓来应对市场主跌段是极不明智的。即使是在长期看好股票市场上涨的情况下，周期性出现的严酷的熊市也会吞没你 75% 的资产。

使用变动率指标测量股票市场动量

变动率指标的概念和含义

依据变动率的改变可以测量价格变动发生的速率。想象一下打高尔夫球的例子。一次好的挥杆会让球飞快地离开球垒，迅速上升到一定的高度，此时它的动量很大。尽管我们很难估计这一击会让球飞到什么样的高度，但是大体上估算出球和球垒间的距离还是有可能的。然而，再好的球也会有失去动量的时候，到那时上涨速率就会明显降低。此时如果再估算最后可能达到的高度就比较容易了。

在高尔夫球的例子中，我们涉及的一个重要变化就是上涨速率在下跌来临之前的减少。上涨速率的下降往往预示着球很快会转而下落。

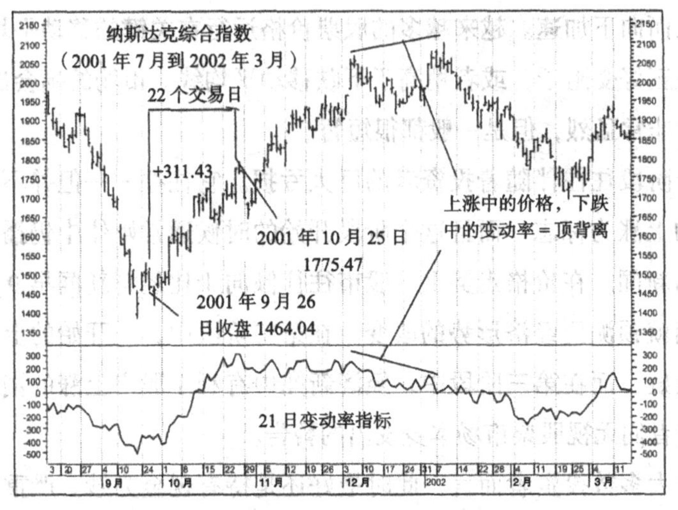

图 3-5　纳斯达克综合指数（2001 年—2002 年）

图 3-5 展示了变动率指标的具体结构和应用。图中标记了两处数据：2001 年 9 月 26 日，此时纳斯达克综合指数收盘在 1464.04，和 21 日后的 10 月 25 日，此时纳斯达克综合指数收在 1775.47。也就是说在这 21 日内纳斯达克综合指数上涨了 311.43 点。21 日变动率指标在 10 月 25 日时读数为 +311.43，这就是纳斯达克综合指数上涨的速率。10 月份和 12 月初，动量指标和价格运动一直处于同步运行的状态。然而到了 2002 年 1 月份的时候，价格上涨到了一个全新的高度，可是变动率却极速下降。这表明动量指标拒绝对价格的上涨作出确认，即顶背离发生。这种形态往往预示着市场将会出现凌厉的下跌。

在价格运动中，股票市场常常表现出的动量特征，和驱动高尔夫球运动的动量特征非常类似。

例如，图 3-5 中，市场在 2001 年 9 月到 2002 年 3 月这段时间正处于熊市之中，但是市场中却暗潮涌动，因为在熊市最黑暗的时期一定会有反弹发生。这次上涨发生在 2001 年 9 月底到 12 月初，此时市场的“高尔夫球”的动量到达了一个有效的峰值。当“球”在 2002 年 1 月底达到最终的高点时，动量开始迅速下跌，这对投资者发出了明确的警示：上涨已经接近尾声。

如果再次回顾本图，你可能会注意到在 9 月底的低点开始的第一次上涨伴随着动量指标读数的急速飙升。此后由于市场的持续上涨，动量指标一直到 5 周之后才形成高点。接下来的跟踪观察发现，动量指标一直到 12 月初，仍维持在较高水平。但此时动量读数与指数走势开始形成顶背离形态，这意味着最终的高点即将出现，下跌即将开始。

这种价格创新高而动量指标下跌的形态被称作顶背离。顶背离的产生预示着熊市的到来，因为推动市场上涨的动量无法与市场价格的上涨保持一致，从而导致上涨的力量减弱，随之而来的只能是下跌。与之相反的是，在动量读数一路上涨的同时，价格水平却跌至新低。这种情形反映出的是下跌的动能正在逐步衰竭，被称作底背离，它是牛市来临的信号。

当然，对变动率指标读数的解释和运用还涉及一些其他的概念——一个以变动率为基础的，短期择时交易模型。然而，我们先讨论变动率指标的计算。

变动率指标的计算

我们已经在讨论收益率指标的章节中讨论过变动率测量法，但是这里对之再次提及也不为过。变动率指标可以使用任何时间段的数据——小时、日、周或者月数据为基础。我常常使用日线收盘价或者腾落线（纽约证券交易所中累积上涨的股票数量减去下跌的股票数量）作为我的数据流，来研究关键市场的指数。

我发现 10 日变动率指标对于短期交易非常有用，而 21 日到 25 日的变动率指标常被用作中期交易分析指标。所以结合使用短期和长期变动率指标，将会对交易非常有利。具体使用方法是，用短期变动率指标的读数率先做出趋势方向预测，接着用长期变动率指标对方向进行确认。

以下就是你的统计表格可能展现出来的样子，如果你对从 2004 年 1 月

30日到2月17日的标准普尔500指数使用10日变动率指标的话，数据流将如下表所示。

表3-2　标准普尔500指数10日变动率指标（2004年1月30日至2月17日）

日期	收盘价格	标准普尔500指数10日变动率指标
1. 1月30日	1131.13	
2. 2月2日	1135.26	
3. 2月3日	1136.03	
4. 2月4日	1126.52	
5. 2月5日	1128.59	
6. 2月6日	1142.76	
7. 2月9日	1139.81	
8. 2月10日	1145.54	
9. 2月11日	1157.76	
10. 2月12日	1152.11	
11. 2月13日	1145.81	+14.68 [（第十一天）1145.81,（第一天）1131.13]
12. 2月17日	1156.99	+21.73 [（第十二天）1156.99,（第二天）1135.26]

正如你所看到的那样，数据流必须要比你的变动速率测量值至少多一组数据。到表格中最后一组数据的位置，要计算10日变动率读数已经没有问题了，为得到这样的读数，至少要保留11天的数据。

如果能将价格和变动率读数同时展现在一张图上，那么对于识别背离和绘制趋势线等就非常有用。由于日线级别的变动率曲线通常会有锯齿状的走势，因此移动平均变动率线常常被用来平滑这一指标的走势形态。

下面让我们用图3-6来说明变动率测量法的一系列主流概念。

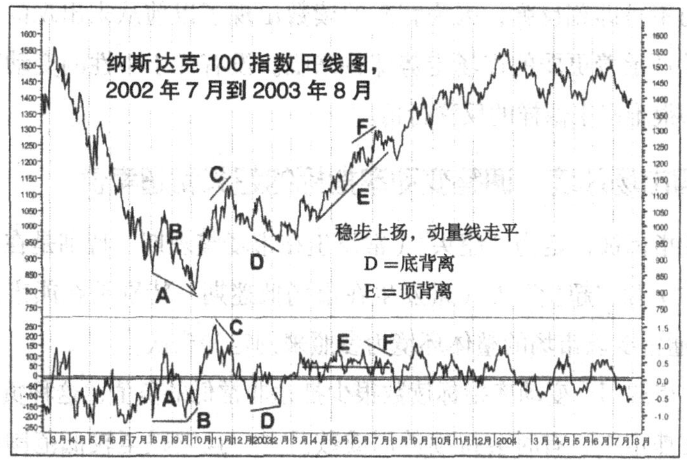

图 3-6 纳斯达克 100 指数日线图，2002 年 7 月到 2003 年 8 月

这张图同时展示了变动率指标在牛市和熊市中的表现。正如你在图中看到的那样，变动率读数在市场下跌时容易形成底背离（0 轴以下），而在牛市中容易形成顶背离（0 轴以上）。

你或许会想当然地认为股票价格的走势会在市场下跌期间与变动率指标形成底背离，而在市场上涨期间则与该指标形成顶背离。不错，变动率指标的这一特征，在 2002 年到 2003 年市场的基本趋势从熊市转换到牛市期间确实非常明显。

市场分析师常常会撰文评论股票市场已经“超买”或“超卖”。通过变动率指标来看，他们的术语就是指市场变动率和市场价格变化的方向不一致，出现了寻常的参数指标，却走出了不同寻常的正向或者反向延展行情。例如，近些年来，纽约证券交易所腾落线的 10 日变动率范围是 +8500 到 –7500。如果指标读数突然越过这两个边界就分别代表着超卖和超买。理论上讲，当动量指标抵达一定水平之后，股票市场很可能会改变方向，就像一根橡皮筋在被拉伸后就具备回归正常状态的趋势力量。

虽然这一常识性的看法比较流行——而且通常在中性市场时期非常精确，但是在市场处于强烈的趋势运行之中时却不太可靠。例如在 2002 年的春季到初夏期间，变动率指标所展现出来的顶背离预示着，指数可能会继续下跌而不是即刻反弹，因为背离的读数出现了以前从未出现的负值。极弱的读数预示着更弱的市场走势即将来临。没有优于中性的变动率指标读数，市场很难迎来像样的反弹行情。

参照市场环境，调整变动率指标的超买和超卖值

动量指标被认定为“超买”（常发生在市场整理期，特别是在中性市场或牛市中）和“超卖”时（常发生在市场低迷期，特别是在熊市或中性市场中），通常要以市场的整体环境为参照来判定和确认。

在牛市期间，变动率指标读数很少抵达非常低的负值，这种负值往往只会出现在熊市中，有时会持续数周或数月。一旦它跌至较低范围时，股票市场经常会迅速反弹。在熊市期间，变动率指标的读数一般不会追随牛市时的高位，而一旦它抵达熊市的相对高位时，股票市场通常会展开一轮凌厉的下跌。现在让我们重新回到图 3-6，你可以在市场的基本趋势发生转变时，也就是市场从熊转牛的过程中，仔细观察变动率指标参数的具体变动。

在我们用动量指标（其超买和超卖指标的具体数值）判定市场是否处在反转期时，应该充分考虑当前的市场价格趋势，移动平均线的方向以及变动率指标，并依据它们的具体数值来调整指标参数。当然，这些调整从某种程度上讲比较主观，并不是完全客观的。

大多数情况下，市场发生明显上涨的起点，并不是在变动率指标和其他动量指标读数最低，或者处于超卖区时，它们往往开始于动量指标已经从它们的最低读数上涨了一段时间之后。例如，图 3-6 中 2002 年 10 月份的上涨开始时，21 日变动率指标已经构造了一个上涨的双底形态——第二个低点高于前一个低点。

查看图 3-6 可以得知，11 月到 12 月的上涨结束期直到 21 日变动率指标从它的峰值回撤以后才开始，在这一过程中形成了一个下跌双顶形态。

2002 年夏天的下跌趋势一直持续到变动率指标建立了一个上涨的低点（下跌的动量正在减少）才结束。在 A 区域产生了一个底背离走势，具体来

讲就是纳斯达克100指数跌至新低，而21日变动率指标并未创新低。你也可以在B区域看到一个不明显的，然而却意义重大的次级底背离走势——价格下跌到最后的低点，与此同时变动率指标却没有创出新低。

从2002年9月低点开始的恢复性上涨，是以典型的教科书式的形态展开的。第一步是强烈的上涨，并直接突破了价格阻力区域（8月份的高点），而且动量指标的读数也达到了峰值，是3月份以来的最大值。然而这次上涨持续了大约两个月就结束了。

那是不是会紧接着出现持续两个月的下跌呢？事后看，确实是这样。通过对图表中区域C的观察可知，当价格在11月份抵达最高值时，变动率指标却一直处于下跌趋势之中，这就是典型的顶背离，预示着未来市场会走弱。

发生在图中区域D的股票市场下跌，很明显是以一种被称作熊市头肩顶的形态展开的（具体释义参照第六章），而2003年元月份的底背离（更低的价格没有得到变动率指标的确认）则预示着后市会比较乐观，结果也确实如此。

对变动率指标涨跌标准的进一步研究

尽管变动率指标的振荡已经传递出来相当多的信息，但是如果我们继续花费时间研究市场行为是如何生成当前的指标读数的，就能获取更多更有价值的信息。

具体而言，每天的新变动率指标读数实际上囊括了两个变量：当前交易日的价格变化水平和方向，以及在计算时被去除掉的那一天的价格运动水平和方向。

如果被移除的那一天正好是市场下跌日，那么变动率指标就会转头向上，即使今天的价格并没有上涨。只要今天的跌幅低于移除那天的跌幅即可。因此，如果市场处于较弱势的阶段，变动率指标就很容易出现上涨，而且常常是在价格趋势开始转头上涨之前。如果今天正好是一个上涨日，而且计算指标时移除的那一日数据正好是个下跌日，那么变动率指标就会出现大幅上涨。

相反，如果计算指标时被移除数据的那天是市场上涨日，那么变动率指标就很难走强。在市场处于强势运行（上涨或下跌）期间，变动率指标则呈现出振荡走势，只不过振荡的位置相对较高。当然时不时地也可能会发生背离走势，如果你仔细检查计算指标时所使用的数据流，可能会注意到股票市场根本没有真正走弱，而且实际上，只要变动率指标的读数一直处于高位，那就是市场走势（上涨或下跌）强劲的信号。

现在让我们回到图 3-5。9 月份是股市发生暴跌的一个月，因此变动率指标在 10 月份发生了快速上涨，甚至上涨速度要明显地优于价格的上涨速度。直至进入 11 月之前，指标计算中被移除的日子都是市场上涨日。变动率指标仍然继续（在高位）走平，尽管市场已经上涨了几周。在本例中市场变动率指标无法进一步上涨，并不是市场疲软的表现，而仅仅是市场连续数周保持上涨时的正常反应。此时不宜对指标做过多解读。

相对强度指标读数（参照图 3-5）一直到 2001 年底都没有出现明显下跌，而是经过短暂的下跌之后又继续上涨并创出新高，然而变动率指标并没有与时俱进地创出新高。价格和变动率指标在 2002 年初同时开始下跌，在这之前市场在 2001 年 12 月到 2002 年 1 月间出现了顶背离走势。

在 12 月初发生的第一次短暂下跌期间，变动率指标也随着下跌，然而这并不预示着市场将会出现下跌。因为即使是在最强势的市场上涨时期，总存在几个整理期。但是你可能会注意到，在价格上涨的所有区间（整个 12 月份），变动率指标的值从来没有跌至 0 轴以下。当然顶背离，作为明确的熊市信号还是在这一年的年底发生了。

是什么决定了这次顶背离比发生在 10 到 11 月份之间（变动率指标保持高位走平）的那次顶背离更有意义？第一，变动率指标已经不再高位运行，而且跌至 0 轴附近；第二，价格运行的形态也发生了变化，不再保持上涨而是保持横盘走势；第三，变动率指标不再创出新高以确认价格的新高时间点，并且很快价格就从一月初的最高点开始了快速的下跌。

另外，变动率指标读数的下跌和顶背离走势的出现，如果伴随着价格的走弱和下跌的话，那么该顶背离就十分值得重视。价格走势的双顶形态（两个高点之间间隔几天到几周不等）伴随着变动率指标的双顶形态，常常预示着熊市即将到来。

相反，如果股票市场转头向上的形态得到印证，变动率指标的上涨形态就变得意义非凡。股票市场的双底形态中间间隔也是几天到几周不等，伴随着变动率指标读数的上涨，常常会提供绝佳的介入点位。

三重动量的纳斯达克指数交易模型

现在你将学习一个易于维护的择时交易模型，可以结合专门为跟踪纳斯达克综合指数而设计的投资工具一起使用。这是一个短期的"打得赢就打，打不赢就跑"的择时模型，其建议投资时间仅占从1972年到2004年的45.9%，但是它在过去32年中有20年内的业绩都远好于买入并持有 -- 策略的表现，而且每笔盈利交易的获利金额是每笔亏损交易的亏损金额的5倍。稍后我们会展示更多的测试数据，但是首先来介绍一下这一模型的具体逻辑和规则。

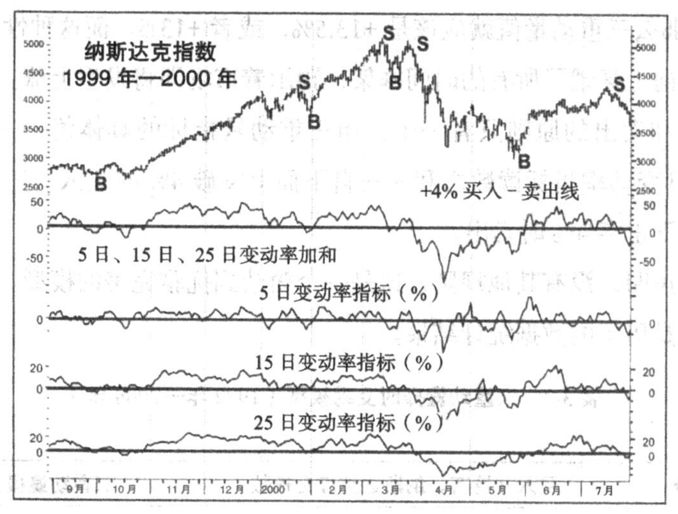

图 3-7　三重动量择时交易模型（1999 年—2000 年）

本图展示了纳斯达克综合指数从1999年10月底到2000年10月初的走势。价格走势图的下方有三个变动率指标，分别是：5日、15日和25日纳斯达克综合指数的变动率指标，而且指数的变化是以百分比（而不是具体点数）来衡量的。在这三个指标线的上面是三个独立变动率指标的读数之和形成的指标线。图中B表示买入日，S表示卖出日。你可能会注意到在价格的运行方向发生变化之前，短期的5日变动率指标在方向的改变上，要领先于长期的15日和25日变动率指标。（本图仅作为基于假设的研究，并不能保证未来的走势一定如此。）

指标的维护过程

这一指标的维护过程相当简洁明了。

你只需要维护三个日线级别的变动率指标：一个纳斯达克综合指数收盘价的5日变动率，一个15日变动率指标，以及一个25日变动率指标。

这些指标都以百分比指标而不是具体点数来计算。例如，如果今天纳斯达克综合指数收盘价是2000，而10天前是1900，那么10日变动率的值就是+5.26%（2000–1900=100；100 ÷ 1900=0.0526；0.0526 × 100=+5.26%）。

每天收盘时，你分别为5日、15日和25日变动率指标加入以百分比为基础计算的值，来获取一个复合变动率值——今天的三重动量值。例如，如果5天变动率值为+3.0%，15天变动率值为+4.5%，25天变动率值为+6.0%，那么三重动量值就应该是+13.5%，或者+13.5。而这种性质的读数表明指标向上穿越了所有的时间框架，预示着市场即将发生上涨。

买入和卖出的原则只有一个：当三重动量指标的具体值——5日、15日和25日变动率指标读数之和——自下而上突破4%时买入。三重动量指标自上而下击穿4%时卖出。

再次声明，没有其他规则，这是一个简洁到优雅完美的模型。

以下是历年的数据统计结果。

表3-3　三重动量择时交易模型（1972年—2004年）

单位：%

年份	买入并持有，纳斯达克综合指数	三重动量模型
1972	+4.4	+2.3
1973	− 31.1	+7.5

（续表）

年份	买入并持有，纳斯达克综合指数	三重动量模型
1974	−35.1	−0.3
1975	+29.8	+32.9
1976	+26.1	+23.6
1977	+7.3	+5.3
1978	+12.3	+26.2
1979	+28.1	+25.3
1980	+33.9	+43.2
1981	−3.2	+9.8
1982	+18.7	+43.8
1983	+19.9	+29.4
1984	−11.2	+3.6
1985	+31.4	+31.3
1986	+7.4	+10.7
1987	−5.3	+24.1
1988	+15.4	+11.6
1989	+19.3	+15.2
1990	−17.8	+10.8
1991	+56.8	+32.9
1992	+15.5	+17.9
1993	+14.8	+7.4
1994	−3.2	+2.0
1995	+39.9	+27.0
1996	+22.7	+20.3
1997	+21.6	+26.3
1998	+39.6	+50.9
1999	+85.6	+43.5
2000	−39.3	+8.6

（续表）

年份	买入并持有，纳斯达克综合指数	三重动量模型
2001	−21.1	+27.5
2002	−31.5	+4.9
2003	+50.0	+21.5
2004（部分）	−2.3	+ 0.8

表 3-4　表现结果汇总

	买入并持有	三重动量
年化收益率	+9.0%	+19.8%
持仓回撤幅度	−77.4%	−17.5%
双向交易次数		288（每年 8.9）
获利交易百分比		54.4%
可投资时间百分比		45.9%
可投资时间内的年度收益	+9.0%	+ 43.1%
获利交易每笔平均获利		+4.8%
亏损交易每笔平均亏损		−0.9%
每笔交易的收益 / 亏损比		5.3
总收益 / 亏损比		6.2

在过去的 32 年里，我通过使用三重动量择时交易模型所取得的收益，是亏损的 6 倍还多。该模型平均每年所取得的收益比买入并持有的投资策略所取得的收益高出 120%，而且投资时间仅有总时间的 45.9%。而且，由利息收入所衍生的其他收益并没有计算在内，但是就此而言，无论是活跃的还是保守的股票交易，其交易成本与税收成本都没有被计入在内。

于是我们自然而然地会提出这样的问题，真的有必要在这一系统中使用三个变动率指标吗？又或者是否只需一个变动率指标就可以做得很好呢？实际上，使用三个变动率指标看起来提供了更为平滑的结果以及更低的交易频率。例如，如果只使用15日变动率指标来买卖纳斯达克综合指数，以该指标上穿0轴买进，跌穿0轴卖出。此时的年化收益率是+18.3%，最大回撤幅度上涨至–28.6%，而且交易次数也上升到307次，但是正确率却从43.1%下跌至30.7%，每笔交易的损益比也从5.3下跌至4.1。如果使用其他的单个变动率指标，也会产生类似的交易结果。

这一择时模型很好地经受住了考验。股票市场技术分析和择时交易模型的发明者发现，在许多的具体案例中，近几十年来择时交易指标的有效性有所退化。在20世纪70年代，该模型一直运行良好，行之有效，而到了80年代它开始逐渐失去有效性，在整个90年代的表现更是不尽如人意，而且到了2000年到2002年的熊市期间表现得更糟。有效性的缺失可能源于以下几个原因：时隔经年市场逐日成交量的增加；市场波动性的增加；股票市场各个行业间的交易活跃度的增加；以及其他一些可能的原因。

当你进一步对三重动量择时模型进行观察时可能会发现，它在过去三十年里的表现，持续地优于买入并持有策略。具体来说从20世纪70年代到80年代，以及2000年以后的时间段内，它的表现都超越了买入并持有策略。然而在20世纪90年代中有五年时间买入并持有策略反超了三重动量策略。当然，在评估这一模型的价值时，你一定要注意到它仅要求45.9%的投资时间。

研究模型结构的相关注意事项

就性质而言，这类择时交易模型一般会将在研究数据所覆盖的时间区间里产生的结果进行优化，而其实这些结果并不适用于未来的真实情况。有一种可以减轻——而不是完全消除——这种测试结果优化的方法，即将模型分为两个或者两个以上阶段去测试。以一段时期为准参数，进而将这些参数应用到后续的时间模型区间，来观察这一模型是否会持续有效。

三重动量择时模型的创建和测试都是以下列方式进行的。首先，以1972年9月到1988年12月为基础来设定具体的参数。这些参数随后被运用到另一个测试区间，1989 年 1 月到 2004 年 5 月。这两个区间的数据对比如下表所示。

表 3-5 三重动量择时模型的周期表现

	创立指标参数的区间（1972 年 9 月到 1988 年 12 月）	继续测试的区间（1989 年 1 月到 2004 年 5 月）
买入并持有收益	+7.6%	+11.3%
交易年化收益	+19.7%	+19.6%
交易次数	128（每年 7.8）	162（每年 10.6）
获利的交易百分比	56.3%	51.9%
可投资时间百分比	43.4%	48.6%
投资时回报	45.3%	40.9%
未平仓合约的回撤幅度	−6.9%	−17.5%
平均收益 / 平均亏损	8.0	4.1
平均每笔交易获利	+2.5%	+1.9%

尽管在创立指标参数的区间（1972 年—1988 年）和后继测试的区间（1989 年—2004 年）之间，三重动量测试交易模型在最终收益的表现上，后者比前者有了一定程度的降低，但是其收益表现实际上保持了相对的稳定。毕竟，我们需要考虑到纳斯达克综合指数在 1989 年到 2004 年间的日常波动率在不断地增加，1999 年的宽幅振荡和起伏不定的上涨以及熊市时的下跌（更不用说自 1999 年以来纳斯达克综合指数的日常走势趋势性的减少）。在研究中我发现，只有极少数择时交易模型在近些年中能保持业绩，而三重动量模型比绝大多数模型表现得都好。

顺便说一句，三重动量模型的研究原则也可以被应用于其他市场（例如，美国国债）。回溯测试表明，在这段极度困难的市场交易时期，三重动量交易模型确实可以使投资者有效规避获利概率不高的交易，进而显著地降低交易风险。

本章小结

变动率形态可以和移动平均线结合起来被用来定义股票市场周期的四个阶段。变动率读数通常会先于移动平均线改变方向；价格运动的动量指标通常在价格运动变化之前发生逆转。

本章中的图 3-5 和图 3-6 很好的表明了当发生明显的市场趋势反转时，变动率指标的行为表现。移动平均线指标可以由日线级别的变动率指标为基础，通过平滑其日线走势上的缺口和毛刺而得来。

总而言之，能够反映短期和长期股票市场趋势的移动平均线指标，确实能够通过其方向、斜率、角度和上涨、下跌脉冲的长度，帮助投资者们判定市场趋势的力量。而定义了市场上涨和下跌动量的变动率指标，则常常能够提前预见即将发生的市场逆转，同时也能有效地反映趋势的强度。无论是变动率指标还是移动平均线指标，对于基本的和短期的四个市场周期阶段的判定都具有重大意义。

超越图表：强大的技术图形工具

通过绘制图形来描绘股票市场运动的做法，可能和股票市场本身的历史一样悠久。当然，随着以计算机为基础的程序化交易技术的发展、在线市场跟踪程序以及各种各样财经网站的兴起（更不用提历史悠久的证券市场咨询服务），股票图表已经逐渐被无数的投资者所熟悉，并且随手可得。

本书并不会对图表分析师常用的点状图、蜡烛图做详细的介绍，也不会试图对热衷于图表分析的人士所使用的图形分析方法进行评估。几乎可以肯定的是，解释股票图表模式的行为是一种艺术，而不是科学，而且图表形态经常——如果尚未成为普遍现象的话——只有在事后情况明朗时，才能引导投资者对市场行为作出客观的解释，而不是事前。尽管确实存在这样的问题，我还是发现了一种具有很好预测作用的图表工具。然而在我们进一步对特殊的图表形态作出详尽的分析之前，有必要先理解一个非常重要的投资原则：协同效应。

协同效应

协同效应是指将两种或两种以上的分析工具相加或调配在一起所产生的作用，大于各种分析工具单独应用时作用的总和，也就是通常我们所讲的 1+1>2。

尽管关于股票价格运动的研究已经非常全面，尽管所有的数据对于投资者而言都唾手可得，尽管交易者几乎可以使用由计算机所产生的所有图表，但是一个简单的事实是，没有完美的股票市场指标，甚至没有任何近乎完美的指标。即便如此，仍有一些指标常常因为两三次的成功预测而变得非常流行。例如以对第二次世界大战之后的几个主要市场所作的周期性观察为基础，人们发现，当股票的分红跌至 3% 以下，或者当市盈率上涨到21或22倍时，熊市就“一定”会发生。这种方法成功地预测了1996年、1969年和1970年的熊市。但是，如果在20世纪90年代中期仍然使用这种方法，其结果就不尽如人意了。因为到了2000年底，尽管当时的平均市盈率早已攀升至46倍，而且股票的分红收益率也几乎降到了1%。然而标准普尔500指数丝毫没有显示出任何熊市的征兆。

退一步说，即使存在最完美的技术指标，它的神秘内容也迟早会人尽皆知，而且当投资者开始集体追随它时，它的有效性就会日渐降低。（如果所有的投资者都在同一时刻成为买方，那么谁是卖家呢？）而事实是，即便最好的预测也是不完美的，顶多只能是以一定的概率命中而已。相对切实可行的目标是尽量多作正确的决策，发展快速识别错误、采取正确行动、合理调整心态的能力，即使这意味着接受股票市场的亏损也在所不惜（一般情况下，在股票市场上，应对亏损的最佳方式就是快速止损）。

成功的投资者并不是一直持有证券头寸。他们会尽可能认真地评估某一机会的成功概率，并且只在时机有利时才进行投资。提升获胜概率的方法之一就是应用协同效应：如果有多个指标相互确认对股票市场变化的预期，那么交易成功的概率就会大幅度提升。

多个指标的协同作用是如何提升成功概率的？我们假设现在有一系列相互之间没有关联的技术指标，每一个的正确率大约都是60%。这种准确率大概和市场上的择时指标准确率很相近（当然，这些指标理应具有彼此不同的构成元素和设计理念，否则，它们也只不过是“换汤不换药”的冒牌指标而已）。

正常情况下，如果你依据某个指标进行交易，当它产生了一个买进信号时，其成功率为60%——实际上这个成功率对于股票市场来说算是非常高的了，尤其是在你设定了有效止损位的前提下。

而如果你改变策略，使用两个互不相关的市场指标来进行交易分析，每一个指标的成功率都是60%。一开始你的计划是当两个指标都提示买进时你才会开仓持有头寸。这样做的成功概率是多少呢？交易获利的概率从60%提升到了84%。

如果你同时使用三个指标，每个成功率都是60%，也遵循只有当三个指标都给出相同的行动信号时才交易的原则，这时交易的成功率就会更高，能够达到93.6%。

那么接下来你就需要认真研究多个指标给出的信号是如何相互确认的，或是为何不能相互确认的，只有把这些都搞定了才能决定是否进行交易。在接下来的章节中我会着重强调这一概念。

基于角度变化的价格预测

图4-1很好地阐释了如果给定一个前期价格运动形态，优秀的技术指标是如何预测市场波动的时间和长度的，不仅要预测股票市场会朝哪个方向走，而且还要预测能够走多久。另外，这种方法不仅适用于对短期交易（比如日内交易）的分析，也同样适用于对长期投资的分析。

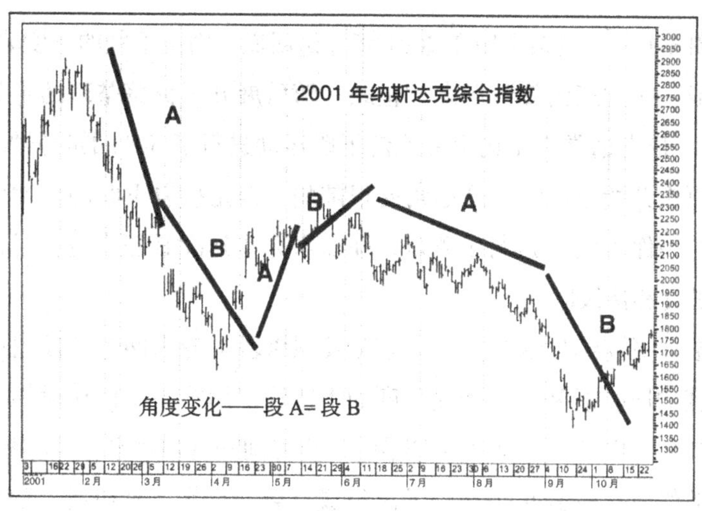

图4-1　运用角度变化来预测价格目标

有时股票市场看起来要以某一特别的角度上涨或者下跌，而接下来这种角度发生了变化。如果你测量第一个角度A段所完成的距离，然后依此预测第二个角度B段运行的距离，就会常常发现B段运行的长度和A段一样长。

实际上，有时会发生这样的情况，股票市场以合理的频率沿着某一个角度上涨或者下跌。有时一开始的角度比较陡峭，有时却并非如此。而且在某些点位，角度和斜率会发生明显的变化。如果在陡峭的拉升或下跌期成交量比较小的话，股价运行角度很容易改变，变得平缓；与之相反，稳步上涨或者下跌的市场也可能会突然发生斜率的变化，以几乎垂直的角度运行。

当你识别到这种形态时，此时应该正处于第二段初期，这时你可以准确地预测市场波动的长度和剩余时间。具体操作分两步走：第一步，沿着第一个上涨或下跌的角度计算总的时间，本段被称为段 A；第二步，一旦你识别到相对于段 A 股价的运行角度发生了变化，就应该立即着手测量第二段的长度，本段被称为段 B。具体的测量方法是从段 B 的起点开始，以段 A 的长度沿着段 B 的角度画出完整的走势预测。这样不仅能预测出段 B 的延伸长度，而且还能预测出段 B 的运行时间。

例一

在图 4-1 中，股票市场在 2001 年开始回撤，而且下跌的角度非常陡峭，直至形成一个“三角旗”形态才止跌，随后展开了振荡整理的走势（这类“三角旗”形态通常在市场上涨或者下跌运动进行了 50% 的时候发生）。接着市场再次开始下跌，一开始角度很陡峭，但是接着下跌的角度变得非常缓和。如果你对段 A 进行了测量，那么当你看到段 B 正在进行时，就能预测它的长度和持续时间。

如果你更仔细地观察段 A，你会发现该段本身由两个子段组成：一个平缓角度的回撤段和一个较陡角度的下跌段。用第一个回撤段的长度可以预测第二个下跌段，以及段 A 的最终终止时间和价格水平。

相类似地，段 B 也由两个子段组成。第一个是 3 月初近乎垂直的下跌段，仅持续了两个交易周——其实也足够长了；当该波段的下跌斜率发生变化时，同样也可以根据它预测整个段 B 剩余部分的走势和具体点位。

例二

图中的第二对段 A 和段 B 发生在四五月间，正好是在我们刚刚描述的例一之后。这次段A开始的角度比较陡峭。如果你仔细观察，会发现这一段也包含着A、B两个子段。其中段A大约持续了2周。自那以后股价的运行角度发生了转变，转变到了段B，其运行长度和段A保持完美的一致。

我们可以注意到段B运行了大约4周时间，也就是段A的两倍。这次段A和段B波段的时间框架并不匹配。而综合考虑两个波段的角度和运行距离，它们的长度是大致相等的。而且，段A和段B在运行期间的时间框架有时不一致，也是非常正常的现象。

例三

图4-1中展示了最后一对段A和段B，它们分别开始于2001年5月末和2001年9月中旬。这两段一开始都下跌得比较缓和。伴随着段A缓和角度下跌的结束，下跌从段B开始加速。实际上，这两个波段匹配得非常完美，你完全可以根据段A推断出段B的最终运行低点。

楔形走势：吸筹期和派发期

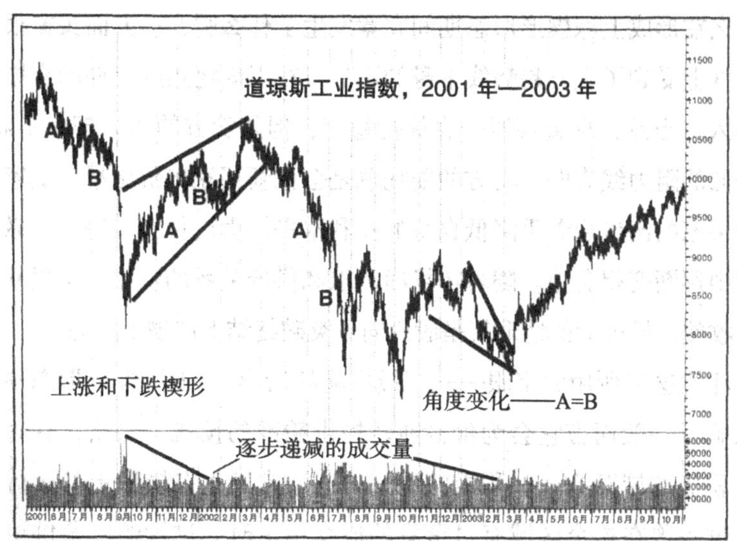

图4-2 识别上涨楔形和下跌楔形形态

本图同时展示了上涨楔形（通常是市场即将展开下跌的征兆）和下跌楔形（通常是市场即将展开上

涨的预兆）。此外，从图中我们还可以看到很多测量角度变化的例子，其中有许多没有标记。例如，从2001年9月开始到年底结束的上涨被分成了两段A和B，同样的从2001年冬天到2002年春天的下跌也是两段式下跌（这两段并没有在图中标记）。

上涨楔形形态

上涨楔形形态出现在以下情况发生时：

- 股票市场（或其他市场或个人投资）价格上涨时；
- 上升趋势线支持股价以固定角度上涨时；
- 趋势线阻力确实有效，当股价下跌时，趋势线能以固定的角度画出，但是上涨的趋势线角度不超过支持趋势线，进而出现收敛通道时；
- 随着楔形走势的形成，交易的成交量逐步减少。这是最重要的条件之一，因为上涨趋势中成交量的减少意味着多头压力的减少。

上涨楔形告诉我们，尽管买压仍然存在，而且始终保持稳定，然而卖方的成交意愿在增强。

那么在形成上涨楔形形态期间究竟发生了什么呢？一方面买家很可能在某种程度上受到了上升趋势线本身的影响，在以固定角度延伸的支撑趋势线附近买入。当然，尽管买压一直保持稳定，但是卖方的压力却在不断增加。逐步降低的阻力线表明，卖方的委托总是会比新买家出价更早。卖家正在为适应新买家的出价而着手降低自身的获利水平。卖出行为在每一个微小的市场周期中逐渐变得急迫。随着市场净需求和供给关系的弱化，买卖双方的压力开始收敛。最可能的情形就是股价向下突破终结上涨楔形形态。

请注意这里所用的字眼——“最可能的情形”。上涨楔形形态预示着熊市的来临，一般而言它会为价格逆转提供精准的预兆。当然，有时这种形态也有积极的展开方式。积极的展开方式通常发生在楔形走势运行到重阻力区（过去曾在这个区域有过密集的成交量）时。过量的股票供给所形成的阻力位只能时不时地减缓，却不能永久阻碍市场的推进。而当阻力位被克服后，当投资者都意识到牛市突破已经来临时，股票会展现出突破性的上涨走势。

我在图 4-2 中标出了两个楔形形态。在上涨楔形中，趋势在持续上涨后会接着出现一波相对简洁的下跌，并击穿较低的那条趋势线。在下降楔形中，价格在持续下跌后紧接着会转头向上，并突破那条较高的趋势线。

下降楔形形态

下降楔形形态具有以下特征：

- 股票市场处于价格下跌期；
- 沿着价格高点画的趋势线呈固定角度下跌，反映出持续稳定的卖压；
- 沿着价格低点画的支撑趋势线也呈现出下跌态势，但是角度要比卖出趋势线小，这表明部分卖家做多的热情正在累积，所以上涨趋势线和下跌趋势线最终会交叉；
- 随着楔形走势的形成，成交量在减少，这表明卖压正在消除。这也是判定该形态的一个重要条件。

下降楔形告诉我们，尽管卖压持续稳定地存在，但是买方却在不断壮大之中。在每一个微小的周期波动中买方都愿意进场交易，它们的参与减缓了市场下跌的速度。这种模式通常都会以突破性上涨而终结，它是一种牛市的预兆。

楔形形态是非常可信的短期和逐日交易操作形态。这也是我个人最喜爱的逐日交易的图表形态之一。

对策研究

如果你在市场中发现了上涨楔形，尤其是当该形态同时也被其他指标佐证时，那么你应该采取以下具体的行动：

- 在上涨楔形的上边界的价位时卖出；

- 在股价跌破上涨楔形的下边界价位时卖出；
- 画趋势线来看上下边界在什么地方交叉。如果你依据上涨楔形而做空，那么你可能需要把交叉点作为止损位。只要市场价格上涨超过这个交叉点——这种情况在上涨行情中经常发生，请立即平仓止损。

如果你在市场中发现了下降楔形，尤其是该形态同时也被其他指标佐证时，那么你应该采取以下具体的行动：

- 在下降楔形的下边界位置买进；
- 当价格突破下降楔形的上边界时买进；
- 在上下边界交叉点的价位设置止损单。

图表形态的协同效应

图 4-2 中包含了一些相互协同的图表形态，它们能够相互印证。

例如，图 4-2 中在 2003 年春季，市场走势从一个下降楔形中开始向上突破，而且这一突破和段 B 走完整个楔形形态正好同时发生。这印证了角度测量策略：楔形形态下跌走势的完成正好位于突破的区域，恰好在那一市场时刻发生修复性上涨，这一点都不奇怪。

基于段 A 和段 B 角度变化所作出的预测，与依据上涨或下降楔形对价格作出的预判高度吻合，这极大肯定了楔形形态的研究意义及其成功概率，并且证明协同效应思维确实是非常有效的。

头肩形态

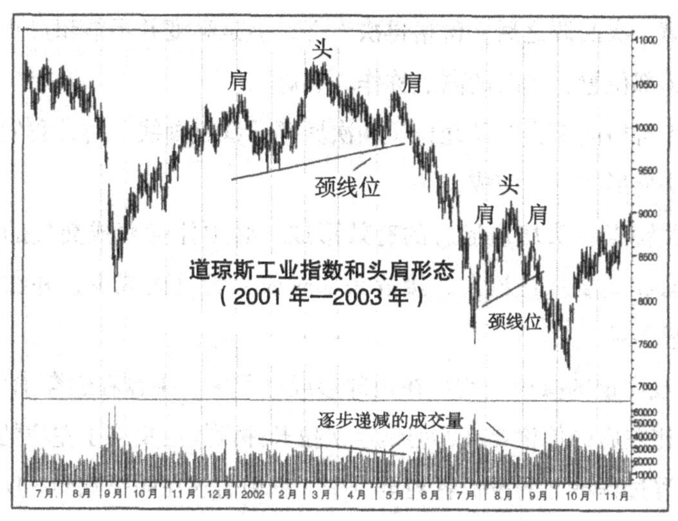

图 4-3　头肩形态的买进和卖出

头肩形态可能是最广为人知的图形形态了，通常情况下它在牛市和熊市都有着非同寻常的意义，尽管依照它作出的预测也并非百分之百正确。

图 4-3 展示的头肩形态是一种牛熊转化的形态。它们分别预示着市场阶段性顶部和底部的来临。以下是定义头肩形态形成的必要条件。

头肩顶形态

在市场顶部，会发生以下情况。

1. 股票市场在一轮上涨之后达到阶段性高点。接下来它会稍稍回调到一个低点之后，再上涨至新高。那么第一开始的高点就被称作“左肩”；之后的第一个回调低点就成为“颈线”的第一个点；第二次新高所形成的高点就是“头”，此时头部形态已经完成。
2. 第二个高点比左肩高，之后价格再次出现回落。可能恰好回落至第一次回调的颈线位所在的点位附近（形成水平的头肩形态），也可能比第一次回调的点位略高（形成上升的头肩形态），或者略低

（形成下降的头肩形态）。图 4-3 中的前两个形态就是上升头肩形态（颈线斜率向上），图右边最后一个形态是水平颈线的头肩形态。

3. 第二次回调之后，价格再次上涨，但是高度并不能超过头肩形态的头部位置，此时的高点称作“右肩”。
4. 当价格向下击穿颈线位（两次回调的低点画线）时，我们认为整个头肩形态已经完成。
5. 关键点：头肩顶形态的有效形成，必须伴随着成交量的减少。左肩成交量往往最大，接近头部时成交量反而减少，并在右肩处明显萎缩。

这种成交量的减少表明，在顶部形成过程中，买盘在逐渐消失。例如，尽管头部比左肩的价格要高，但是这次拉升并没能汇集多于左肩的买盘。而右肩的上涨过程参与的投资者甚至更少。市场需求在明显减弱。所以我们再次强调，如果没有出现成交量的萎缩，头肩顶形态就会失去它的有效性。

运用头肩顶形态确定下跌的价格目标

现在是时候重新回顾图 4-3 了。

价格在完成头肩形态的头部之后，要确立其最小的下跌幅度，可以按照以下步骤：

1. 在头肩形态里，测量头部顶端到颈线位的垂直距离；
2. 当价格向下击穿颈线位时，用步骤 1 所测得的距离，从颈线位开始垂直向下度量，我们认为这段距离是头肩形态之后价格的最小跌幅。

我们可以在图 4-3 中看到两个头肩顶形态。第一个形成于 2002 年初，它在当年的 5 月达到最小跌幅目标。而最终结果却证明，超额的下跌使得市场进一步大幅下跌：最终一直跌至 7 月才结束（你可能会注意到从段 A 到段 B，从 5 月到 7 月间跌幅角度的变化，所以如果使用角度变化方法来测量跌幅，也是一种非常好的预测方法）。

图 4-3 中第二个头肩顶形态的波动幅度要小一些，形成于 2002 年第三季度的 7 月中旬到 9 月。用从头肩形态的顶部 H 点向下到颈线位的距离来预测最终跌幅，其结果相当精确。下跌在 10 月结束，位置正好是预测的下跌目标点位。

此外，这一头肩顶形态走势图也是一个协同效应的例子。发生在 2002 年 9 月的右肩下跌，在其形成过程中下跌的角度一直在发生变化。价格一开始下跌得比较陡峭，接下来跌势趋于缓和。以角度变化为基础，下跌目标可以被几乎完美地计算出来。其结果和依据头肩顶形态预测出的几乎完全吻合。这种协同效应为交易者能在该区域成功“抄底（bottom fishing）”提供了依据。

下面是一些关于头肩顶形态的常见观察方法。

- 具备上升颈线的头肩顶形态要比水平颈线的头肩顶形态所预示的熊市特征少一些；水平颈线的头尖顶形态要比下降颈线的头肩顶形态所预示的熊市特征少一些。下降斜率的颈线所预示的下跌幅度要比水平或者上升颈线的大得多。
- 股价一旦击穿颈线位，这就标志着头肩顶形态的完成。随后，市场会快速反弹到刚刚被刺穿的颈线位附近，但是该反弹往往非常短暂。对于激进的投资者而言，这可是绝佳的做空机会。同时，对于大多数普通投资者而言，这也是最后清仓逃命的机会。然而事实正如图 4-3 中第一个头肩顶形态所示的那样，这种反弹并不是一定会发生。
- 尽管人们普遍认为头肩顶形态是一种最可靠的图表形态，但是它也绝非一贯正确。如果跌破颈线位后的反弹高度超过右肩的最高点，那么此时头肩顶形态就失效了。而公众一旦发现跌破颈线位的下跌是假摔，伴随着这一无效的头肩顶形态之后而来的，必定是一波强劲的上涨行情。
- 虽然在预判图形会形成头肩顶形态之后，就在形态完成之前作出买卖决策极具诱惑性，但是更为稳妥的方法仍然是等到头肩顶形态最终得到确认之后再作决策为宜。

头肩底形态

头肩底形态从外形上看起来活脱脱就是头肩顶形态的倒影，但它与后者不同，是一种预示着买进而不是卖出的形态。

头肩底形态与头肩顶形态有一些类似的形态特征：

1. 市场发生了下跌。在下跌行情结束时，往往会出现巨大的成交量堆积，并最终形成头肩底形态中的左肩。例如 2002 年 6、7 月间发生的下跌情形。
2. 市场发生了反弹，但是接下来又一次下跌，其低点比第一次下跌更低。这段下跌通常会比前一段下跌得更深。而当下跌结束时，反弹会将价格带至前一个上涨所在的高点区域，当然整个过程伴随着成交量的减少。
3. 当第二次市场自发的修复（反弹）行情完成之时，整个形态的颈线位也就基本确定了。当最终的下跌从新形成的颈线位开始时，一直在稳定减少的成交量最终引导整个形态的右肩形成。而当颈线位自下而上被突破时，整个头肩底形态才完全形成。
4. 头肩底形态作为一种牛市形态，它的最低反弹价格目标的测量方法仍然是以颈线位到头肩底的头部的垂直距离为标准，当价格突破颈线位时，从颈线位开始向上垂直度量相应的长度。从图中我们可以看到一个非常有意义的反转头肩形态，出现在 2002 年夏天到 2003 年春天的道琼斯工业平均指数中。这个头肩底形态的最低涨幅在 2003 年 12 月已实现。

虽然头肩底形态也是非常精确的图表形态之一，但是它也难免会偶尔出现一些失误。所以止损位应该放置在头肩底形态右肩的最低点位。

通过市场动量进一步确认

头肩顶和头肩底形态通常可以由市场动量指标，比如变动率指标来确认。随着形态的发展，通常动量会下跌。正向的背离（在市场底部的底背离）和反向的背离（在市场顶部时的顶背离），为市场气候可能会发生的意义重大变化提供了额外的证据支持。

预示着熊市的头肩顶形态往往发生在第三阶段（市场见顶阶段），而预示着牛市的头肩底形态则发生在第一阶段（市场筑底阶段）。完成头肩形态所需的时间，正好为投资者经过深思熟虑后减少或增加头寸提供了宝贵的机会。

股市下跌时期的成交量峰值是多头信号

判断正误：如果市场出现了缩量下跌走势，那么这意味着多头行情即将到来吗？

一般而言这种理解是错误的——极端错误。这是一种极其常见的错误观念。

伴随着较低成交量的长期下跌和严重的中期下跌，一般而言会持续一段时间。在市场下跌期间较低的成交量往往意味着两种情况。第一，部分投资者对市场行情一点也不惊慌，甚至非常镇定。这样的下跌可能是由于买盘的衰竭，而不是因为踊跃的卖盘所致。当买家需求减缓之后，价格常常会跌落至股票的实际内在价值以下；第二，价格仍未跌到能够吸引激进型买家进场的水平。这样一方面买家仍在观望，另一方面尽管在此期间价格仍在缓慢地下跌，但是大部分普通投资者和已经对当前价格满意的投资者们，仍然心安理得地持有着自己的头寸。

抛售高峰期

不久，即便是那些最乐观的持有者们也被不断下跌的价格所动摇，卖出的压力逐渐增大，并且持续扩散。随着股票从神经紧张、意志脆弱的买家手中传递到激进的买家手里，成交量在逐步增加。而这些激进的买家正在惊恐的卖盘中跑步进场并获取利润。

这种交易从缓慢的、稳定的、亦步亦趋的下跌，转变成争先恐后、精神紧张的卖出行为，并最终演变成新生力量的积极买进——被称为抛售高峰期。这种情况是由激进的买家和恐惧的买家——急于在任何价位卖出——激烈碰撞而形成的。买进高峰期通常也会引发市场的普遍上涨行情。激进买家的买进需求，可以让此时很愿意将这只股票卖出的精明卖家满足。虽然买进高峰期并没有抛售高峰期常见，但是纳斯达克综合指数在2000年3月确实出现了这种现象。

再次强调，市场任何幅度的下跌，即便是发生在日内价格波动中的下跌（日内交易者必须提高警惕），在出现巨额成交量的增加——通常是显著地增加——之前是不会结束的。

现在让我们再一次回顾图4-3。请注意图中道琼斯工业指数分别在2001年9月、2002年7月、2002年10月结束了下跌行情。每一次下跌所形成的市场低点都很明显地伴随着急剧放大的成交量。

现在我们再总结一次，尽管有时市场的下跌是以一种长期、持久的过程结束的，但是市场下跌期间较低的成交量最好也不过是一种不偏不倚的中性指标。只有在出现了显著的成交量增加之后，才可能会出现牛市的反转。而成交量的显著增加往往发生在特征明显的抛售高峰期的末端——下跌峰值出现之时。

支撑位和阻力位

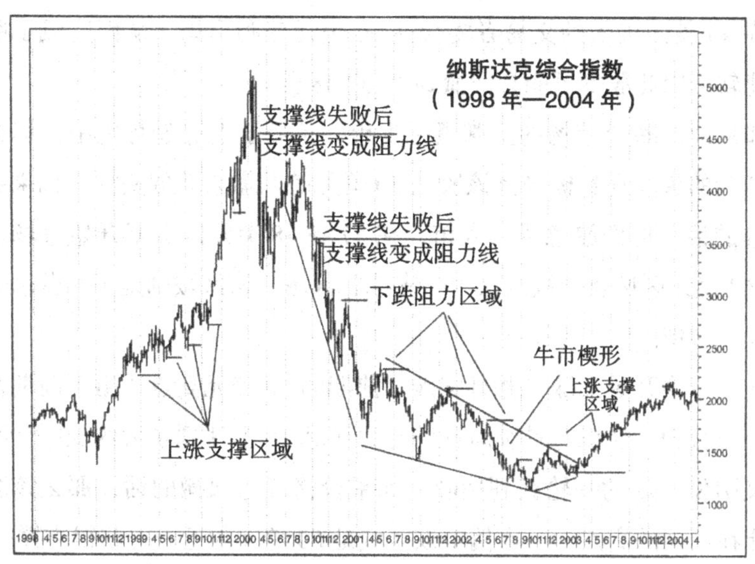

图 4-4　纳斯达克综合指数（1998 年—2004 年）的支撑和阻力位

图表展示了从 1998 年到 2000 年初市场上涨行情中的一系列支撑线，以及随之而来的熊市时的一系列阻力线。此外，图中明显的角度变化形态也很好地反映了 2000 年到 2003 年间所发生的主要市场行情阶段。

支撑区域

了解支撑区域（该区域常常和以前的交易区间有关，而且价格在这里找到支撑，能够有效地阻止价格的进一步下跌）和阻力区域（该区域能阻止价格的进一步上涨）能够使投资者更精确地定义市场的主要趋势。此外，支撑和阻力区域的形态同时也能够预测价格的反转位置。

股票市场的上涨并不是直线上扬的。事实上，它们通常是呈阶梯状上涨的。一段时期的上涨常常伴随着横盘整理或者回撤时期，之后再发生更进一步的上涨，接下来再出现另一个平台或回撤期，以此类推。

在牛市期间，随着价格的不断推高，回撤发生的频率也在增加。一系列相邻高点之间的不断抬高的底部区域能够定义市场的趋势。例如，我们假设某只股票近期从45美元每股，上涨到阶段性最高价50美元每股。有一些在45美元买入的交易者将会在50美元获利出局，从而造成了股价的暂时疲软。因此股价可能会回撤到47到48美元。

如果此时整个市场的主基调是牛市，正处于上涨趋势之中，那么肯定会有踊跃的买家在积极等待该股从50美元的回撤来获取头寸。如果买家非常激进的话，他们愿意尽早入市，在47到48美元区域就开始进场。那么47到48美元区域就会被定义为“支撑”区域，该区域则是买家获取这只股票头寸的区域。

随后价格开始上涨，并且突破了前期的50美元高点（由于前期在此价位有卖出行为，所以它是临时性的阻力区域），上涨到了大约53美元附近，此时又引发了新的一轮获利回吐。如果价格发生回撤的话，那么该股将很有可能在前期的高点——本例中该区域是50美元附近——获得支撑。

图4-4展示了纳斯达克综合指数在1999年间所形成的一系列支撑区域，以及在随之而来的熊市下跌期间所形成的一系列阻力区域。

在1999年间的每一次上涨、回撤以及新的上涨形成了一系列呈锯齿状的图形形态——这种低凹形的走势，代表了接下来股市下跌过程中的潜在支撑区域。在上涨趋势期间，理想的买进区域常常处于这些低凹地段，或者是早期市场的下跌区域和最近的市场高点峰值之间的区域。

支撑位是投资者愿意进场买股票（或者其他投资品种），从而会使股价得到支撑的区域。这可能是一个振幅较宽、时间较长的支撑区域（该区域中市场在相当长一段时期内都发生了恢复性的上涨行情），也可能是短期的支撑区域（该区域中的交易仅在有限的时间内发生）。而其中振幅较宽的支撑区域往往是最有重大意义的支撑区域。

- 市场的上涨趋势是由不断提升的支撑位和上涨高点（由支撑位起涨的反弹高点）来确定的。
- 当价格涨到新的高点时，这一高点和前一个盘整位之间的区域就变成了新的支撑位。

- 只要支撑位一直处于不断上涨的趋势之中，那么上涨趋势就会一直保持完好无损。
- 在市场上涨区间，阻力位往往会在前一个高点之上一点的位置形成，而不是正好等于或者低于它。
- 可以通过观察市场的支撑位和阻力位是否一直处于上涨之中，来判定牛市是否会持续。

阻力区域

在下跌或者中性的市场趋势之中，阻力区域往往形成于在前期市场交易时，股票价格出现滞涨的区域。那么阻力区域到底是如何形成的呢？现在我们假设市场上涨已经接近尾声，例如某只股票从新高的 50 美元跌至 44 美元。此时有很多投资者为没能在 49 到 50 美元之间卖出而悔恨，他们会持股等待并希望还能有第二次出清头寸的机会。如果股价重新上涨至 49 到 50 美元区域，这些投资者中的大多数将会推测前期的高点 50 美元可能是最后一个高点，从而卖出自己手中的头寸，这很有可能会引发股票价格的下跌。

在这一系列的交易发生时，在 44 美元（该股的前一个最低点，可能被视为是一个买进区间）和 50 美元（最近的高点）之间可能会形成一个“交易区间”，这可能被视为一个非常昂贵的交易区间。44 到 45 美元将代表一个支撑区域，而 49 到 50 美元将被视为阻力区域。

如果价格击穿 44 到 45 美元的交易区间，比如跌至 37 到 38 美元——那么前一个支撑区域 44 到 45 美元区间将成为新的阻力区域。因为有许多在 44 到 45 美元买进的投资者希望，并盼望着股价回到他们买进的价格，能有机会让自己不赚不赔出手。这些投资者特别地代表了在 44 到 45 美元阻力区域的需求方。

相反，如果股票价格突破 50 美元，比如可能上涨到 55 到 56 美元，这样的话，旧的阻力区域 49 到 50 美元区间就会被重新定义为有利的买进区域，而不是卖出区域。前期的阻力区域就会变成支撑区域。

现在我们可以对这些概念进行一个总结。当支撑区域被击穿向下时，前一个支撑区域常常会变成阻力区域。而当阻力区域被向上突破后，原先的阻力区域往往会变成新的支撑区域。

例子：1999 年—2003 年股票市场形势（图 4-4）

在 2000 年的春夏之交，纳斯达克综合指数的基本趋势从牛市转变到熊市。在 2000 年 3 月指数在一轮抛物线式的上涨中迎来了牛市结束前的尖顶形态。即使是这样一个最终的尖顶，也有一个快速下跌之后所形成的短暂的临时支撑位。而且第一次回撤之后立即就出现了快速而凌厉的反弹性质的上涨，指数抵达前期高点附近，但是最终指数以持续而迅速的下跌击穿了 3 月中旬形成的短暂支撑位。

这就完全打破了纳斯达克综合指数在 2000 年一整年中所形成的、主要支撑位不断上移的基本上涨趋势。市场在夏初尝试过进行另一次反弹，尽管该反弹最终并没有突破市场在 3 月份形成的支撑位，该支撑位已经变成了压力位。另一个市场的支撑位形成于 8 月份，但是该支撑区域仍然没能阻止价格的下跌，并最终变成了阻力区域。

一系列不断降低的阻力位，伴随着价格持续性地下探至更低的价位，这就是经典的熊市形态。而且从 2000 年春夏之交开始的熊市，直至 2002 年底，始终都没有出现一次突破阻力区域的走势。就在 2002 年底，自熊市开始以来第一次出现了市场反弹的高点超过前一次反弹高点的走势。最终在 2003 年初，不断抬高的市场低点和上涨高点形成了一个全新的牛市形态。

下跌市场形态

市场下跌形态的主要特征就是主流熊市，代表了一段对于投资者而言风险非常高的时期，此时投资者得到的建议往往都是，只要这种下跌趋势还在持续，就应该尽量避免建立新的仓位，并坚持当前持有的股票仓位。

下面我们回顾一些与熊市有关的迹象与价格形态。

- 市场下跌趋势的特征是，一系列持续降低的高点（阻力区域）和反弹发生的低点区域（支撑区域）。
- 只要不断降低的低点和高点依然在持续中，那么熊市就仍在持续之中。
- 在熊市中的阻力区域产生于、等于或者稍微低于前期市场反弹的高点。前一个支撑区域常常变成现在的阻力区域。
- 股市能够击穿前期阻力区域的走势，将被视为意义重大的早期趋势反转的信号。

图 4-4 阐释了以上这些概念。正如你所看到的那样，市场经历了从支撑区域占绝对优势（1998 年到 2000 年初），到阻力区域占主导地位（2000 年到 2002 年）的转变，一个过渡期（2002 年末）和一个重新回归到支撑区域占优势（2003 年到 2004 年）的时期。

主要趋势中的协同效应

从图 4-4 中你可以看出，纳斯达克综合指数主要的角度变化发生在 2000 年和 2003 年间。指数的下跌首先以非常陡峭的斜率开始，接着从 2001 年初起，斜率开始趋于缓和。这两个下跌阶段的运行长度是相等的。

第二阶段一直到 2003 年初才最终与第一阶段运行长度相等。这种度量可以用来确认，纳斯达克综合指数先击穿阻力区域，然后接着走出一系列不断抬高的低点和高点的能力。依据下跌角度的变化我们可以预测市场恢复上涨的大体时间和区间。下跌角度的变化和上涨楔形形态所暗示的进一步下跌的预期，在这个区域和图表的协同作用一起形成看似偶然的巧合。

趋势线的使用技巧

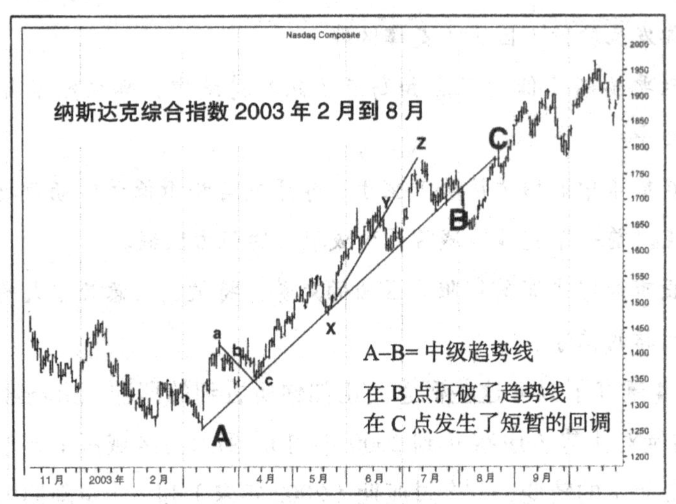

图 4-5　被趋势线验证的支撑和阻力位

本图展示了在 2003 年初纳斯达克综合指数形成的中期上升趋势。本图同时也提供了趋势线作为支撑线的典型例子。它在下跌突破行情中扮演着阻力的角色，在上涨突破行情中则起着支撑的作用。

当市场上涨时，将每一次回调的低点连成一条直线，在下跌趋势中将每次反弹的高点连成一条直线，这些直线就被称为“趋势线”。正如图 4-5 展示的那样，这类趋势线常常反映了长期和短期趋势运动的方向和斜率。

趋势线连接的点数越多，其重要性越强。例如图 4-5 中的趋势线就连接了 5 个点，分别是：趋势在 3 月份的起点 A，在 4 月、5 月、6 月三个月的低点，以及最后 7 月份的支撑区域，该区域最终在两周后被击穿。这条趋势线意义重大，它实际上是由 3 月份的起点和 4 月份的第一次回撤低点确立的。

正如你所看到的那样，我们还可以绘制一些相对不是很重要的、较小的趋势线。例如在 2003 年 5、6 月间的趋势线 X–Y，就反映了一段短期的上涨趋势，而这段趋势线要比 3 月起至 8 月止的长期趋势线的斜率大，也就意味着这段的上涨更猛烈。当 X–Y 趋势线所支撑的猛烈上涨趋势在 Y 点结束时，股价发生了短期下跌，而这次下跌被长期趋势线 A–B 线上的支撑位制止。

意义重大的趋势线经常会被短期的相反趋势所打断，正如发生在 2003 年 3 月到 4 月间的 A–B–C 趋势所表现的那样。

此外，趋势线的绘制可以基于不同的周期，比如从几分钟的周期到长达数年的周期，这完全取决于市场趋势的持续长度，及其使用者的交易时间周期。虽然趋势线是一种非常实用的分析工具，但是它不应该被单独使用，因为突破趋势线的虚假行情时有发生，而且趋势线总是被倾向于作为事后（而非实时预测）的准确性描绘。而且在大多数情况下，对趋势线斜率的定义存在主观性，所以我们建议使用时应配合其他确定性较强的技术指标为宜。

支撑区域与阻力区域的转换

支撑区域一旦被击穿，就会转变为阻力区域；而阻力区域一旦被突破，就会转变成支撑区域，这一点我们在前文已经提到过。趋势线代表着支撑线，它和支撑区域有着同样的意义。

上涨趋势线一旦被下跌击穿，通常都转变成再次向上突破时的阻力线。跌破趋势线后的上涨很难再突破趋势线，通常来说上涨至趋势线的位置之后就遇阻回落。

举例来说，在图 4-5 中，你可以看到一条连接 3 月和 7 月低点的长期的趋势线 A–B。该趋势线在 8 月初被击穿，当时纳斯达克综合指数经历了一次为期短暂，却又相当迅猛的下跌行情。随之而来的上涨修正行情确实很迅速，但是行情会在哪里遇阻回落呢？对，正好是 A–B 趋势线的延长线上的 C 点处。此时 A–B 趋势线已经不再是支撑线，转而变成了阻力线。

相似的击穿趋势线的形态发生在 2003 年趋势线 X–Y 的 3 到 6 月间，这次的向下击穿行为发生在 6 月中旬。短期的市场下跌又将价格拉回至那条长期的趋势线 A–B 之上，之后价格才出现反弹。那么最终的价格又上涨到哪里遇阻回落了呢？对，依然是 X–Y 趋势线的延长线 Z 点处。同样地，曾经的支撑趋势线 X–Y 变成了阻力线。

一条下跌的趋势线一旦被向上突破，它通常就会变成趋势线再次被击穿时的支撑线。例如发生在 2003 年 3 月的那次非常短暂的下跌行情（图中 A–B 趋势线所示）。下跌行情仅仅维持了 6 个交易日之后，价格就迅速向上突破了趋势线。又过了 4 个交易日后，价格开始回调下跌。但是这次回调的终点在哪里呢？对，还是那条下跌趋势线 A–B 的延长线上的 C 点。这一次，原本作为阻力线而存在的趋势线，一旦被上涨所突破，就转变成了支撑线。

玩转通道线

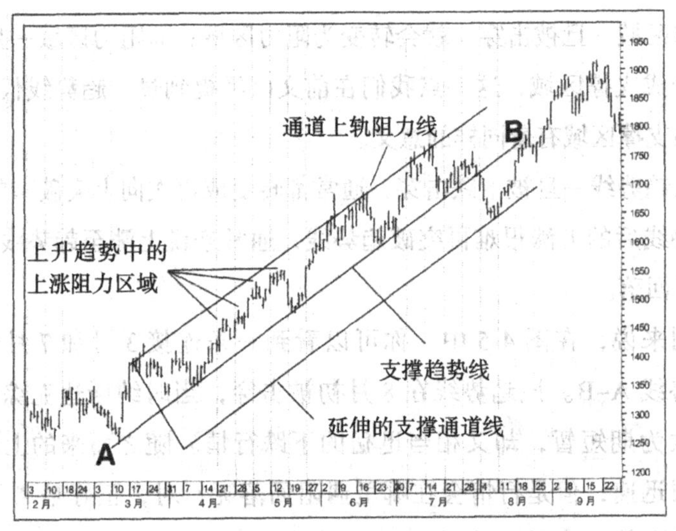

图 4-6　交易通道线中的阻力线和支撑线

本图展示了纳斯达克综合指数及其牛市运行通道的运动情形，时间跨度为 2003 年的 3 月到 8 月。图中 A–B 代表上涨的支撑趋势线。通道的上轨是由通道内一些小的上涨形成的波段高点连接而成的，下轨则反映了趋势回调的最底卡位。

现在我们继续支撑和阻力的话题。图 4-6 很好地诠释了一种依靠趋势线来建立价格通道的方法。通道上轨通常作为持续性的阻力位而存在。

其实这些通道只凭肉眼就可以轻松看出，它的上轨平行于主要的支撑趋势线。虽然说上轨的设定应该以能够完整地囊括整段价格变动范围为原则，但是我个人仍建议，应该考虑剔除一些极端情况，以便获得最佳的匹配效果。当然，这样做也带有一定程度的主观性。

通道形态提供的早期预警

我认为，这种通道的运行特征很好地被图表展示出来。这种性质的通道常常会在股票市场的运行特征发生变化前提供提前预警。举例来说，请注意图中从 4 月到 7 月早期的那一系列回撤行为，一遇到通道的中轨（也就是主趋势线）就开始上涨。而且整个 4 月到 5 月间发生的反弹几乎都是一触即发的。但是到了 7 月初，反弹的发生往往要耗时一周还多，而且一旦股价涨至通道上轨（也就是综合指数抵达通道上轨时）价格就会快速下跌，这和发生在 6 月的回撤行情完全不同，后者是沿着边界上轨不断上涨中的缓慢回调。

从 7 月中旬开始的上涨，并不急于涨至通道的上轨。其上涨斜率表现得非常平缓，并很快开始下跌。这次下跌是自从 3 月份上涨趋势进行以来首次跌破趋势线（即轨道中间的那条支撑线）的行为。因此，从这张趋势图中我们可以得出如下结论：不断减缓的上涨斜率，以及耗时两周都没有触及通道上轨的价格运行，这些都是价格即将发生下跌的预警信号。

股票价格快速上涨并突破通道上轨的行为往往预示着市场有全面好转和创出新高的能力。而不断减小的上涨斜率和价格不能触碰通道上轨的行为，则暗示着市场疲软即将发生。

延伸的通道支撑线

价格击穿支撑趋势线的行为往往暗示着市场将会发生进一步的下跌。我们可以通过画一条平行于支撑趋势线，且距离支撑趋势线与其上轨之间距离一样的平行线来预测此次价格下跌的范围。通俗易懂地讲，就是将通道放大一倍，支撑趋势线在通道的正中间。这条延伸拓展出来的趋势线，就变成了一个新的支撑区域，而原来中间的支撑趋势线则很有可能转变成新的压力区域。

当然也有这种情况发生，即通道的上轨被多次明确而有效地突破，这就说明十分有必要构建一条新的向上扩展的阻力线。其构建原则和向下构建延伸拓展的支撑通绒线一样，只需将上轨阻力线放中间，在其上方画一条与支撑趋势线对称的线即可。这种情况下，原来的上轨就由原来的阻力趋势线变成了新的支撑趋势线。

持续上升的阻力区域

你可以观察图 4-6 中的任何一个上涨波段的通道上轨，每一次波段上涨几乎都会触及到它。正是这条通道上轨扮演着一条不断上升的用来阻止突破力量的阻力线的角色。

在图 4-6 中你还会发现，在 4 月到 5 月这段时间内，一系列小的波段高点和低点，完美地定义了市场运动从 4 月的低点开始，到 5 月的高点结束的阻力趋势线和支撑趋势线。

总而言之，支撑和阻力区域都是因为前期发生的交易而形成，并极易受到它们的影响。两个结论：阻力区域一旦被突破就将转变为支撑区域；支撑区域一旦被击穿则会转变为阻力区域。

此外，除了受到前期交易活动的影响，支撑和阻力区域还极易受到当前市场投资趋势的影响。一般而言，在牛市中往往会呈现斜率向上的支撑和阻力区域，而在熊市，其斜率是向下的。

假突破和假回撤

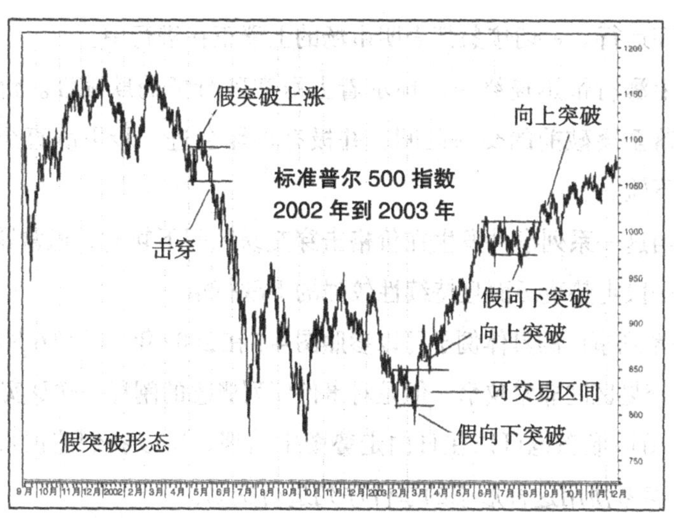

图 4-7　假突破及其后果

本图展示了标准普尔 500 指数走势图中的一次假突破和两次假回撤。而随着这些假突破发生之后的迅速的反转行情，预示着一股与最初的假突破和假回撤方向相反的、强大的市场运动推进力量的存在。

假突破和假回撤通常先于强烈的市场上涨或下跌行情的发生而发生。现在我们再介绍两个非常有效的图形形态，这些形态能预见一轮强劲的上涨或者下跌行情的到来（价格运行方向取决于突破时间的顺序）。

这两种形态非常简单。第一种形态具体按照以下顺序展开。

重要的卖出信号

最重要的卖出信号往往发生在这种时刻：市场发生了明显的上涨行情，而且一开始走势良好，然而很快就开始迅速下跌。就这种状况而言，你可能会想起每一次主跌行情都是从市场头部开始，而且每一次牛市也都源自于意义重大的市场底部。当市场从牛市转到熊市趋势时，诸多事件往往会依照以下的顺序发生。

1. 股票的价格在可交易区间波动。
2. 突破往往发生在价格突破交易区间的边界位，进入另一个可交易区间运行。一切迹象都表明市场的上涨正在进行中。
3. 上涨行情迅速终止，预示着上涨突破行情的欺骗性。价格迅速回落至突破前的交易区间，并极有可能会进一步下跌直至击穿区间下轨。
4. 当这一系列事件发生在价格击穿交易区间下轨时，通常紧接着就是一段走势凌厉而且持续性较强的下跌行情。

这一系列事件的具体例子可以参照图 4-7 在 2002 年 5 月和 6 月间的走势。该形态中交易区间非常狭窄，但是对事件序列概念的阐释一样真实可信。

这种图形形态也可以在日内走势图中出现，所以我们建议日内交易者们也可以参考使用这种形态的事件序列进行交易。

重要的买入信号

上述事件序列的相反过程，就是非常有意义的买入信号。

1. 股票市场进入了可交易区间。
2. 在交易区间的下轨处发生了自下而上的突破走势。也许在这一过程中会触发少数停损单，使得价格发生了一定程度的回撤，但是并没有继续跟进的下跌行为。
3. 价格快速向上反弹穿过整个交易区间，并且突破交易区间的上轨。在对上轨的突破行为之后，往往会跟随着一段持续时间久，而且强有力的市场上涨行情。

这一系列事件对应着图表中的 2003 年 2 月到 3 月间的走势，以及同年的 7 月到 9 月间的行情走势。你可能会注意到发生在 3 月初的牛市预期信号可以通过测量价格运行角度的变化加以确认，而之后发生的假回撤形态则标志着这轮市场下跌行情的结束。

关键点

以上两种事件序列的关键点在于，虚假的突破信号都发生在市场开始朝着最终的、主要的方向运行之前。在这两个具体案例中，假突破运动只能够吸引很少的投资者跟随。而从交易区间发生的向上的假突破也不能有效地吸引投资者的做多热情，因为上涨进行得迅速而且摇摇欲坠。并且接下来交易区间支撑作用的失败，也会再次对熊市进行确认，并从另一方面确认了向上突破的虚假性。

反之，假回撤也带有类似的预示作用。首先是对交易区间下轨的击穿行为并不能吸引到足够的做空者。精明的投资者能够识别这一假回撤行情，而且一旦交易区间的上轨被放量突破，大量的买单蜂拥而至，真正的上涨行情就会随即展开。

这些都是非常强烈的反转形态，当然，它们也都是我个人喜欢的形态。

最后我们用一句话来总结股票市场的反转行情：每一次下跌行情都开始于股票价格刚刚创出新高之时。单纯的股票价格创新高本身，并不能作为牛市行情仍在继续的判断。

同样，每一轮市场上涨行情都发生在股价跌至市场新低时开始。而且单纯的股票价格的新低，并不能作为熊市仍在继续的判定。

迄今为止，读者已经了解了一些形态分析工具，依靠这些工具读者已经可以在股价运行接近趋势反转时读到预警信号。而且，它们还有助于你设定持有股票的具体目标价位，揭示市场动量不断消失的本质，以及证明投资者心理已经发生了变化等信息。我们衷心地希望读者能够掌握这些工具。

第五章 政治、季节和时间周期：驾驭市场波动的趋势

在自然界中广泛存在着季节性周期。季节性周期的来来去去都在日历中写得明明白白，随之而来的是植被的周期性增长，动物行为的周期性改变（迁徙、筑巢、出生、死亡、冬眠），地球大气层巨大的周期性变化，气候、冰川运动和土壤质量的周期性变化等。

无所不在的周期每每都以其无比巨大的力量在发挥着作用。但即便是像潮涨和潮落这种不可抗拒的周期，也在被海岸线及其他的一些相反的小运动所影响。这就像在股票市场基本的主流运动趋势（中、长期牛市或熊市）期间，也会出现级别较低的折返走势一样。

除此以外，政治事件也有其明显的周期性。例如，在20世纪中，美国大约总是每20年左右就会参与一次战争。正如我们所看到的那样，战争的周期性非常明显，但也不完全存在非常精确的时间间隔。

很少有人知道（至少我不知道）为什么股票市场以及其他投资市场的行为也常常会呈现出周期性的特征。一些市场分析师认为，投资者的行为模式往往会被行星的排列或者月相的变化所影响。我本人对于这些周期循环模式一无所知。只能做一些观察，给出一些建议，让投资者懂得如何识别和使用股票市场中以时间和季节性为导向的行为。

股票市场中与日历有关的周期性

就时间周期而言，假设没有技术性的周期现象发生，仅仅观察一月之中特定的几天，一年之中特定的几个月，以及一些与节假日相关的季节性因素，就能发现股票市场间与日期的密切相关性。但股票市场价格运动与日期之间的相关性既不完美也不准确，这导致那些只以周期性因素为基础的交易策略表现并不完美。当然，使用时间周期模式的形态来对基于其他技术指标所作出的交易决策进行确认，或用来估计大众情绪和股票市场整体的风险水平，还是蛮不错的，毕竟这些因素之间存在协同性。

月份之中的某些天

经验表明，股票市场最具获利性的趋势，几乎一定会发生在一个月的最后两个交易日，以及下一个月的前 2 到 4 个交易日内（其准确程度会随着年份的变化而有所变化）。实际上，在每两个月份交替的 4 到 5 个交易日内获取的股票市场收益，其价值基本上相当于当月所有剩余天数的交易获利之和。

节假日之前的特殊形态

还有一些平均收益高于市场的交易日出现在节假日之前的三天。事实上，在每两个月份交替的几天以及节假日之前的三个交易日内，市场都会呈现出明确的上涨趋势。当然，最近的走势表明以下节日之前并未表现出明显的上涨特征，它们是：耶稣受难日、美国独立日以及总统宣誓就职日。节日前和节日后的积极影响效应，在一年之中的 11 月到 1 月间表现得最为明显。

一年之中最好的和最差的月份

这一方面似乎从来就没有什么定论。从 11 月到次年 1 月的三个月毫无疑问是一年之中股票市场表现最好的三个月——虽然不是年年如此，但是至少大体如此。比如 1995 年到 1996 年、1996 年到 1997 年、1997 年到 1998 年、1998 年到 1999 年以及 1999 年到 2000 年，在这些年份中的这三个月中市场都表现出非常好的上涨趋势。然而在接下来的几年中，市场一直处于熊市期间，这几个月的市场表现也随着大盘的整体下跌而表现得不尽如人意，直至 2003 年 11 月到 2004 年 2 月它们的表现才又重返上涨之路。

7 月、9 月和 10 月看起来似乎是股票市场在一年之中表现最差的月份。

从历史表现来看，市场往往在 10 月出现转机，发生走势逆转。10 月往往是一年之中开始计划乃至执行股票投资决策的最佳时机，以期为来年的投资作好准备，在即将到来的 11 月、12 月和次年 1 月实现更好的收益。

此外，10 月份还多次见证了市场从主要的熊市行情或者重大的中级市场下跌行情向牛市行情的转换，例如在 1946 年、1957 年、1962 年、1966 年、1974 年、1978 年、1979 年、1987 年、1989 年、1990 年、1998 年和 2002 年皆是如此。其中，2002 年 10 月最终扭转了几十年来最严重的熊市。当然还有一点毋庸置疑，即 10 月也是传说中的股市崩盘月，例如在 1929 年。

表 5-1 展示了纳斯达克综合指数从 1971 年到 2004 年中的逐月平均表现。

表 5-1　纳斯达克综合指数在 1971 年到 2004 年 8 月的逐月表现

月份	上涨月数	下跌月数	上涨月盈利（%）	下跌月亏损（%）	所有月数的平均收益变化（%）
1 月	23	10	69.7	30.3	+3.8
2 月	18	15	54.6	45.5	+0.6
3 月	21	14	60.0	40.0	+0.3
4 月	22	13	62.9	37.1	+0.6
5 月	20	15	57.1	42.9	+0.6
6 月	23	12	65.7	34.3	+1.3
7 月	17	18	48.6	51.4	–0.3
8 月	19	16	54.3	45.7	+0.2
9 月	18	16	52.9	47.1	–0.9
10 月	17	17	50.0	50.0	+0.4
11 月	23	11	67.7	32.4	+2.0
12 月	21	13	61.8	38.2	+2.2

标准普尔 500 指数在 1970 年到 2004 年 8 月的逐月表现

月份	上涨月数	下跌月数	上涨月盈利（%）	下跌月亏损（%）	所有月数的平均收益变化（%）
1 月	22	13	62.9	37.1	+1.7
2 月	19	16	54.3	45.7	+0.2
3 月	23	12	65.7	34.3	+0.9
4 月	22	13	62.9	37.1	+1.0
5 月	20	15	57.1	42.9	+0.6
6 月	21	14	60.0	40.0	+0.7
7 月	14	21	40.0	60.0	+0.1
8 月	20	15	57.1	42.9	+0.2
9 月	12	21	36.4	63.6	–1.1
10 月	19	15	55.9	44.1	+1.0
12 月	26	8	76.5	23.5	+1.8

最好的和最差的 6 个月

在 20 世纪的后半叶中股票的所有净收益，大体上都是从 11 月 1 日到 4 月 30 日之间产生的，5 月到 10 月间的盈亏往往持平。在此期间投资者的回报常常会略低于无风险投资的收益。

表 5-2 展示了一个简易的季节性交易系统是如何产生惊人的高收益的，每年只交易两次，其结果如表 5-2 所示。

表 5-2　季节性交易系统：在 10 月份的最后一个交易日进场，在 5 月 4 号之前的最后一个交易日清仓（所用的指数为标准普尔 500 指数，不含分红，从 1969 年到 2004 年 5 月）

总交易次数	35
盈利交易次数	28
亏损交易次数	7
盈利百分比	80.8%
平均每次收益	7.48%
年度复利收益	6.91%

让我们将这一数据和投资一年之中最不利的6个月的收益作比较，即在5月4日的最后一个交易日买进，10月份的最后一个交易日卖出。

表5-3 在最不利的六个月中对标准普尔500指数的投资统计，从1970年到2004年9月

总交易次数	35
盈利交易次数	22
亏损交易次数	13
盈利百分比	62.9%
平均每次收益	+0.7%
年度复利收益	+0.3%

评估表格中的数据

尽管无论是投资最好的还是最差的6个月都有差不多的投资收益，但是两种季节性投资方法在平均每次交易获利方面却相去甚远（股票在75%的时间内都上涨，而且很明显的一点是，上涨之后接下来还是上涨）。

在回报最差的6个月里，平均收益不足1%，这大约相当于每年2%的收益回报率。这一数字很明显要小于绝大多数年份里的无风险套利收益率。因此作为一种投资规则，每年仅花6个月投资在股市里，其余6个月投资在别处，而不是全年都在股市里投资，前者的收益肯定要好于后者（当然，也不是年年如此）。

这种以6个月为周期的季节性择时决策模型，其表现和Nasdaq/NYSE相对强度指标，以及三年期和五年期的政府债券指标基本一致，它们所有的净收益也都是在严格定义的以及有限的时间区间内获得的。当然，这些"情绪指标"在对时间节点的确认上并非是精确的，所以我们最好在依据其他一些更为精确的择时交易工具作出投资决策之后，再将"情绪指标"作为有益的补充或是确定具体头寸规模时的重要参考。

最好的6个月和最差的6个月确实在投资收益上有着明显的差异。

表 5-4 展示了标准普尔 500 指数和纳斯达克综合指数从 1970 年到 2004 年间的按季节投资的收益表现［耶鲁大学的杰弗瑞·赫希（Jeffrey A. Hirsch）作为长期出版商主编的《股票交易者年鉴》（*Stock Trader's Almanac*）一书一直是季节性与股票价格运动关系的风向标。前文中描述的 6 个月季节性择时交易模型，和本章中的其他相关概念，都援引自耶鲁大学的这部著作，以及由塞·哈丁（Sy Harding）进一步发展了的择时交易模型和季节性择时交易策略，哈丁是《华尔街实时快讯》（*Street Smart Report Online*）的出版商］。

表 5-4　纳斯达克综合指数的季节性表现（1971 年—2004 年）

季节	收益	亏损	平均收益（%）	获利季节的比例（%）
春季	25	9	+2.68	73.5
夏季	20	13	+0.42	60.6
秋季	18	15	+2.18	54.6
冬季	24	9	+6.91	72.7

标准普尔 500 指数的季节性表现（1970 年—2004 年）

季节	收益	亏损	平均收益（%）	获利季节的比例（%）
春季	22	13	+2.09	62.9
夏季	19	15	−0.29	55.9
秋季	21	13	+2.53	61.8
冬季	24	10	+4.54	70.6

股票市场的总统选举周期

这是一个众所周知的，尽管并不完美，但确实存在于股票市场中的政治周期。大体而言，这个周期是这样的：在总统大选即将开始的前一年股票市场的表现最好；在总统竞选的当年股市表现较好，并且常常会在竞选结束后马上见顶；而在总统竞选结束后的几年股票市场往往表现最差。

例如，自从1948年以来，在几乎所有选举年之前的年份中（只有1个选举年份例外），股票市场都表现为积极的正收益行情。同样成功的收益率几乎在所有的选举年份中发生（尽管2000年是个众所周知的例外），但是在选举年份的收益一般没有选举年份之前的年份收益高。在总统竞选后一年以及在任期间的年度中，股东们就只能获得一些微薄的投资净收益。事实上，一些投资组合的基金经理们会选择仅在市场对他们有利的总统选举周期中投资，其他时间则转向一些低风险的利息收益产品（interest-producing instruments）。

这样我们又获得了一个长期来看高度可靠的指标，虽然它偶尔也会出错。例如，在里根总统第二任执政的第一年（1985年）、布什总统执政的第一年（1989年）以及克林顿总统两届任期的第一年（1993年和1997年），股票市场都是上涨的。但是在接下来小布什总统竞选成功之后，他执政的第一年（2001年）却成了那轮熊市（2000年到2002年）进一步恶化的年份。

表5-5　选举年周期：1971年到2003年平均年度损益比

年度周期	纳斯达克（%）	纽约证券交易所指数（%）	标准普尔500指数（%）
选举年	+9.43	+12.38	+10.86
选举后一年	+5.07	+4.47	+4.19
选举后两年	−1.41	−1.50	−0.47
选举前一年	+32.27	+18.65	+19.53
可获利的月数占比			
选举年	50	83	83
选举后一年	67	67	67
选举后两年	42	58	58
选举前一年	83	75	75

结论

表 5-5 中第一部分展示的是以选举年为周期的年平均收益的具体数据。第二部分展示的是根据年份在选举周期的位置而确定的一年之中获利月份占总月份的百分比。从表 5-5 中我们可以看出，在总统选举之前的年份中，纳斯达克综合指数往往领先于纽约证券交易所指数，而在其他年份中并没有保持这种领先优势。在选举年中纳斯达克综合指数表现得相对较弱（并不是绝对的），这些年份中牛市往往会抵达最高点，这表明纳斯达克综合指数在牛市中会在主流一级市场抵达最高点之前达到其最高点，在熊市中也会先于主流市场开始下跌（例如，纳斯达克综合指数的熊市实际上发生在 1972 年的 4 月份，而标准普尔 500 指数直到 1973 年 1 月份才抵达最高点）。

市场时间周期的基本概念

尽管并不总是那么明显，但是在股票价格的运动中，总有一部分非常规则的波浪形态看起来是基于时间来运行的。似乎市场低点之间有着某种确定的、规律性的以及可重复的周期性时间间隔。而且一般而言，当市场呈现出中性特征走势时，其高点与高点之间的时间长度也总是等长的，但是周期长度的计算一般是以市场低点与低点之间的时间间隔为准。

市场的时间周期样例：53 天市场周期

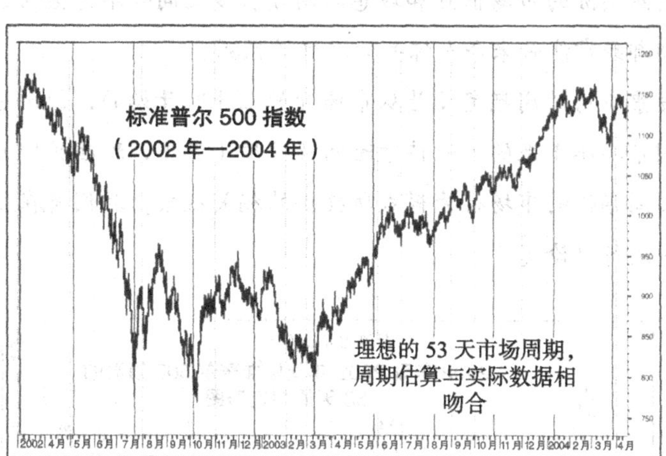

图 5-1　标准普尔 500 指数的 53 天时间周期理论（2002 年—2004 年）

本图展示了标准普尔 500 指数理想的 53 天时间周期，这表明市场经常会以 53 个交易日为间隔，也就是大约 11 到 12 周就会从一个低点抵达另一个低点。这是一个非常理想的周期，其参数与实际周期数据完全吻合。实际上，市场周期低点的形成往往不会这么精确，而且间隔也不会这么有规律。

图 5-1 阐明了时间周期的基本概念。图中垂直的线都是以 35 个交易日为间隔画的，看起来与标准普尔 500 指数在 2002 年到 2004 年初的低点区域之间的时间间隔完全吻合。

正如你所看到的那样，从图中我们可以得出如下事实。

- 周期是一轮完整的价格上涨和下跌运动，其长度的测量方法是从最低点到下一个最低点。
- 短期周期一般发生在 53 个交易日内。相对于其他更短的周期而言，一段完整的 53 个交易日周期更加明显和易于观察，而且它所展示出的周期振幅更大。周期的振幅即一个完整的从周期的最低点到最高点的幅度。毋庸置疑，从时间框架来看，较长的周期与较短的周期比较起来，前者往往具有更大的振幅和更明显的周期性。
- 虽然图表中没有画出，但是很明显 53 天周期本身就是一个更长周期中的一部分，而且后者显然具有比 53 天周期更大的振幅。

- 虽然实际的市场低点和理想的周期长度之间并不完全吻合，但是周期却经常能带来令人惊异的准确的预测。
- 股票市场的周期定义是从市场开始上涨时开始的，但是它并不能预测市场接下来的上涨持续时间及幅度（当然，现在我们并不会讲解由周期性的市场行为模式所提供的相关线索，我们将在稍后的章节中进行讨论）。

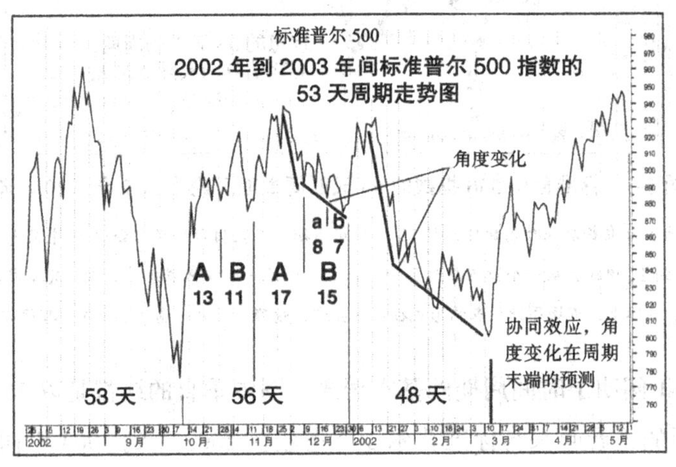

图 5-2　实际走势中标准普尔 500 指数的周期行为，同样以 53 天时间周期为框架

53 天时间周期实际上应该被认为是“名义上的”或者“理想化的”时间周期。图 5-2 中的时间跨度小于图 5-1，因此能更清晰地定义 53 天的时间周期形态。实际走势的周期是从低点到低点的测量距离，具体的跨度区间时间长度是 48 天到 56 天不等。

时间周期的测量能够在市场即将发生反转时提供很好的预测，但是其结果也不是绝对精确的。

如果周期的测量是完全精确的话，我们就能够准确地从日历上预测出市场的拐点，这实在是太理想了！然而事实并非如此。正如你在图 5-2 中看到的一样，在名义上的和实际上的市场周期长度之间，以及市场的低点与低点之间总存在着某种偏差。例如，名义上以 53 天周期运行的周期，从

2002 年到 2003 年 5 月间，实际的低点之间的时间跨度为 48 到 56 天不等。

较短的时间周期——比如 4 到 5 天的市场周期——其预测偏差不会超过 1 到 2 天。实际上，时间周期越长，其潜在的误差就会越大。更有趣的是，周期的误差还具有某种自我纠正的特征。因此，如果一个周期的波动时间长度大于其名义上的长度，那么接下来的一轮周期波动长度就会比名义上的长度短一些，反之亦然。从图 5-2 中你可以看到，在市场的底部之间，一个延长的 56 天周期波动之后，紧跟着的就是一个小于 48 天的周期。

将周期定义为可能的时间范围，将非常有助于你理解周期。例如，你可以把 53 天作为周期长度视作 10 到 12 周，或 50 到 60 个交易日，而不是不多不少正好 53 天。

现在我们重新回到图 5-2，它分段展示的正是经过我们检验的、名义上的 53 天市场周期，请注意看名义上 53 天而实际上 57 天那一段。正如你所看到的那样，每个周期都由两个波段组成，即 A 波段和 B 波段，而每个周期自身又是另一个更大周期的 A 或者 B 波段。因此，周期性存在一个架构，大周期里面包含小周期，大周期又被另一个更大的周期所包含。

市场周期的分段

股票价格的运动其实发生在一系列的周期分段中，正是这些波段组成了更大的周期，而这些更大的周期本身又是更大周期中的一部分。

每个周期都包括两部分，即 A 波段和 B 波段。例如，图 5-2 中的 56 天周期也可以被分为两个波段，第一个波段持续了 24 天，第二个持续了 32 天。各波段并不需要在时间长度、价格运动长度甚至基本运行方向上精确匹配，而只要求 A 和 B 段在时间长度上大体相等即可。

每个具体的波段，A或者B，其本身又可以分为两个小波段。图 5-2 中，24 天的那个波段可以被分为 13 天和 11 天的两个波段。而 32 天的那个波段则可以被分为 17 天和 15 天的两个波段，这些波段自身也代表了更低级别的市场周期。

而每一个这种更小的、从11天到17天长度不等的波段，又可以被再次分为两个更小的A–B波段。例如，图5-2中56天周期中的32天的B波段，可以被分为17天和15天两个更小的波段。而15天这个波段又可以被分为8天和7天的两个波段。正如你所看到的那样，每一个周期波段都可以被划分为两个更小的波段，划分后的波段在时间长度上大体相当。

当然，如果你愿意，这样的划分还可以持续得更远，一直到不超过一个小时甚至更短。反之，如果我们正朝着另一个方向——往上溯源寻找更大的周期——开展研究的话，56天周期又会被作为更长周期的一部分来对待。

分段的意义

如果从不同波段的构成来观察的话，总数为56天的周期就不能仅仅被当作一个周期来看，而是无数个小周期的复合体，这些小周期中有的在上涨，有的在下跌，有一些是对其他周期的延续，而也有一些正好与其他周期相反。周期的最终效果是由这些组成它的小周期与它参与的大周期叠加起来复合作用形成的。

例如在图5-2中，观察第一个A波段以及它的组成波段。波段A的第一个分波段走了13天。这一段中的下跌既没有影响到56天周期的整体走势，也没有影响到24天的另一个分段的走势，究其原因，很大程度上是因为这段为期13天的下跌并未受到其他重要周期的支持确认。

然而随后的11天周期中的掉头下跌，给更长的24天周期带来了更大的影响。所以，尽管更大范围的56天周期仍处于上涨期，它在一定程度上确实约束了下跌周期的负面影响，但是2002年11月初的下跌周期还是造成了短期市场内凌厉的下跌走势。

读者很容易从56天周期的最后一个四分之一波段中，窥得整个56天周期进一步走弱的迹象，而且此时短期波段和长期波段形成了周期性共振，同时跌至了新低。此时，56 天周期中的 32 天波段、15 天波段以及最小的 7 天波段都不约而同地走出了下跌趋势：一致的周期性衰退走势。

当许多长期和短期的市场周期都在市场底部汇聚到一起时，这一区域就被称作周期嵌套区域（the nesting of cycles）。当大量的周期不约而同地下跌至这一区域时，股票市场很有可能会陷入严重的衰退之中。而当多个周期同时从这一区域开始反转上涨时，也会给股票市场带来最为强烈的牛市周期。

还有一些区域是在各种周期和波段都往相反的方向运行时形成的，这些就是周期性影响较为温和的区域。

区分牛市和熊市周期形态

图 5-2 中的 56 天周期实际上代表的是一个牛市周期。一方面，它的第二段，也就是 B 波段，位于 A 波段的上方；另一方面，上涨波段从 10 月中旬到 12 月初延续了大约 7 周，占了总周期 11 周的 7 个周，明显超过了总周期时长的 50%。中性周期包括大致相等的上涨和下跌波段，而在熊市周期中下跌波段的数量通常要超过上涨波段。

然而，12 月 2 日，周期性力量开始呈现出下跌的态势。从整体走势来看，首先，56 天的周期运行中上涨周期占了 7 个星期，接近名义周期长度的三分之二。之后，到 12 月 9 日，B 波段已经走过了大半的时间，进入其后半部分，而此时 B 波段表现出的是上涨乏力，从而确定了 56 天周期最终走弱的主基调。B 波段最后的 15 天可以被分为两个更小的波段：8 天和 7 天波段。正是最后这几个短期和中期的下跌波段周期，直接导致了 12 月底的下跌行情。而所有这些力量的综合，最终导致了最后 4 周时间的股价走势对整个 56 天周期进行了强势的矫正。

别忘记协同概念的作用

在图 5-2 中价格变动的角度变化发生在 2002 年的 12 月间，这就为 12

月 9 日开始的下跌提供了绝佳的价格 / 时间预测。

而最终角度变化的结果和 12 月 9 日给出的预测达到近乎完美的一致。接下来，你可能会再次注意到，A 波段是怎样被分为长度十分相近的两个小波段，13 天和 11 天的；与之相对应的 B 波段又是如何被分为两个几乎相等的波段，17 天和 15 天的；以及更进一步 15 天的波段又是如何被分为 8 天和 7 天两个更小的波段的。

2003 年 1 月份市场展开了一轮快速下跌，期间伴随着下跌角度的变化。之后的第二个更温和的角度所提供的价格 / 时间预测，与 2003 年 3 月形成的实际市场低点完美吻合，即在前一个重要的周期低点的 49 天之后又产生了更低的市场低点。可以说，这是一次角度变化策略方法和周期时间预测方法完美结合的典范案例。

市场时间周期的长度

市场上存在着不胜枚举的各种周期，每一个都无时无刻不在发挥着自己的作用。其中一些周期可能比另一些更有意义，这是因为它们的振幅（从周期结果来看运动幅度比较大）比其他周期大一些。某些周期的可靠性远超过另一些周期。我们必须牢记在心的一个基本概念就是，当一系列有意义的周期在它们的方向上产生共振齐涨共跌时，其对股票市场的影响是最大的。而当一系列意义重大的周期方向相反或者处于模棱两可的中间地带时，其对股票市场的影响则是最微弱的。

以下是一些在近些年中我所发现的意义重大的周期。随着季节形态的转变，这些周期的长度和强度也会有所变化。

- 4 年市场周期
- 1 年市场周期
- 22 到 24 周市场周期
- 11 到 12 周市场周期
- 5 到 6 周市场周期

- 15 到 17 天市场周期
- 7 到 10 天市场周期
- 4 到 5 天市场周期
- 17 到 20 小时市场周期

上面的每一个周期长度差不多都是它上一个周期的一半，以及下一个周期的两倍。这正好完美地诠释了我在上文中曾经讲过的（大家所观察到的）将一个周期分为 A、B 两段的情形。

现在我们回到数十年来股票市场的走势，来研究周期性形态。

规律性惊人的 4 年市场周期

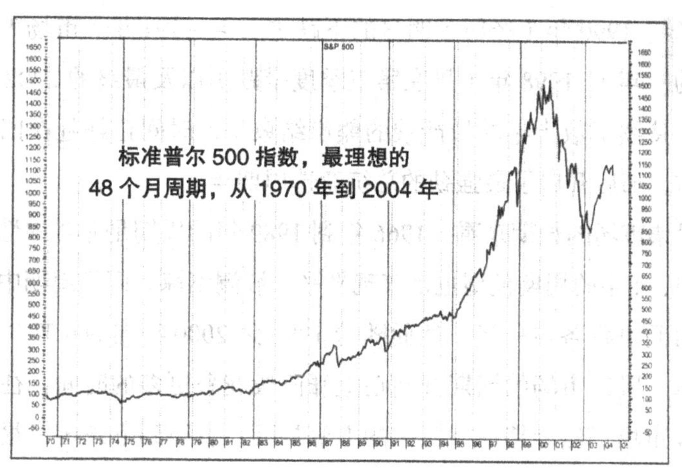

图 5-3　48 个月或 4 年市场周期：标准普尔 500 指数，从 1970 年到 2004 年

本图解释了意义非凡的 48 个月或 4 年股票市场周期，图中指数的走势以月线显示。

4 年市场周期——可能是股票市场上最具有操作意义的周期——的实际开始时间和结束时间都具有惊人的规律性，而且相对来说异动很小，特别是从时间跨度来看更是如此。而且它在许多外国股票市场中也很适用，正如在我们自己的股市中所呈现出来的一样。

当然这一周期也和我们在前文中讨论过的总统选举周期有关。很难说总统选举周期是否是4年股市周期的形成原因，或者是否受到它的影响，又或者说，在本例中，政治选举和市场周期之间实际上是相互影响的。但是无论原因到底是什么，周期在股票市场上的的确确有着非常重要的影响。

图5-3中的起点正好是1969年到1970年熊市的结束。实际上，市场在1970年创出新低之前，熊市曾经在1962年和1966年的低点结束过，所以我们至少可以将4年周期形态向上追溯到1962年。从图中我们可以看出，熊市的底部分别出现在1970年、1974年、1978年和1982年。

而1982年之后的熊市非常短暂，常常以月而不是以年来记，直至2000年熊市开始。尽管如此，意义重大的股市低点还是严格遵循了周期日程表，在1986年、1990年（经历了明显的下跌之后）、1994年（市场表现最为波澜不惊的一年）、1998年（只在第三季度暴跌）以及最终的2002年，就在这一年，持续了数十年的最严峻的熊市结束了，时间正好赶在四年周期的结束之前，随后开启了最强劲的总统竞选周期年。

从股票市场的长期来看，1966年到1982年的周期是非常中性的。在那些年份中，4年的周期模型也都表现平平、波澜不惊。而且周期中上涨时间和下跌时间也都各占一半。然而随着1999到2000年间的长期牛市滋生出市场泡沫，股票市场的周期开始在上涨阶段花费更多的时间，往往到了周期后半段市场仍然维持高举高打的上涨局面，直至到下跌压力最强大的周期末端时才会停止上涨，呈现出轻微下跌的趋势。2000年开始的下跌是30年来市场的第一次严重的下跌，而且时间节点在4年期周期的前半段，这种发生在市场周期早期的下跌行为，也暗示着非比寻常的衰退的到来。

中期市场周期与指标确认

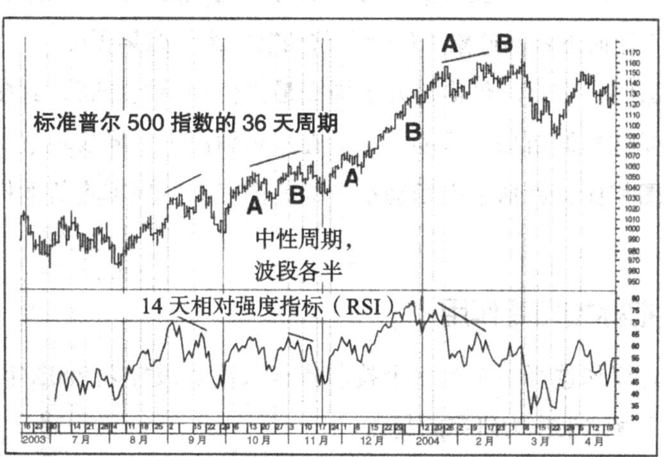

图 5-4　由股票市场动量指标 RSI 所确认的标准普尔 500 指数的 36 天周期

图 5-4 展示了重要的 36 天或 7 周市场周期以及它的 A–B 段组成。图中所展示的用来测量市场动量的 14 天相对强度指标，能够随着市场动量力道的影响变化，对市场周期内部波段的位置提供准确的确认。

在图 5-4 中展示了周期性的波动和流行的市场动量测量方法——威尔斯·威尔德（Welles Wilder）相对强度指标 RSI——之间的相互作用。

这一图表展示了时间周期应用的基本概念。由择时指标给出的买进和卖出信号，如果能够得到周期形态的确认，会非常有效。反之，周期形态也因为能够被关键的技术指标支持而变得更有效。最好的信号往往产生于动量或其他技术指标给出了信号，并同时得到了关键周期因素的支持之时。

图 5-4 主要表现的是股票市场的 36 天周期或大约 7.5 周周期。36 天周期内的价格运动波段形态对我们来说已经非常熟悉了。这四个周期中的三个都标注出了 A–B 波段形态。并且，其中的三个波段又可以被细分在价格和 RSI 指标上都极相似的更小的波段。

从图中可以看出，从 11 月到次年的 1 月，识别并细分 A–B 波段并不是那么容易，但是如果通过研究RSI指标，这些A–B波段就能马上现出原形来。

当市场处于中性时期时，比如 10 月初和 11 月中旬，以及 2004 年初，此时A、B两个波段的长度几乎完全相等。而开始于11月的上涨周期则发生了变化：B波段在A波段的上方，而且直至该周期运行结束，价格仍没有出现发生任何下跌的迹象（尽管下跌动能已经开始累积）。

对于那些在结束时价格仍处于周期最高位的周期而言，其接下来的周期通常会受到早期市场力量的支撑。在这种情况下，同仅观察市场价格变动的走势图相比，囊括了市场动量指标的图表会将周期走势图描绘得更加准确。

确认指标如何起作用

我们建议您选择一个或多个技术指标来确认最好以2003年到2004年间的整体观察结果作为研究的起点。

8月-9月周期

首先你要观察RSI指标的读数，研究的起点从8月初的市场低点开始。正如你看到的那样，RSI指标的读数停留在40左右。在中性市场或者多头市场中，参数为14天的RSI指标读数值40是一个超卖区间。RSI指标在接下来的新周期中上涨，并最终在周期正中间抵达最高点。之后股价在新周期中继续上涨，但是RSI却没有与价格同步创出新高，反而显示出反向的背离走势，这就预示着熊市行情的到来。

就在36天周期抵达其名义上的终点时，市场走势出现了两个新的动态。第一，RSI指标并没有随着价格一起创出新高（这是市场动能衰减的信号），这表明近期走势可能会遇到些麻烦。第二，价格和RSI指标都开始转头向下（价格从最高点，RSI指标从次高点）。最关键的因素就是负面共振的发生。周期因此开始步入低点。RSI指标未能跟随价格上涨一起创出新高，标准普尔500指数的价格也随之转头向下。

现在，当市场周期在9月底抵达其名义上的低点时会发生什么呢？低点区域得到了一系列多头因素的确认，这表明市场很有可能会继续上涨。原因可以归结为以下三个：其一，周期因循环而抵达其周期性的底部；其二，RSI 已经回到 9 月份上涨的起点处；其三，随着指数的下跌过程，RSI 指标也走出了一个双重底的形态。实际上在牛市中，这种形态如果出现在超卖区域，那就是绝佳的标志性做多形态。

10 月 - 11 月周期

这是一个轻度牛市周期，价格逐步上涨，而且市场中上涨时间多过下跌时间。整个周期也可以清楚地被分为大致相等的 A 段和 B 段，而且在周期临近结束时，价格运动和 RSI 指标形成明显的背离走势。

在周期结束时 RSI 技术指标处于超卖区，又一次形成了双重底形态，确认了下一个周期的牛市开端。

11 月 - 1 月初周期

该周期在进行过程中走得非常牛，只是在 A 段快要结束时有一个很小的挖坑动作，随后在周期结束时快速上涨。在强劲的牛市周期市场期间，有时很难根据价格运动形态判定周期是否结束，但是如果你观察价格上涨时的动量指标，就很容易识别。

例如，周期结束前 RSI 指标是下跌的，并没有跟随标准普尔 500 指数一起，在 2004 年初创出新高。

如果周期结束时市场表现非常强劲，像 11 月到 1 月初的周期那样，那么接下来的周期开始时，也会有非常强劲的上涨行情。本例正是如此。RSI 指标可以清晰地划分 11 月到 1 月初周期中的 A、B 波段，而在价格形态走势中细分波段表现得并不明显。

1 月 - 3 月周期

2003 年底的上涨之后，股票市场在接下来的一年一开始就进入了一个更加中性的运行轨迹。2004 年新年伊始股票市场的走势很好，然而推动价格上涨的力量却忽然消失了。

实际上，RSI 指标一直在相对弱势区域运行就已经说明，2004 年 3 月开始的市场下跌会更加残酷。

受到变动率指标确认的 18 个月市场周期

图 5-5 进一步展示了重大市场周期的规律和力量，而且在本例中，强大的 18 个月市场周期在从 1995 年 3 月到 2004 年 3 月间，长达 9 年的市场波动中，展示了其强大的规律性和不可抗力。图中所标示出来的理想化的周期线是均匀间隔着的。在本例中，理论上的与实际上的周期长度之间常见的差异并不需要调整，面对这样的周期长度，这一点尤为难能可贵。

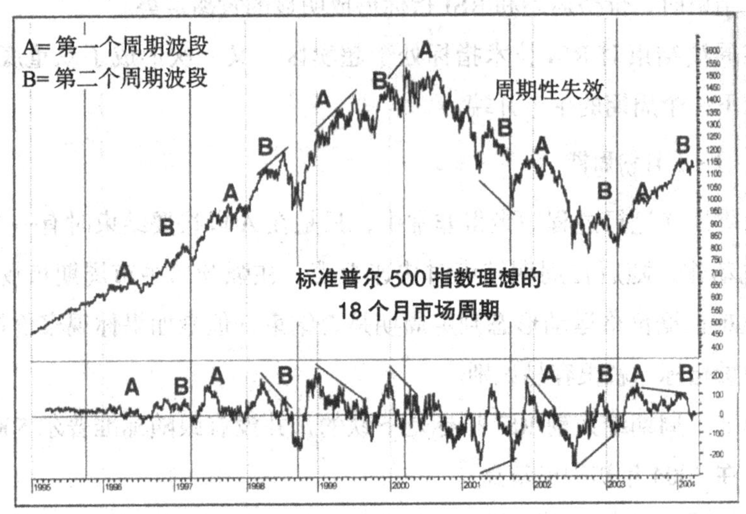

图 5-5　标准普尔 500 指数的 18 个月市场周期（从 1995 年 3 月到 2004 年 3 月）

长期市场周期常常可以被分解为 18 个月的周期，正如在本图中所显示的那样。A 波段和 B 波段的表现非常不同，在牛市期间的上涨形态和在熊市期间的下跌形态，都在价格走势和 50 天变动率指标走势中清晰显现出来。

A 波段和 B 波段的斜率通常可以反映股票市场主要的趋势方向。例如，从 1995 年到 2000 年初这段时间，每一个 18 个月的市场周期，B 波段结束时的点位总是等于或者高于前一个 A 波段的高点。趋势很明显是有利的。

这种上涨形态的波段在 2000 年的后半年就结束了，当时新周期的第一个 A 波段在高度上并没有超越前一个 B 波段，而且随即转头向下跌至 A 波段的起点之下。

这个 A 波段一开始是上涨的，接着开始转头向下，并跌至它的起点之下，这就是一个失败的周期，尤其是转头向下跌至前期支撑线之下时。这种形态通常被称作熊市形态，反映出市场基本趋势发生了变化。从这次失败（图中已经标记出）周期发生的点位算起，B 波段开始运行在 A 波段之下。这种熊市波段序列一直持续到 2003 年的第一个季度才终结，当时出现了一个反弹的波段结构（A 波段的运行点位超越了前一个 B 波段），这表示新一轮多头行情即将展开。总之，在牛市中 B 波段的结束点位通常都要高于 A 波段。熊市中 B 波段的结束点位则一般会低于 A 波段。

将变动率指标考虑在内

1995 年到 2004 年间的变动率指标毫无争议地证明了自己的价值。

首先，在其运行的形态上，变动率指标的确能够明显地反映出 A–B 波段序列。指标的数值经常会提供事先，而不是事后或同步预示股票价格运行趋势方向的改变，以及即将发生的市场反转。一般而言，在上涨市场中，变动率指标的峰值在 50%~65%。此时该区域中指标往往就会开始转头向下，也就是说在该区域买进做多已经太晚了，而卖出做空却为时尚早；该区域大体上类似于为即将到来的下跌做准备的区域。

正如你所看到的那样，发生在 1995 年到 2000 年间每一个周期的峰值，都预先发生了技术指标的顶背离，即价格创出新高，而变动率指标却转头向下，预示着维持价格上涨的动能的减少。类似地，这种预判方法在 2000 年到 2002 年的熊市中也得到印证，市场周期性低点的特征就是，预先发生了底背离，即变动率指标已经创出新高，而股票价格仍在跌至其最终的低点。

50 天变动率指标也为 2001 年底到 2002 年的反弹提供了非常好的预警。

依据 18 个月的周期以及 50 天变动率指标的变化情况，投资者收到了市场逐步回暖的明确提示。

对未来的成功预测

本章写成于2004年3月期间。此时，标准普尔500指数的价格水平依然相对坚挺，但是与此同时50天变动率指标出现了明显的顶背离走势，而且此时18个月的周期已经走完了13个月。这给我们某种关于未来的暗示——市场风险正在汇聚，我们预测2004年的夏末，在新一个18个月的周期开始之前，正在进行的牛市将难以为继。（我希望）将来的投资者可以根据未来股价的走势，来评判这种50天变动率指标的预判能力到底有多精确。

（实际上，股票市场在整个4月份都十分坚挺，但是当季节性周期开始起作用时，市场的走势开始疲软，股市开始急剧下挫，直至8月中旬。之后市场迎来了一波反弹行情，并一直持续到年底。）

短周期下的日内交易

我们的讨论一直集中在长期市场周期上，这对一般的投资者而言比超短市场周期更具实际意义。然而，在线交易，包括活跃的日内交易，以及其他一些由电脑执行的短期交易类型正日渐受到关注。现在的投资者们可以使用多个显示器和交易程序，逐时和逐日地跟踪巡视股票市场价格走势。针对这种情况，我发现24小时到30小时或者4天到5天的股票市场周期非常有效。

这种周期可以用价格、变动指标、RSI指标以及稍后你将看到的MACD形态指标——该指标正是为此专门设定的——来跟踪研究。相比于以小时计算的周期，我更喜欢逐日计算的周期，但是周期的走势转折常常在日内，而不是日末出现，因此以小时来跟踪计算会非常有效。

因为日内交易者总是以反应敏捷且行动迅速而著称，这就使得市场行情瞬息万变，所以4~5天的周期常常可以进行如下分解。

第一天：交易者能够很明显地发现前一个周期形态完成的点位出现在

日内，下跌已经结束，下一个市场波段将是上涨。佐证的线索是 MACD、RSI 以及变动率指标的底背离，还时常伴有下跌楔形和正向 T 型形态（稍后我们将简要讨论该形态）的出现。价格在第一天的波动总是最激烈的。因此你要时刻做好应变准备，并在发生反转之前，或者在发生反转的拐点之时采取行动。

第二天：过去最强的市场收盘之后，接下来往往会有一个强劲的高开盘价格。但是近些年来并非如此。现在的每一天看起来都具有独立的特征。而且，虽然周期里第一天的价格走势会在第二天得以延续，但是除非市场的走势非常强劲，上涨也会在第二天内的某个时间点结束，当然更不会延伸到第三天。

第三天：在大多数市场周期里，这一天是价格变动相对较小的一天，也是为第四天对短期周期危害最大的一天——做准备的一天。偶尔也有将价格走势扩展到另一天的情形出现。

我们的主要任务是识别 4~5 天周期的各个阶段，以及这些形态与能够支持你新开多头仓位（或者空头仓位）的确认指标（还记得协同性吗）之间的关系。为了获利，日内交易者的收益 / 成本率必须非常高，因为短时期，或者日内交易的潜在利润，相对于长期交易策略而言非常有限，而后者能够从整个股票市场长期走强的形势中获益。

T 型形态：强大的终极周期工具

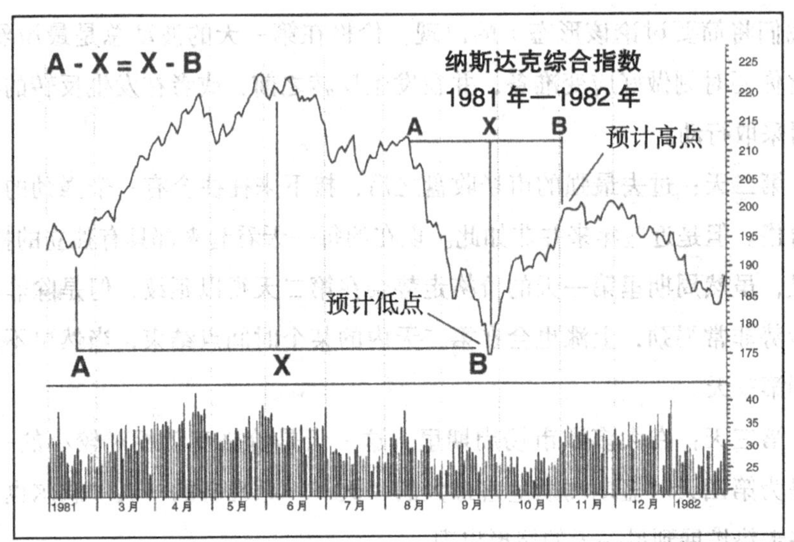

图 5-6 纳斯达克综合指数和 T 型形态（1981 年—1982 年）

图 5-6 提供了 T 型形态度量工具的具体样例，时间跨度是 1981 年到 1982 年间。正如你看到的那样，这些形态提供了绝佳的、能够在指数形态完成之前就事先预测市场高点和低点的工具。

T 型形态是我最喜欢的技术分析工具之一。尽管该工具可以在最短的时间内被构建和计算出来，但是它的应用周期却是长短皆宜的。T 型形态还在其他领域的投资市场中有着广泛的应用。

该形态的形成以时间周期相对中立的概念为基础，即周期波段的时间长度是基本相等的。如果给定假设，在相对中立的市场周期，并且周期波段的时间保持恒定的情况下，那么下列推断是合乎逻辑的：如果你知道某个周期或者周期中某个波段的时间跨度，以及能够识别什么时候该周期或者该周期中的波段正在形成，那么你就可以预测这轮新周期或者新波段完成的时间。这一过程在你观察过图 5-7 之后就会发现它远比你想象的要简单得多。

T 型形态结构

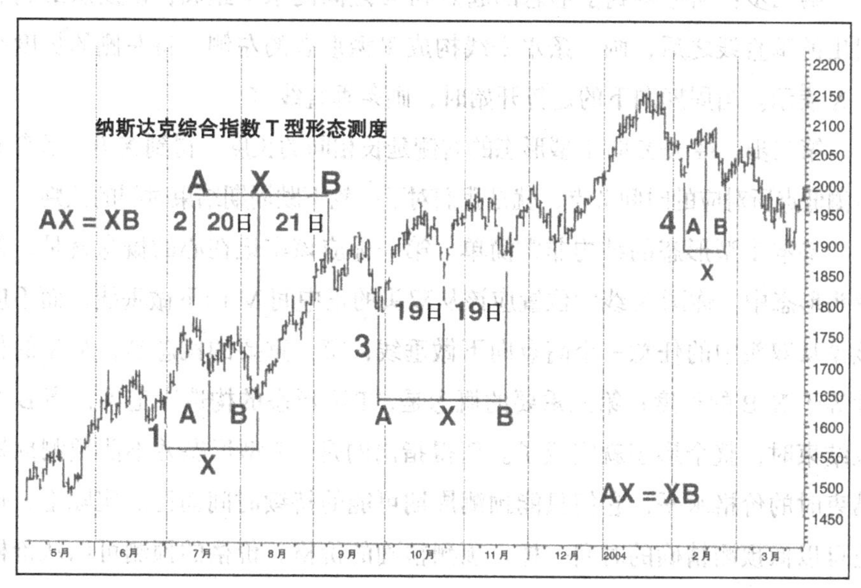

图 5-7 纳斯达克与 T 型形态结构（2003 年—2004 年）

图 5-7 阐释了 T 型形态的结构。主要概念就是 T 型形态的左侧在时间上等于右侧形态。只要你知道左侧形态的时间长度，就可以作出相应的市场反转时间的预测。

区域一

我们从区域一，图 5-7 的左侧开始。纳斯达克综合指数在 2003 年 7 月初从低点开始了一轮上涨，在 7 月中旬抵达了高点，之后的走势是下跌，继续上涨，再次下跌，这样形成了完整的双头形态。预测时间框架的目标是，下一次市场低点会在哪里出现。

第一步：测量形态（A）开始的低点到形态的中心（X）之间的距离，得到 A-X 的长度。对于 X 的规定是，从一开始的低点上升至高点时，由最高点向下做出的一条垂线。这是非常重要的变量。如果形态的最高点有两个，而不是一个时，那么选择两个高点正中间的位置作为周期的中心，并且 X 的取值应从那个点向下做垂线而取得。图中 7 月份形成的正好是双头形态，所以 X 的度量值就是双头的正中间的垂线 M。

第二步：当你得到了形态的起点到 X 之间的水平距离，以及从最高点引出的垂直线之后，画一条水平线构成 T 型形态的左侧，将左侧的长度有 A-X 表示。当周期向下的走势开始时，画条垂直线 X。

第三步：将 A-X 向 T 型形态的右侧延长相同的长度，得到 X-B。后者的右侧低点所对应的时间节点，就是我们对下一轮下跌周期结束时间的预判。

基本 T 型形态的结构非常简单。第一你应该牢记在心的概念就是，在双头形态中，你画 X 线的位置应该从双头的正中间 M 向下做垂线，而不应该是从双头中的任意一个高点向下做垂线；第二重要的概念是，A-X 的长度等于 X-B 的长度；第三重要的概念是，T 型形态的构造决定了，当 B 波段结束时，整个形态就完成了。值得指出的是，T 型形态并不能预测周期结束时的价格水平，它们只能预测周期可能的持续时间而已。实际上，你也可以像预测精确的时间一样，预测精确的价格。价格的预测可以从价格运动的斜率中大体估算出。

区域二

2003年7月中旬，价格从最高点开始下跌，一直持续到8月底低点的出现，当单针探底形态形成之后，价格开始急速回升。那么这个上涨能持续多久呢?

当上涨行情持续进行时，我们可以识别出形态的低点，并从该区域画出垂线 X。然后我们可以计算出从最近的高点 A 沿水平轴到 X 的距离，从而创建出 T 型形态的左半侧 A-X。在本例中，时间跨度区间是 20 个交易日。这一次距离预测的长度也可以作为 T 型右半侧的时间长度度量。这一次距离 X-B 的时间跨度，理论上也是 20 个交易日。而实际上，由于本例的特殊性，T 型形态右半侧的实际长度是 21 个交易日。顶部的预测和事实仅有 1 个交易日的误差。

正如你所看到的那样，T 型形态的基本原则就是，A-X 的时间跨度等于 X-B。

需要强调的一点是，在区域二中，T 型形态的中心区域，也就是周期的中间位置呈现出一个清晰的钉子状走势，并且恰好落在形态的底部。而在区域一中，形态的中心区域是以双重顶的中间点来呈现的。因此，在具体案例中，还是要依据形态是单针探底（冲高）反转，还是以双重底（顶）的中间点来确定 T 型形态的中间点位置。

区域三

现在为止我们已经能够对 T 型形态的结构和含义进行更进一步的讲解了。区域三阐释了如何在双重顶的形态中预测价格低点的出现。如图所示，通过 T 型形态我们可以得到最低价 B 的准确预测。

区域四

该区域展示了 T 型形态在微型股票市场周期中的应用。在本例中，两个高点形成的双重顶形态被仅持续了一天的下跌行情割裂开来。

协同作用的应用

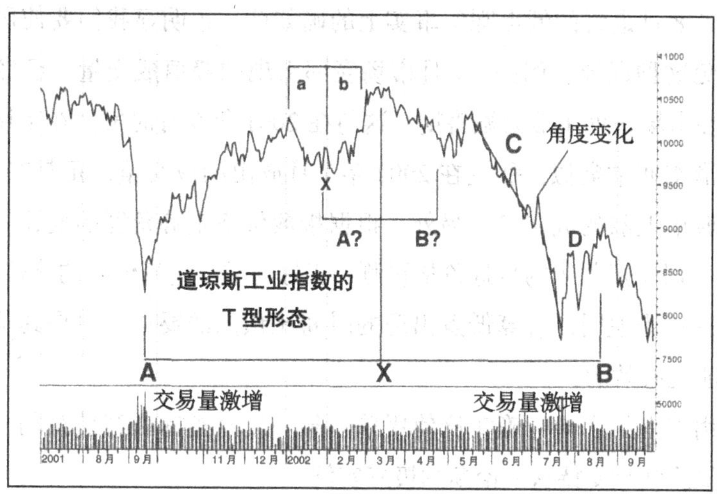

图 5-8　道琼斯工业指数的 T 型形态（2001 年—2002 年）

图 5-8 展示了道琼斯工业指数从 2001 年到 2002 年间的 T 型形态，以及随着 T 型形态出现的其他相关技术指标。

图 5-8 中一共有三个 T 型形态：其一是发生在 2001 年 12 月到 2002 年 2 月的，高点到高点之间的短期形态；其二是发生在 1 月底到 4 月下旬的低点到低点之间的中期形态；其三是发生在 2001 年 9 月到 2002 年 8 月的底部宽广的长期形态。

前两个 T 型形态所作出的市场预测，在图形上出现了几天的偏差——考虑到这些是对市场走势转折的预测，并且预测时间跨度是 1 到 1.5 个月，所以这些误差并不算大。

长期 T 型形态关于 8、9 月份的预测大概误差了一个月。市场在 2002 年 7 月下旬就抵达了自己的实际底部，比这个大 T 型形态预测的 8 月份要提前接近一个月。考虑到预测时间跨度比较长，实际低点和预测低点之间的误差值并没有那么大。然而尽管出现在时间上的误差并没有多么重要，但在价格层面上，实际的价格底部和在三周后才会出现的预测底部之间的价格的误差，却是影响深远的。

那么有没有一些指标会引导交易者认为 2002 年 7 月低点即是有效的，而忽略了 8 月最终的低点呢？事实上的确如此。很明显我们要使用特定工具以避免这种误导。例如，7 月市场底部出现的峰值成交量，已经明显地提示现在市场正处于最大抛售期。这与在 2001 年 9 月时发生在市场底部的成交量形态非常类似：那些在 2002 年 7 月放出的成交量，正是在 10 个月前推动股市上涨的成交量。另外，根据指数价格走势角度的变化（参照图中 C-D 一段）所作出的目标价格预测，正好与成交量峰值时的价格相吻合。这就更进一步说明，就算低点出现的时间比预测的要早，但是其预测价格仍然可能是有效的。

使用多个技术指标确实比使用单一某一技术指标更容易获利，以上的一系列描述就是支持这一论断的极好实例。

股市运动的T型形态及其镜像模式

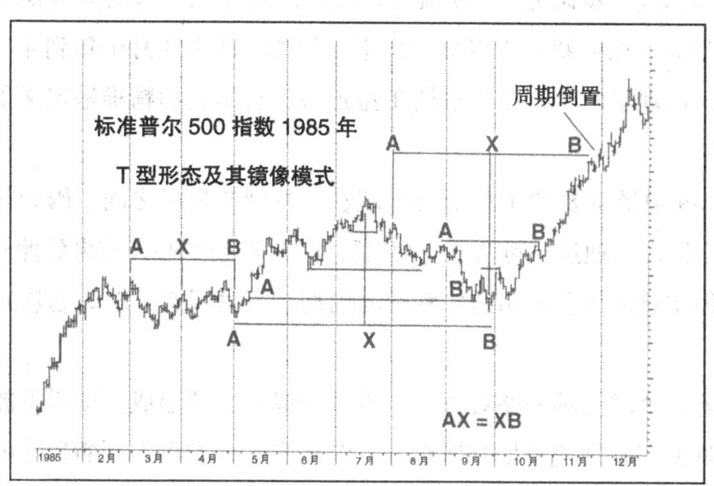

图 5-9　T 型形态及其镜像模式：标准普尔 500 指数（1985 年）

图 5-9 阐释了市场运动的镜像模式，该模式中右侧的上涨或者下跌完全是图表左侧走势的镜像。当这种形态出现时，T 型形态特别有效。

常常会出现这样的情况（实际上，这种情况在短期波动中会更为频繁地出现），股票市场所显示出的上涨和下跌轨迹就和波浪的起起伏伏一样，波段的这一侧几乎是另一侧的完美镜像。首先这种形态的出现并不出乎意料。因为一方面，在中性的运动周期内，初始的一侧在形成支撑和阻力位的时候，可能会造成另一侧的价格运动时的障碍。另一方面，中性市场中，镜像模式频发的时间周期通常会导致中性周期模式之后的市场逆转。

事实上，图 5-9 表明，在 1985 年间的标准普尔 500 指数呈现出重复多次形成镜像形态的走势。正如你在图中看到的那样，从 T 型形态中心开始的测量，不仅为大的终极周期作出了预测，而且对整个过程的很多中间环节步骤中都作出了预测。

图表中的第一个 T 型形态发生在 1985 年的 3 月到 5 月间，这是一个顶部到顶部的形态，该形态的中心就是一个形似 W 字母的中心。而在形态的右侧，实际的市场顶部出现的时间，比预测的顶部稍微提前了几天。

如果你进一步研究图 5-9 就会发现，的确存在一些时间周期很短的微型 T 型形态，然而我并没有标记出来。例如，图中 3 月中旬到 4 月底的指数形态，出现了两个连续的短期 T 型形态，正是它们精准地定义了短期市场的周期。

图 5-9 中最重要的 T 型形态出现在 5 月到 9 月底之间。因为从 7 月中旬开始下跌时，通过测量 A–X 的长度，以 X 点为中心向右再延伸同样的长度，很简单就能够预测出这轮跌幅的周期结束时间点（B），这次预测堪称完美。

沿着这个时间轴一路看下去，直至最终的底部形成。读者可能会发现期间有许多间歇性的市场翻转走势，但是依据 T 型形态判断形势的交易者们可以轻松地识别出这些区域并不适宜交易。

后来市场在 11 月份发生了明显的突破走势，这是 T 型形态失效的情形——周期逆转：即周期性预测并不总是正确的——即便是用 T 型形态作出的预测也不例外。

根据 T 型形态的周期预测，图中 1985 年 11 月的股票市场会出现下跌行情。然而实际情况是，市场仅出现了持续 1 到 2 天的下跌行情，而接下来伴随着价格的急速拉升，跌势迅速发生了反转。很显然，价格走势并没有遵循下跌的周期性市场预测。这种与周期的预期方向不同的反转走势，被称作周期逆转。此时，市场价格不再遵循周期性预测的下跌路径，而转为继续上涨，并且上涨的动力异常强劲。很显然，周期性逆转会给我们带来很大的麻烦，但是如果我们能够快速识别它们，并且迅速地作出决断，就会获得一个快速获利的机会。

T 型形态和长期时间周期

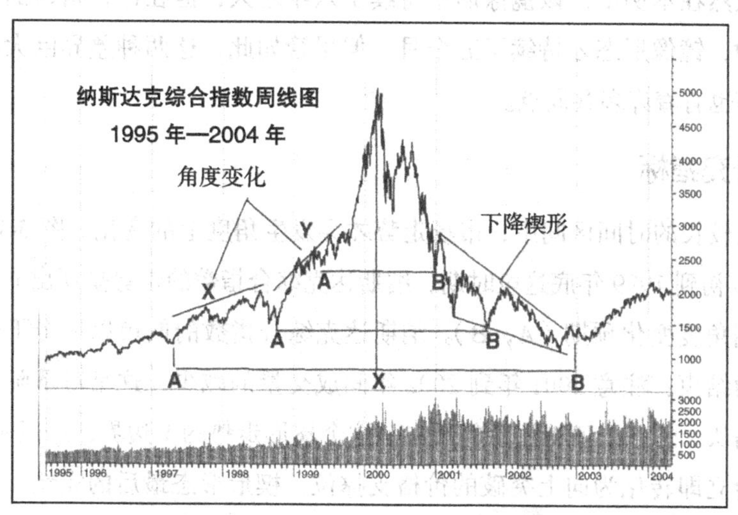

图 5-10 长期市场周期与 T 型形态：纳斯达克综合指数（1995 年—2004 年）

跟踪纳斯达克综合指数在 1997 年到 2003 年间的走势，发现有大量的 T 型形态，而且这些形态中同时还具备镜像特征。

我们知道，无论股票市场的时间跨度如何，其技术形态都始终完美地存在着。形成这些形态的因素包括时间、动量、供给关系以及短期市场波动和长期市场趋势之中都蕴含的买卖双方的市场情绪。接下来当我们接触到 MACD 与移动平均线交易通道——一种择时交易工具——这样的技术指标时，我们会将这一问题再次加以讨论。

图 5-10 就展示了在一个较长期的市场趋势中，T 型形态的具体应用，而且通过绘制 T 型形态来映衬整个趋势。图中的垂线 X 仍然是 T 型形态的中心位置，这条线的起点是纳斯达克综合指数在 2000 年 3 月的最高点。接着，当纳斯达克综合指数从高点开始下跌时，投资者可以利用股价上涨时的停顿位置，到中间线（X）的距离，预测出股价下跌过程中哪些区域的跌势可能会出现反复。

纳斯达克综合指数在 1995 年到 2004 年间的价格变动呈现出了许多镜

像特征。这些特征在图 5-9 中标准普尔 500 指数在 1985 年的走势上可以看出。虽然在本例中，该镜像形态持续了六年之久，但在标普指数的另一个例子中，镜像形态才持续了五个月。但尽管如此，这两种差异巨大的图形走势却也有着许多共同点。

补充指标

在较长的时间区间中，市场走势才会发生角度上的变化。图 5-10 中从 1998 年初到 1999 年底这段时期，纳斯达克综合指数的走势呈现出非常完美的长期角度变化预期（A，B）。纳斯达克综合指数的熊市以一个下降楔形走势而结束：注意 2001 年到 2002 年间成交量的减少，这是对下降楔形走势的确认。另一个值得注意的现象是这个楔形走势的上边界，一旦被突破，它就会立即转化为向上突破的价格支撑位。楔形形态最后的完结，以及向上突破所发生的点位，正好是在被 T 型形态称作重大市场低点的点位，这又是协同作用确实有效的一个明证。

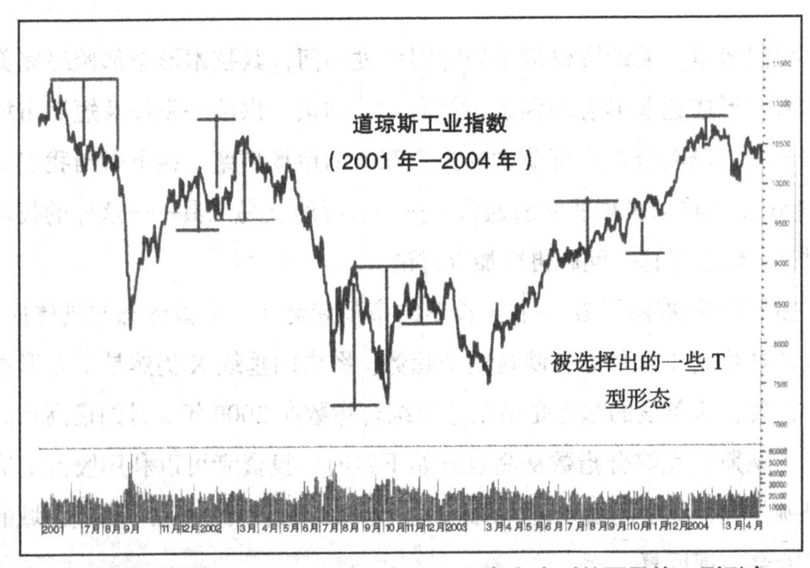

图 5-11　道琼斯工业指数（2001 年—2004 年）中到处可见的 T 型形态

本图展示了 2001 年到 2004 年间道琼斯工业指数的 10 个 T 型形态，还有更多的 T 型形态未被标记。

关于T型形态的最后一些说明

本图是与T型形态相关的最后一张图了。

T型形态实际上发生的频率相当高，日线和周线图，甚至日内交易者使用的小时图和更短的周期图中都会涉及T型形态。

而在本图中（图5-11）所标记出的10个T型形态，都是道琼斯工业指数在2001年到2004年间的指数走势中的形态。而在这期间还有大量的其他T型形态的具体例子并没有被标出。然而重要的是，T型形态出现的频率如此之高，以至于无论是对仅仅只是运用T型形态的工作，或者是对还要由其他指标进行辅助确认的工作都大有助益。而且它们也可以被应用于多种时间框架下的多种投资市场之中。

换句话说，如果你想发现（T型形态），你就一定能发现。

本章小结

股票市场的季节性和日历效应

买股票的最佳时机是每个月一开始的两三天和最后的两三天，而且股票市场往往在重大的节假日前夕表现很好。

上一年的11月到这一年的4月期间，是持有股票的最佳时期。而5月到10月是被历史所证明的，股票收益率低于短期银行投资收益的回报率时期。

投资股票市场最好的年份是总统竞选年之前的那一年，而竞选完后的两年是股票市场收益率最低的两年。

时间周期

时间周期可以帮助你预测股票市场的拐点在何时出现。此外，随着市场周期的运行，时间周期为交易者研究股票市场的行为和推动股票市场运行的力量提供了重要线索。

绝大多数市场周期都可以被分为A、B两个波段。如果市场的时间周期够长，那么A波段本身也可以被细分为A、B两个波段。如果B波段出现的位置比A波段高，这就是一种市场表现强势的形态。反之，则是市场走弱的信号。

在多个时间周期都同时指向同一个方向，或者许多重大的周期同时达到底部（“筑底”）时，周期对股票市场的影响才最有力。

4年的市场周期已经在近几十年的市场走势中占据了主导地位。

T型形态

T型形态是和周期性相关的形态，可以被用来预测出股票市场与其他投资市场中行情转折点出现的时间。

从本质上而言，T型形态是建立在这样一种理念上的：即从周期波段开始的时间点到其波段最高点的距离，以及从波段最高点到其可能的最终的低点之间的距离相等。同样，周期峰值和最终低点之间的时间跨度，也近似地等于该低点到下一个周期峰值的时间跨度。

时间周期能提供很好的指标来预测股票市场中意义重大的买进和卖出的关键时间点。当然，时间周期和T型形态也必须和其他的股票市场技术指标一起使用，而不能单独作为判定买卖信号的依据。

第六章 探顶寻底，顺势而为：使用市场广度指标，提升市场择时能力

对前五章内容的简要总结

在第一章中，我们讨论了创建投资组合的概念和具体方法，以期在承担较低风险的同时获取较高的平均回报。

第二章则展示了两种简单易行的市场行情指标，这两种指标在长期的历史检验中，对区分高风险和低风险的投资氛围都有着出色的表现。

第三章我们讨论了如何利用移动均线来确认市场趋势的走向以及强度，还有如何使用变动率指标来进一步确认这些趋势的动量。

在第四章中我们讨论的重点则是几种特殊的图形形态。在这些图形中，市场走势斜率的变化有时能够成功地预测出市场在数周乃至数月之后所处的状态。楔形形态能够预测股价走势方向的变化。而其他的一些图形分析方法则能帮助你确定市场未来可能会出现的停顿点的位置。

在第五章中，我们分析了政治和时间周期给股票市场带来的影响，以及如何将它们运用到对股市未来走势的预测中去。

而到了本章，我们的目标是继续提出一组多样化而且有效的择时交易工具，以确保我们在作出投资决策时所依据的众多技术指标能够发出一致的信号，而不仅限于一两个指标给出的确认信号。当然，有时不同的信号会产生完全相反的投资信号。实际上，这种事的发生概率远大于预期。但是，当我们从不同市场板块的图表形态、周期分析、动量度量、利率结构和相对强度指标中所获得的信息都发出高度一致的买进或者卖出信号时，那么根据协同理论，这种指标的可信度就远高于单个指标所发出的信号。

本章我们要讨论一些和市场运动形态有关的概念，这些概念被用来衡量市场内在的广度和强度，技术指标确认的测试方法，以及一些其他领域的、我们已经提及但是没有深入讨论的问题。

让我们从技术分析中最具意义的市场广度分析开始吧。

反映所有股票行为的内部动量指标

财经新闻报道一般会关注一些特定的热门股票市场指数的收益和亏损情况。这些指数中包括道琼斯工业指数，它含有30只成分股，而且这些成分股的权重各不相同（价格较高的成分股权重大，对指数影响大一些）；标准普尔500指数中有500只成分股，其权重取决于市值的大小，所以体量规模大的公司，其影响力要大于小公司；而纳斯达克综合指数大约包含3500只相互独立的股票，其权重也取决于市值，所以有时候仅仅其中一部分大型公司的价格波动，就能对整个指数产生巨大的影响；还有纽约证券交易所指数，它包含了所有在纽约证券交易所挂牌交易的股票（同样是市值加权平均的算法，用以体现大公司的影响力）。

还有一种指数，叫作价值线算术平均指数（Value Line Arithmetic Average），它包括大约2000只在不同交易所交易的股票，而且其权重并非按照市值计算：各家公司拥有同样的权重。

对于绝大多数市场指数都在使用的加权平均计算方法，仍存在广泛的争议。一个简单的事实就是，一个或多个权重指标股经常会与一家普通上市公司的股票产生严重相反的走势，即很有可能出现这样的情况：一个占有较大比例的权重股显现出价格上涨，但是整个市场多一半的股票实际上却在下跌。这些流行的市场指数的表现，从普通市场观察者的视角上代表了“外部股票市场”。而那些能够测量绝大多数实际参与到市场交易中的股票的上涨和下跌的技术指标，则是由内部动量指标或者股票市场广度指标来承担的，它们通常能够更真实地反映决定典型股票和共同基金走势的市场力量。

一般来说，大多数股票（包括大部分指数成分股）一起上涨的股票市场，远比只有少数几个权重股上涨的市场基础更为坚实。这其实不难理解。如果市场绝大多数股票在上涨，那么选对股票赚钱自然大增。而反之，如果大盘指数的上涨仅仅是因为少数权重股所致，那么投资者选中赚钱标的的机会自然大打折扣。所以，如果投资者仅凭加权平均指数来作决策，他们很快就会发现这样一个难以接受的事实：指数明明在上涨，但是自己却在亏钱！定睛一瞧才发现，原来只是少数几个指标权重股在涨而已。这就是说，虽然整个市场外部指标（大指数）显示市场处于强势状态，但是内部的市场广度指标（市场中所有股票的行为）却并没有呈现出一致的状态。

创新高与创新低股票数量指标

能够用来测量市场广度的有效工具之一就是腾落线（advance-decline line）。它具体反映的是在各个交易所中，累积上涨股票数与下跌股票数的差值。你可以在时间上使用这种累积线（cumulative lines）：用日线读数来绘制日线级别的腾落线，用周线读数来绘制周线级别的腾落线。

例如，如果你将纽约证券交易所的腾落线初始值定为 10000，而在第一天，纽交所上涨股票和下跌股票分别为 1500 只和 1000 只——平盘的股票除外，这样当天上涨的股票比下跌的多出 500 只。那么，腾落线的值就从 10000 变成 10500，增加了 500。同理，如果下一个交易日，下跌的股票数量比上涨的多出 200 只，那么腾落线的值就变成 10300。

我们稍后会再讨论腾落线指标在各个市场中的具体应用，因为在这里，我们首先要搞清楚创新高的股票数和创新低的股票数之间的关系，这可是反映股票市场内部广度和强度的另一个非常重要的方面。

创新高和创新低指标

还有一个指标能够反映市场广度，它能够真实地反映股票市场的内部力量（或强弱）。这就是创新高 / 创新低指标，其中包括诸多相关数据。创新高的股票数量，既可以按照交易日来计算，也可以按照交易周来计算。这个很好理解，前者代表在某一个交易日内，股价创出52周（一年）新高的股票数量；而后者代表在某一个交易周内的任意一个交易时间点上，股价创出52周新高的股票数量。同理，创出新低的股票数量是指那些股价创出52周新低的股票数量。

无论如何有一点毋庸置疑，即创出新高的股票数量增加的走势要优于创出新高的股票数量减少的走势；而大量股票创出新低的走势，则要比遇到支撑位并有可能展开反弹的股票数量正在增加的走势差得多。

创新高/创新低指标对股票市场价格趋势的确认

我们已经在前面的内容中讨论过一系列关于如何依据市场动量指标来确认股价未来走势的问题。在这些问题中，与市场动量和价格运动相关的顶背离和底背离也曾被讨论过。

与确认、未确认、顶背离和底背离相关的概念，同样可以运用到股票市场的外部价格强度和内部价格强度的关系中去。比如，当指数上涨，创新高的股票数量也在不断增加时，此时我们可以认定市场已经进入牛市行情——内部强度指标确认了外部强度指标发出的信号。反之，如果创新高的股票数量并没有随着大盘指数新高而增加，那么我们就认为内部强度指标的表现未对外部强度指标发出的信号进行确认。此时，市场广度指标的顶背离就发生了。这可是个不太好的信号，它意味着危险即将到来。

与之相反的是，如果指数的价格水平依旧保留在趋势线之下，而创新低的股票数量却在不断减少，此时市场广度指标的底背离就发生了，即内部强度指标逐渐转强，而外部指标仍继续走弱。此时，即使大背景下股票市场指数仍在下跌，但是股价得到支撑的股票数量却越来越多。这往往是牛市即将到来的征兆。

出现在 1995 年到 2004 年间的顶背离和底背离

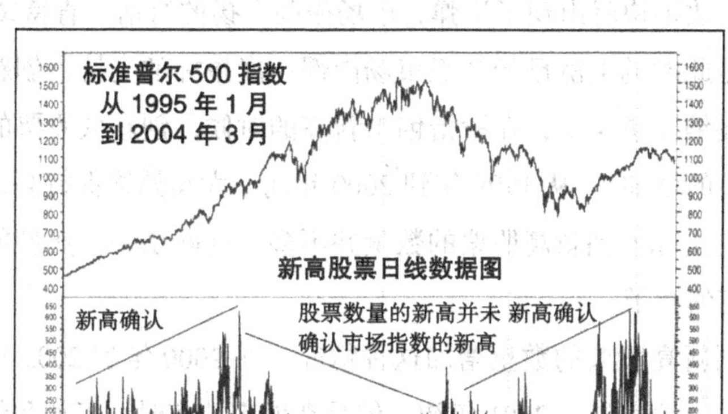

图 6-1　标准普尔 500 指数走势与创新高股票数量，1995 年—2004 年

图 6-1 展示的是标准普尔 500 指数的价格运动和创新高股票的数量之间的关系。创新高股票的数量确认了 1995 年到 1997 年的股市上涨行情。然而从 1998 年开始，虽然指数还在高位盘桓，但是创新高股票的数量却急剧减少，这种情况一直持续到 2000 年初的大盘指数上涨行情。在这段期间，市场广度指标发生了顶背离。

以上观点都具体地展现在图 6-1 中。图中展示了从 1995 年到 2004 年初的创新高股票数量的走势图（图中下半部分），而且图中上半部分也一并展示了同步的标准普尔 500 指数走势。股票市场的强度在 1994 年初时相对较小。但是到了年底，这种强度得以提升，并且在 1995 年初，趋势得到了进一步增强。与之相呼应的是，在 1995 年到 1997 年间，随着标准普尔 500 指数走出了一轮不断上涨的行情，纽约证券交易所里创出新高的股票数量也在不断增加。也就是说，用创新高和创新低股票的数量来衡量市场外部广度指标，对标准普尔 500 指数的上涨行情给出了确认。我们发现创新高的股票数量在 1997 年最后一个季度时达到了最高峰。

市场广度指标的顶背离出现在 1998 年初。当时，创新高股票的数量急剧减少。市场就这样又运行了半年，虽然此时大盘的指数仍在上扬，但是创新高股票的数量已经明显减少了。内部广度指标与外部广度指标的顶背离现象向投资者发出了危险信号，很快在 1998 年的夏末，市场出现了急剧下跌验证了这一危险信号。

然而指数很快就出现了反弹，市场振荡上扬的行情一直持续到了2000年初。可是此时的上涨已经缺乏市场内部广度指标的支持，创新高股票的数量不断萎缩（事实上，在股指创出新高的时候，创新低股票的数量已经开始有明显的增加）。从1999年到2000年间，大盘始终保持高位振荡上涨行情，但是实际上创新高股票的数量并不多。这就是一个典型的市场广度指标顶背离的例子。

其实创新高股票的数量增加这种情况，在2000年到2002年的熊市期间也出现过，尤其是在2001年初。但是在熊市结束时，正如我们所预计的那样，创新高股票的数量还是相对很少的。而且此时指数的走势和创新高股票数量这种广度指标的表现是一致的。随后在2003年春季，股市开始加速上涨，创新高的股票数量再次对上涨行情进行了确认，而且在这一年的后三个季度中，市场指数和广度指标同时加速上涨。

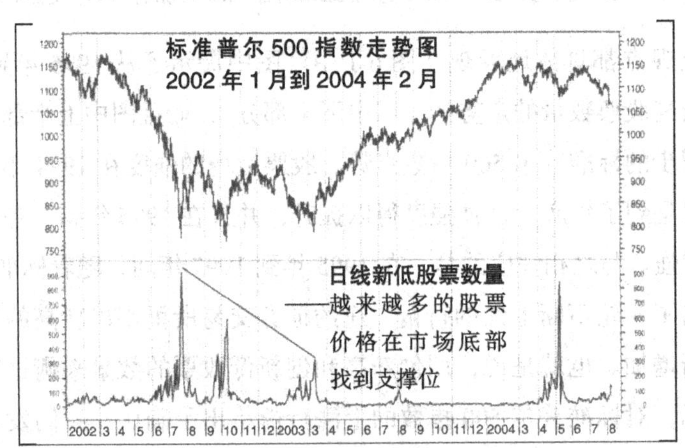

图6-2 标准普尔500指数和股票数量日线新低对比图，2002年—2004年

在任何一个市场中，创新低股票的数量减少都表明市场内部力量在聚集，这往往预示着下一轮牛市的开始。

股票市场底部形成过程中的创新低股票数量指标

当市场指数下挫，却伴随着创新低股票数量的减少时，就形成了市场广度指标的底背离。此时，内部市场强度随着指数的下跌而稳步增强。

图 6-2 则阐明了一种非常典型的形态，而在关键的市场低点出现时，这种形态非常常见。在 2002 年夏天到 2003 年 3 月间，市场形成了一个重要的底部形态，即标准普尔 500 指数形成的三重底——三个创新低股票数量的激增巅峰值。

然而，当标准普尔 500 指数在 2002 年 7 月到 2003 年 3 月间又走出另外两个更低的低点时，创出 52 周新低的股票数量已经开始急剧减少。虽然标准普尔 500 指数在 2003 年 3 月的点数与在 2002 年 7 月的低点几乎差不多，但是创新低股票的数量已经从 900 余家锐减到 300 余家。很明显，股票市场的内部强度正在凝聚力量了，牛市即将到来。

现在我们将这一指标的相关规则总结如下。

- 市场的上涨只有在伴随着创新高股票的数量增加时，才能说这种上涨具有广泛的群众基础，得到了市场广度指标的确认，而且这样的上涨行情才能够持续下去。
- 而如果在市场上涨时，创新高股票的数量并没有相应地增加，那么这种上涨就缺乏坚实的基础。而且创新高股票的数量最大值和市场指数的最高点之间，并不存在某种精确而有规律的时间间隔。比如：创新高股票数量在 1997 年抵达最高点后，不到一年时间内，大盘就出现了 1998 年的下跌行情。而 2000 年到 2002 年的全面熊市，却在 1997 年创新高股票数量最高点的 2 年之后才发生。因此，一般而言，创新高股票数量峰值的出现往往会比最终牛市顶点的出现早一年左右。
- 随着创新低股票数量的持续增加，市场下跌态势往往会持续一段时间。但是如果在抛压沉重、股指持续下跌之际，创新低股票的数量却达到了熊市中的一个高点，那么最终熊市底部形态则可能正在形成中，而且需要一段时间来构筑。图 6-2 就很好地阐明了这一状况。
- 如果随着价格的下跌，创新低股票数量并未继续增加，这表示市场广度指标发生了底背离，预示着新一轮上涨行情即将到来。

在这里要再次提醒大家注意：市场广度指标与股指发生背离，无论是顶背离还是底背离，都并不意味着市场马上就会展开反转行情。因为这一系列指标通常都需要花费相当长的时间才能起作用。当然，如果在市场底部出现了三重底形态，那么在第三个底部出现之后，市场反转很快就会发生，并且上涨迅猛。2002 年的市场底部形态就是一个很好的例证。

使用创新高 / 创新低指标，识别千载难逢的投资机会

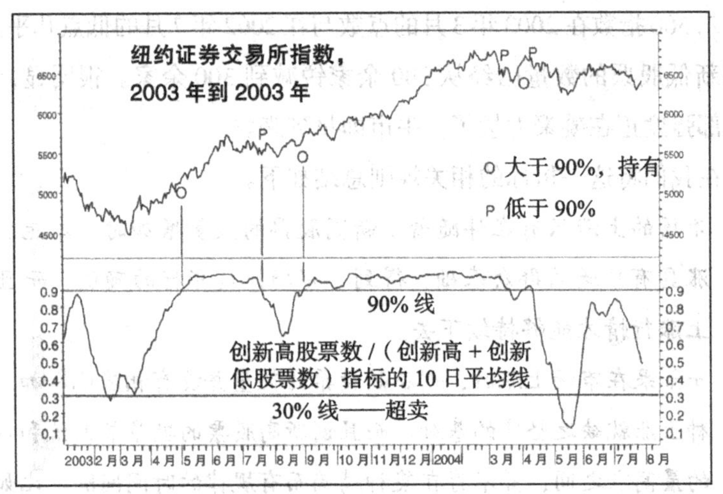

图 6-3　创新高 /（创新高 + 创新低股票数）指标，2003 年—2004 年

图 6-3 展示了创新高股票数 /（创新高 + 创新低股票数）指标——NH/（NH+NL）的整体走势。从图中可以看出，几乎在整个 2003 年该指标的走势都很强劲。创新高股票数 /（创新高 + 创新低股票数）指标充分确认了股市这段时期的强势上涨，预示着千载难逢的投资机会。

一般来说，人们更愿意股票市场在上涨期间，市场广度指标出现正面与积极走势：即绝大多数股票都创出新高，只有一小部分股票创新低（在市场顶部，通常大量创新高和创新低的股票会同时出现。这反映了市场上的广度指标上的严重的分歧。而有一个现象十分神奇，就是当纽交所中创新高和创新低股票数量同时超过股票总数的 5% 时，常常会发生很凌厉的下跌行情）。

我们可以设定一个非常有用的市场广度指标，用以衡量市场广度正向一致性的程度。具体做法是，用创新高的股票数量除以创新高和创新低的股票数量之和。例如，某一天有 100 只股票创新高，25 只股票创新低。那么你就可以用 100（创新高股票数）除以 125（创新高的 100 只股票和创新低的 25 只股票数量之和），得到一个日比率 0.8 或 80%。单日的数据采集对我们衡量市场帮助很大，而如果采用对单日数据的 10 日简单移动平均值则效果更佳。

对该方法的解读

第一种买进信号是这样规定的，即当 NH/（NH + NL）——创新高股票 /（创新高 + 创新低股票数）——比率的 10 日移动均线值跌落至 25% 以下（严重超卖），随后再上升大约 10%，比如，从 13% 上涨到 23%。此时，这种变动就意味着市场下跌的广度动量已经开始反转，而这就是明确的买进信号，也是该指标发出的第一种买进信号。

第二种买进信号，是在该比率的 10 日移动均线先击穿 30%（超卖），接着又反身上攻突破 30% 时出现。

最后，如果前两种买进信号都没出现，那么当该比率指标的 10 日移动均线从 70% 以下上涨到 70% 以上时，就是第三种买进信号出现的时候。

另外，卖出信号也可以设置为比率的 10 日均线值，从 70% 以上跌至 70% 以下之时。当然，如果你喜欢的话，也可以采用从 80% 之上击穿到 80% 以下时——尽管它有时会让你过早离场，但是明显更安全一些。

这里必须指出的是，这些参数并不能单独地作为市场择时工具来使用，而只是我们用来分析和预测市场的一系列工具中的一个组成部分而已。

然而接下来我们要介绍的这组，与创新高和创新低指标相关的具体参数（即使单独使用也不错），就能识别很好的买进或持有的交易机会。这些参数的具体组合能够提供最好的风险 / 收益比率，正如在表 6-1 中展示的一样。

以下是它的基本交易策略。

- 用纽约证券交易所的新高股票数，除以新高和新低股票总数得出一个比率，当该指标的10日移动均值到达90%时，买进或继续持有股票头寸。
- 当创新高/（创新高+创新低股票数）的10日移动均值仍高于你选定的某一个特定值（可以是90%、85%、80%、75%或70%）时，仍然继续持有股票。
- 当创新高/（创新高+创新低股票数）的10日移动均值跌破你预设的止损点时，就果断清仓出局。

表6-1给出了运用这一择时交易策略时的市场历史买卖结果。

表6-1　使用NH/（NH+NL）比率的10日移动均值交易标准普尔500指数，时间跨度从1970年到2004年，在指标读数上穿90%时买进，在它跌至表格中所示值时卖出的最终收益情况

	90%	>85%	>80%	>75%	>70%
交易回合	75	55	44	40	36
获利交易所占百分比	54.7%	49.1%	52.3%	57.5%	58.3%
盈利交易的平均收益率	3.4%	6.6%	8.1%	7.9%	8.9%
亏损交易的平均收益率	-1.9%	-2.1%	-2.4%	- 2.9%	-4.0%
年益率	2.0%	3.2%	3.6%	3.6%	3.3%
年化收益率	11.8%	16.1%	15.3%	13.9%	11.9%
年度投资时间	17.6%	21.0%	25.0%	27.0%	29.2%
最大回撤幅度	19.7%	12.3%	15.7%	14.8%	24.8%
买进并持有	7.6%	7.6%	7.6%	7.6%	7.6%

由于本表中的结果数据都是根据回溯测试得出的，所以并不能保证未来也能有这样的收益率。

获利交易所占百分比：一般而言，大多数交易都可以获利。参数的设置表明，越长期地持有头寸，产生获利的交易比率就越高，但是投资收益往往较低。

获利交易平均收益率：获利交易的平均收益。

亏损交易的平均损失率：亏损交易的平均损失。

年收益率：根据交易信号进行交易所获得的年平均总收益。假如每当新高新低比率指标的10日移动均线值超过90%时，你就买进标准普尔500指数，并一直持有到该移动平均值跌破80%时清仓，那么每年的总收益就可以达到3.6%。利用该模式进行投资的时间很短，但是收益却颇丰。

年化收益率：表示投资收益按照年计算的回报率。在上述的例子中，该值为15.3%。这一具体的比率是买入并持有策略产生的年化收益率——包括股息和利息收入，但是现金支付的部分除外——的2倍。

最大回撤幅度：从投资收益的最高点算起，采用该交易方法可能遭受的最大亏损。在表6-1中，采用85%作为卖出触发信号的交易模式，其所遭受的最大回撤幅度最小。

使用90%买进和85%卖出的参数组合，产生的年化收益率是买入并持有策略产生的收益率的42.1%。然而其总体持股时间只有后者的21%。相类似地，采用90%买进和80%卖出的参数组合，所产生的年化收益率是买进并持有策略的47.6%，而且投资所占的时间仅为后者的25%。

所以整体而言，如果交易者根据该指标进行交易所获得的收益率是股市平均收益率的两倍左右。

将NH /（NH+NL）比率指标运用于纳斯达克综合指数

无论出于什么样的理由，择时交易模型运用于纳斯达克综合指数，其整体效果总是好过将它应用于纽约证券交易所指数（比如，道琼斯工业平均指数和标准普尔500指数）。

具体在使用指标时，要注意以下两点。

第一，纳斯达克综合指数的趋势性更强一些（因为该指数表现出较强的自相关性，而且更倾向于和前一个交易日的指数运行方向保持一致）。而标准普尔500指数，其每天的走势相对随机。所以，在不考虑其他外部条件的情况下，将该指标运用于纳斯达克综合指数的效果要明显优于标准普尔 500 指数。

第二，纳斯达克综合指数具有更强的波动性。因为一般而言，市场择机指标对于市场的波动性和趋势性比较敏感，效果也会更好一些。当我们把创新高股票数 /（创新高 + 创新低股票数）比率指标运用到对纳斯达克综合指数的投资分析上时，一定要牢记最适合它的使用环境。同样，你还必须牢记的是，虽然我们具体的操作对象是纳斯达克综合指数，但是对指标值的计算，还是要以纽约证券交易所的创新高和创新低股票数据为主。

表 6-2 使用 NH /（NH+NL）比率指标所发出的信号交易纳斯达克综合指数：具体使用 10 日移动均线比率参数，时间跨度从 1971 年到 2004 年。当该比率指标的 10 日移动均线值大于 90% 时，买进；跌至表格中所示具体数值时，卖出

	90%	>85%	>80%	>75%	>70%
交易回合	73	70	51	44	35
获利交易所占百分比	63%	57.1%	64.7%	65.9%	74.3%
盈利交易的平均收益率	5.7%	7.6%	9.4%	10.4%	11.3%
亏损交易的平均收益率	2.1%	2.6%	3.9%	5.0%	8.1%
年益率	5.1%	5.9%	6.4%	6.0%	5.7%
年化收益率	32.3%	28.9%	26.4%	22.7%	20.6%
年度投资时间（%）	17.8%	22.5%	26.4%	28.4%	29.5%
最大回撤幅度	18.4%	22.9%	32.3%	36.6%	42.5%
买进并持有	9.4%	9.4%	9.4%	9.4%	9.4%

表 6-2 的结果也是根据事后回溯测试发出的，这并不表明将来使用上述方法进行投资时就能得到相似的投资回报。

当将这种交易模式具体运用到纳斯达克综合指数时，得到的年化收益率要远大于其在标准普尔 500 指数上的收益。比如，与标准普尔 500 指数相比，同样采用高于 90% 买入和低于 85% 卖出的参数组合，纳斯达克综合指数产生的年收益率为 5.9%，该值是买入并持有策略（9.4%）的 62.8%，但是它的投资时间仅为后者的 22.5%。这意味着年化收益率高达 28.9%。

而且更进一步研究发现，对于纳斯达克综合指数来说，如果使用高于90%买入和低于80%卖出的参数组合所产生的年收益率为6.4%，该值是买入并持有策略（9.4%）的68.1%，而且它的年投资时间仅为后者的26.4%，年化收益率也高达26.4%。

但是将该指标应用于纳斯达克综合指数也有其缺陷。比如用该指标操作纳斯达克综合指数的风险，要明显高于标准普尔500指数。因为当你采用高于90%买进和低于85%卖出的参数组合时，纳斯达克综合指数的最大回撤幅度为22.9%，而同样条件下标准普尔500指数的最大回撤幅度仅为12.3%。

熊市预热期与熊市期比较

如果我们将1971年到2000年和1971年到2004年（包括2000年到2002年的熊市）这两段时期进行比较，就会有一个有趣的发现。在1971年到2000年间，使用高于90%买进和低于80%卖出策略能获得34%的投资回报，而且最大回撤幅度仅为8.6%。更重要的是，这段时期的投资收益占据了整个1971年到2004年间总收益的72%。从根据上述模式使用交易所遭受的最大回撤幅度来看，主要的亏损都发生在2001年到2002年间。

熊市肯定会影响到许多市场择时交易工具的历史表现。这就是为什么我们在使用任何技术分析方法进行研究时都注意使用较长时间段的原因。除此之外，还要对它们在股市的不同时期的具体表现进行比较和分析。

纽约证券交易所的腾落线指标

坦率地讲，我并不认为存在什么固定的参数可以用来明确日线或者周线级别的腾落线指标（体现的是内部市场动量）和加权平均市场指数（体现的是外部市场动量）之间的关系。价值线算术指数（Value Line Arithmetic Index）是一个非加权指数，其中包含标准普尔500指数中的所有股票，再加上另外1200只股票。倘若以腾落线指标为基础判定的话，该指数和纽约证交所指数之间关联性，与其他诸如道琼斯工业指数以及标准普尔 500 指数相比较而言是最强的。

在预测典型共同基金可能的业绩表现时，价值线算术指数和腾落线都是非常好的指标，但要论起指标走势与共同基金表现的相关性，它们都比不上纽约证券交易所综合指数。

一般性观察结论

当日线或者周线级别的腾落线指标的变化，对反映股票市场中不同板块的走势的指数进行确认时，我们说这样的股票市场行情就有了更为坚实的基础。换言之，指数（如标准普尔 500 指数）创新高之后，需要得到创新高之日或那一周的腾落线指标的确认，反之亦然。

股票市场的技术分析师们经常会沮丧地注意到这样的一些时期，即市场指数——例如标准普尔 500 指数和道琼斯工业指数——创出新高，而市场广度指标读数并未对这一现象进行确认，可是在市场广度指标读数仍然高于主流的市场指数期间，熊市就已经开始了。比如在 1981 年到 1982 年熊市来临时，腾落线指标的走势仍比主流的市场指数要强，可是最终普跌却贯穿整个股票市场。

所有技术指标都走强时的股票市场才最安全。尽管如果市场广度指标的走势领先于市场指数会比与之相反的走势更好，但是如果所有的指标都走强，那无疑是最好的。

当主流市场指数和腾落线指标同时创出新高，或者虽然主流的市场指数走出新低，而腾落线指标仍未跌至新低水平时，股票市场的牛市气氛就会浓郁一些。

股票市场的主流指数和广度指标表现一致的情况，当然最为理想。但是有时候你又不得不在二者之间做出选择。此时，市场广度指标往往更具有决定意义。尤其是当你的投资组合中，包含了大量的面向小公司的共同基金时，更是如此。很明显，这样的共同基金与市场广度指标的关切程度相当之高。

以纳斯达克市场为基础的广度数据和以纽约证券交易所的广度数据一

样容易获得。而前者的腾落线指标往往能提供一些指数本身并不包含的额外信息。

因为与纽约证券交易所综合指数和标准普尔 500 指数相比，纳斯达克综合指数往往更容易受到小市值公司的影响。某些特定的共同基金和 ETF 基金的走势反映了在纳斯达克上市的大市值公司，如微软、英特尔公司的走势，但是投资于新型产业公司的共同基金往往与纳斯达克指数的腾落线指标的变化关系更为密切。

为了追踪各种市场板块中的腾落线指标的走势，我们可以通过应用反映市场强弱的广度指标——变动率指标来实现。在分析了图 6-4 以及其他一些与腾落线数据相关的图标之后，我们可以得出如下结论。

2002 年到 2004 年间的腾落线指标

图6-4中各种指标走势，很好地证明了我们刚刚在上文中讨论的多个观点。

而且该图表涵盖了 2000 年到 2002 年熊市的实质性结束阶段、2003 年牛市的开端阶段以及随后在 2004 年出现的市场调整阶段。

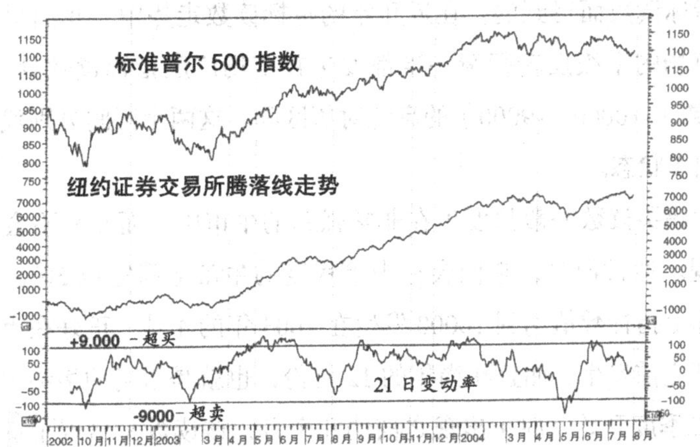

图 6-4　纽约证券交易所日线级别腾落线和标准普尔 500 指数叠加图，时间跨度为 2002 年—2004 年

日线级别的腾落线指标反映的是每天上涨和下跌股票数的累积差额。在腾落线指标的下方是 21 日变动率指标。该指标反映了某一腾落线指标值和与之对应的 22 天前的数值差。从图中我们就可以看出两点：

一是在熊市接近尾声时，市场广度指标会逐渐增强；二是在2004年初市场广度指标在急剧衰竭。

在此期间，日线级别的腾落线指标与标准普尔500指数的走势高度相关。具体表现如下，从2002年中到2004年初这段时间，标准普尔500指数与日线级别的腾落线指标的走势几乎一模一样。只不过在2004年内，标准普尔500指数比腾落线指标率先到达最高点。而到了4月份，两者步调又重回一致，均呈现出下跌趋势。

总体而言，在这段时间内市场广度指标和指数走势基本一致。也就是说，广度指标对市场指数的走势进行了确认，反之亦然。一般而言，在牛市开端时期这种情况非常典型。

21天变动率

超买读数位

图6-4中最底部的图形，反映了腾落线指标的21日变动率走势。我们需要再次指出，21日变动率指标读数是由今天的腾落线指标读数减去22天前的指标读数而得到的。在近几年的指标读数走势中，我们得到一个结论，即市场的中级反转行情一半都发生在市场广度指标读数处于［9000，10000］或［-10000，-9000］的高绝对值区间。这两个区间分别代表着高度超买和超卖状态。

高度超买读数一般只发生在非常强劲的牛市中，而几乎不会在市场的顶部出现。通常而言，它们会在中等程度的牛市上涨完成50%~65%时出现。实际上指标数值达到10000发生在2003年的4月，正好在市场的接下来的顶部之前发生，而且在当年的12月份，也就是市场的最终顶部（2004年的第二季度开始之时）出现之前的几个月，该读数又出现了一次。这一事实再次说明，当超买—超卖振荡指标（overbought-oversold oscillators）的读数达到最高点的极值之时，你要买进的话已经稍迟了点；可是你要卖出的话，也稍早了点。

超卖读数位

就现在（2004 年）而言，腾落线指标的 21 日变动率指标的超卖读数已经降到［-10000，-9000］区间，你就可以认为已经发生了超卖（过去，纽约证券交易所中的股票数量比较少，所以变动率指标的读数变化范围也小。后来，多种股票价格采用了十进制，再加上价格最小变动单位的下调，最终使得价格的变动率变大）。

股票市场在市场低点表现出来的差异性和在市场高点时迥然不同，在牛市期间尤其如此。与市场的顶部相对缓慢温和地走向反转的走势相比，市场底部呈现出更为迅猛和尖锐的走势特征。因此，有时尽管腾落线指标的 21 日变动率指标已经表现出超买的读数，但是至少要经过几周市场才会出现反转和下跌。而当指标从超卖水平开始向上反转，上涨行情则会很快来临。牛市中这种情况更为显著。

现在让我们再次回顾图 6-4。正如你所看到的那样，在 2002 年到 2004 年间，每次当腾落线的 21 日变动率指标接近或者跌落至 -10000 以下时，股票市场至少会发生一次中级上涨行情，并且是立即就会展开上涨行情。当然，这个指标也并不是百发百中，但是一般而言，每当投资机会出现时，它总能及时捕捉到买进信号。

市场广度指标的牛市形态

1997 年—2000 年：市场广度指标过渡期

图 6-5 展示了在市场广度指标对标准普尔 500 指数的走势进行确认之后，腾落线指标及其 21 日变动率摆动指标的表现。这种市场内部指标和外部指标之间的和谐共赢关系，表明了市场行情的积极发展和牛市的来临。

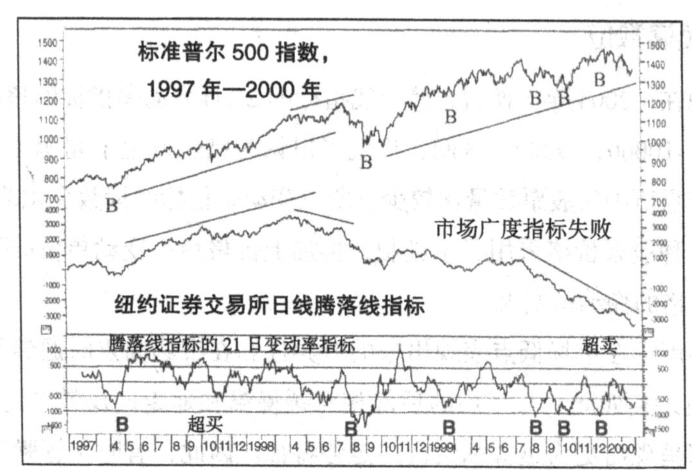

图 6-5　市场广度指标从牛市到熊市的过渡期：1997 年—2000 年

纽约证券交易所腾落线指标在 1997 年到 1998 年初这段时期，与标准普尔 500 指数的走势亦步亦趋，而此时牛市的市场广度指标已经在强势完结区域运行。而在 2000 年早期，该指标要比标准普尔 500 指数的走势弱很多。这就给出了大熊市即将到来的强烈信号。

图 6-5 展示了一个典型的市场反转走势。图中，市场走势在经历了是市场广度指标同步上扬的牛市行情之后，广度指标开始先于指数下跌。这往往是牛市完结的常见现象。

在 1997 年开始时，市场展开了一轮中级下跌行情，结束于市场腾落线指标的 21 日变动率指标跌至 -10000（并不一定非要下跌至 -10000）之时，这是一个超卖区域，也是建议买进的区域。指标显示，当时进场时机完全正确，后来指数也确实展开了稳步上涨行情，并且一直持续到 1998 年年初。我们可能还应该特别注意在 1997 年到 1998 年初的上涨行情中，21 日变动率指标的走势情况。此段时间内，变动率指标大部分都是正值，这常常预示着有利的市场行情的展开。

简而言之，当市场广度指标对市场的指数走势作出了确认，那么市场与投资者就能和睦相处了。

主基调的改变

市场广度指标和价格运动的一致性一直持续到 1998 年的春天。在接下来的走势中，标准普尔 500 指数稍微下挫，可是纽约证券交易所的腾落线指标却急剧下跌。我已经在图中标明这段时期，此时牛市即将结束的趋势显现出来。接下来，虽然标准普尔 500 指数出现了反弹走势，并创下了新高，但是这一走势并没有得到市场广度指标的有效确认。这种“背离”也预示着 1998 年夏天市场广度指标和标准普尔 500 指数的同步下跌。

随之而来的重要广度背离

标准普尔 500 指数在 1998 年的夏天形成了一个底部，正如你在图 6-5 中通过腾落线指标的 21 日变动率看到的那样。一开始，市场内部（动量指标）和外部（大指数）一起开始从底部飙升。接着，腾落线指标的 21 日变动率也达到了明显的超买区间，而这仅仅意味着市场正处于强势上涨之中。

然而，市场广度指标的读数显然跟不上市场指数——比如标准普尔 500 指数和纽约证券交易所综合指数——的脚步，这两个指数都在牛市的狂热投机气氛中一路上涨。从图 6-5 中可以明显地看出当时市场形成的严重顶背离走势。具体走势如下，在 1999 年到 2000 年间，腾落线指标是一路下挫的，即便是在标准普尔 500 指数创出新高时，也是如此（你可能已经注意到：在绝大多数时间内，变动率指标都处于 0 轴下方。等到读数到达 -10000 的超卖区间后，广度指标反弹持续时间也都很短）。这些背离使得 2000 年开始的大熊市，显得“显而易见”。

最后一句中用到的“显而易见”这个词，我是特意为之的。图 6-5 中市场广度指标的走弱表明，对于大多数股票来说，熊市并不是从 2000 年开始的，而是早在 1998 年就已经展开了。

以上事实说明，如果市场指数的上涨缺乏相对应的广度指标的支持，那么股票价格的下跌也就为期不远了。

反之，如果在市场指数开始下跌时，类似于腾落线和新高股票数量这样的指标却创出新高，或者并不随之走弱，那么下跌行情的持续性就得不到确认，从而市场展开进一步下跌的可能性就不大。事实上，值得期待的阳光灿烂的日子就在眼前。

通过查找市场动能读数中的负极值，可以提供高度可信的市场低点。我强烈推荐使用腾落线指标的 21 日变动率指标，以读数在 -10000 附近时为标准。这一数值是 2004 年初，纽约证券交易所上市股票数量（大约 3500 只）的 3 倍。如果使用周线创新低与新高的股票数量，建议下限值可以是 900 至 1000（创新低的股票数量）。即当周创新低的股票数量达到 900 至 1000 只时，市场很可能已经开始积蓄力量准备反弹，随之而来的很可能就是明显的上涨行情。

更灵敏的腾落线变动率指标

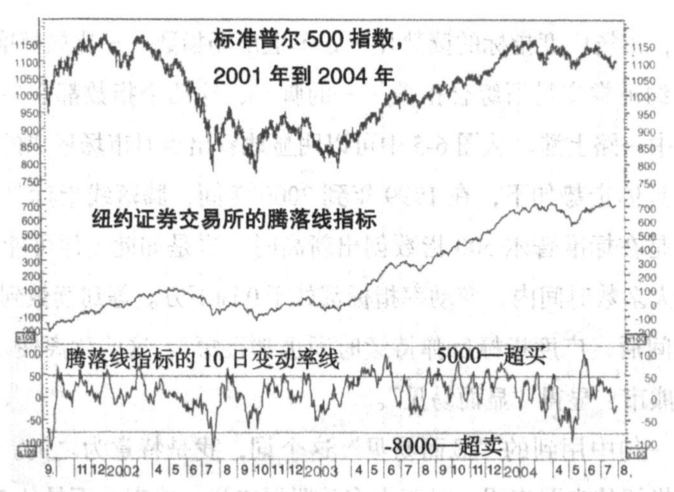

图 6-6　标准普尔 500 指数腾落线指标和 10 日变动率指标，2002 年—2004 年

该图展示了标准普尔 500 指数和纽约证券交易所腾落线指标的 10 日变动率指标。10 日变动率指标看起来比 21 日变动率指标更敏感，方向的改变更频繁，更容易展现出市场的短期趋势。

10日变动率指标

尽管腾落线指标的21日变动率指标能够很好地体现市场动能的大的变化趋势，但是10日变动率指标也有它的优势。

正如你在图6-6中所看到的那样，10日变动率指标的波动范围要小于21日变动率指标。当然，尽管在某些时间点，10日变动率指标也会达到+/-10000的水平，但是在大多数情况下，它都在+5000（超买）到-8000（超卖）的区间内徘徊。

10日变动率指标与腾落线指标走势的背离，通常预示着市场广度指标即将面临短期或中期的调整。例如，如果腾落线指标创出新高，但是却并未得到10日变动率指标的确认，那么投资者就应该保持谨慎，因为市场很有可能即将步入调整，这个调整可以是短期的也可以是中期的。

纵观美国股票的历史走势，股票市场存在着非常明显的时间跨度为6~7周的周期。这种周而复始的循环型的周期，完全可以用腾落线10日变动率指标来追踪。从每个周期的最低点开始，市场一般会经历15~20个交易日的上涨。因此，当纽约证券交易所的腾落线10日变动率指标连续上涨3周或更多时，投资者就应该警觉，因为市场短期极可能会出现变化。

指数移动平均线指标

你已经看到了使用市场广度指标来确认市场周期，以及设定具体的参数来寻找适宜持股操作的市场环境的方法。新高和新低的数据正是为此目的而设定的。

另一个操作模型来源于与之相似的理念：当积极的市场广度动能达到一定程度时，多头市场行情将会进一步展开。但是该模式采用的是腾落线指标，而不是新高/低股票数量的数据。很明显，两种市场广度的测量方法之间一定存在着某种关联。或者可以这样讲，有些时候二者发出的信号会出现重复。但是毫无疑问的是，两者发出信号的频率和时机，在时间框架上可能不尽相同。两者各有所长。协同效应的原理告诉我们，在交易实践中最好两者都采用。

指数移动均线

周线脉冲持续信号是以周线级别的腾落线指标数据为基础研发的，投资者可以用它来计算指数移动均线指标一值（我们至此尚未讨论过这一定义），同时，将来在计算平滑异同移动平均线（Moving Average Convergence and Divergence，MACD）指标的时候，我们也会再次用到它。

从它们的效果来看，指数移动均线和向前加权移动均线（Front-Weighted Moving Averages）很类似。即它们都通过对不同时期的数据，给予不同的权重来计算最终结果，一般来说，近期的数据比早期的数据对最终的平均结果影响更大些。而普通移动均线的优势在于，其计算方法更加简单。

指数移动均值的平滑常数

指数移动均值使用平滑常数（Smoothing Constant），其计算方法是，将你要平均的数据个数加上 1，再用 2 除以这一数值，就会得到最终结果。

例如，如果你想计算 10 日的指数平均值的平滑常数，那么你应该把 10（要平均的数据个数）加上 1，得到 11。然后用 2 除以 11（2 ÷ 11），就得到了平滑常数。这个常数一般用小数来表示。在本例中该值是 0.1818。为计算方便，一般我们保留两位小数，即 0.18。

如果要计算 19 日指数平均值的平滑常数，你应该用 2 除以 19 加上 1，也就是 20，得到 0.10，这就是 19 日指数平均值的平滑常数。如果想计算 39 天指数平均值，你可以用 2 除以（39+1），也就是 40，得到平滑常数 0.05（2 ÷ 40）。

以下是指数移动平均值的计算公式：

新的指数均值＝平滑常数 ×（当天的数据 – 前一天的指数均值）+ 前一天的指数均值

例 1 计算下列腾落线指标的 10 日指数平均值：前一天的指数平均值为

+200，平滑常数为 0.18。当天有 800 只股票上涨，500 只股票下跌，那么新的指数平均值计算如下：

新的指数平均值＝ 0.18×（300 – 200）+200

=0.18×100+200

=218

式中的 300 是当天上涨股票数与下跌数的差额（800–500），200 是前一天的指数平均值，0.18 是平滑常数。

例 2 假设前一天的指数平均值为 +150，今天有 600 只股票上涨，850 只股票下跌，那么新的指数平均值是多少呢？

新的指数平均值＝ 0.18×[（600–850）–150]+150

=0.18×（–250–150）+150

=0.18×（–400）+150

=78

正如你所看到的那样，在指数平均值的计算过程中经常会出现负值。所以，你必须要熟知负数的计算法则。

例 3 纽约证券交易所的腾落线指标（反映上涨股票数和下跌股票数的累积差额）昨日收于 +60000，今天有 900 只股票上涨，600 只股票下跌。昨天的指数平均值为 +59500。那么，新的腾落线指标的 39 日指数平均值（对应的平滑系数为 0.05）是多少呢？

步骤一：计算新的腾落线指标值。把今天的净差额 +300（上涨的股票数 900– 下跌的股票数 600）与前一天的腾落线指标值（60000）相加，我们就得到了新的腾落线指标值：+60300。

步骤二：计算腾落线指标的 39 日指数平均值。

新的指数平均值＝ 0.05×（60300–59500）+59500

＝ 0.05×800+59500

＝ 40+59500

＝ 59540

指数平均值的稳定化处理

在开始你的计算之前，有必要先选取一个初始值。

对于大多数指数平均值的计算而言，有两种相对比较容易的选出初值的方法。第一种方法就是，你可以使用第一天的价格或者市场广度指标值作为初始值。也就是说，如果标准普尔 500 指数在你所要计算的时间区间的第一天，收盘点位为 1100，那么你就可以简单地使用 1100 作为指数平均值的初始值。如果你在计算的是 10 日（也就是 0.18 平滑常数）指数平均值，那么你应该至少准备 10 天的数据来使之稳定化，并且趋于精确。相比之下，20 日的稳定化处理，也就是指数平均值时间区间的 2 倍，可能会更好些。一个 0.05（39 天）指数平均值应该在不小于 39 天的时间周期进行稳定化处理，可能 78 天，也就是两倍的时间周期长度会更好些。

第二种方法是一种更为可取的方法。你需要将要计算的指数平均值跨度为几天，就取几天的数据进行简单的移动平均，并将计算得出的数据作为指数平均值的初始值。例如，假如你要计算 10 日指数平均值，那么只要使用最近 10 天数据的简单移动平均值作为初始值即可。

现在很多计算机中的技术分析软件都可以很快地计算出指数平均值，但是前提是你的数据库里要有足够的数据。

指数移动均值的特殊属性

指数移动均值具备一些简单移动均值或向前加权移动均值所不具备的特殊属性，它们是：

- 当最近的价格或者其他指标自下而上突破指数移动均线（或自上而下跌穿指数移动均线）时，指数移动均线就会很快转头向上（或者转头向下）。这是其他移动均线所不具备的特征。
- 就算是最短期的指数移动均线，其计算方法也涉及了所有的历史数据。因此，你计算的指数移动均值的准确性，还要依赖于你选择开始计算的时间节点，但是一般而言影响也不大。

- 指数移动均值相对比较容易计算。你需要知道的只是前一天的指数移动均值和当日的收盘数据。

现在，让我们继续对基于周线脉冲持续信号的指数移动均值应用进行讲解。

周脉冲信号指标

我们已经探讨了一系列以市场动量和广度指标为数据的技术分析工具，这些工具中有些使用起来可能会稍显主观和随性，而另一些发出的信号就非常客观。基于图形形态识别和阐释的主观性指标在技术分析领域占据了非常重要的地位。但是也正是因为其主观性，所以在使用时必须要结合客观性指标和周期性指标进行确认。

与主观性指标相对应的是客观性指标，这些指标以数学运算（如周期性脉冲信号）为基础，具有一定的统计学理论依据。而且，从事后检验的角度来看，它们有着非常良好的使用效果。

基于周线级别的腾落线指标，其周脉冲信号是完全客观真实的，而且具有高度的精确性。更重要的是，得到它仅需每周花费几分钟时间计算即可。实际上，从 1970 年到 2003 年间，如果完全依据该指标进行投资，那么你只需花费不到 22% 的时间，即可获得标准普尔 500 指数 56.4% 的收益。

周脉冲信号指标的计算

如果你要计算周脉冲信号指标，那么下面列出的周数据是你必须要知道的。这些数据可以从《巴伦周刊》上得到，当然，你也可以从你知道的其他途径获取。

- **上市交易的股票总数**：这是为了使指标能够随着纽约证券交易所中一直保持上升股票交易数量的增长而做出调整。周脉冲信号指标的计算，需要交易所中可交易股票的总数（而不是上涨股票数和下跌股票数的差额）的百分比数。在2004年中期，每周大约有3500到3600只股票在纽约证券交易所里交易。

- **每周上涨和下跌的股票数量**：我们并不是将每天上涨、下跌的股票数量差额进行简单的汇总求和。对股票上涨和下跌趋势的判读，是通过将周收盘价和前一周的收盘价相比较而得来的。周腾落线指标的数据，通常比日线数据能更好地反映实际的市场广度状况，后者常常会出现底部偏差。

周脉冲信号指标的具体计算过程如下。

步骤一：收集每周在纽约证券交易所里交易的股票数量数据。

步骤二：收集纽约证券交易所里上涨和下跌的股票数量数据。

步骤三：用上涨的股票数量减去下跌的股票数量，算出本周的净上涨股票数据。例如，假设上涨的股票有1800只，下跌有1500只，那么周净上涨股票数量就是+300。

步骤四：用周净上涨股票数除以交易的总股票数，就能得到本周的净市场广度指标百分比数值。例如，某周上升的股票数量比下跌的多300只，又由于当时交易所一共有3500只股票在交易（包括临时停牌或平盘的股票），那么本周净广度指标的百分比数值就是+0.0857或+8.57%（净上涨股票数300÷交易的总股票数3500）。停牌或平盘股票的数量包括在总的股票数之中，但是并不在上涨的股票数减去下跌的股票数之中。

步骤五：计算6周的周净广度指标的百分比数值，用来获取6周指数平均值（即平滑常数为0.286）。

接下来我们用一个具体的例子来说明。

上周的周净广度百分比的6日指数平均值为25.7%。本周共有3526只股票在纽约证券交易所交易，其中1906只上涨，1533只下跌。那么新的周净广度百分比的6日指数平均值等于多少呢？（对应的平滑常数为0.286。）

周净上涨股票数量为+373（1906−1533）。

用+373除以交易的总股票数量（3526），这就得到了周净广度百分比值：+10.58%（373÷3526）。

这样，新的周净广度百分比的6日指数平均值

＝0.286×（10.58–25.7）+25.7

＝0.286×（–15.12）+25.7

＝–4.32+25.7

＝+21.38（约等于21.4）

下面我们再举一个例子：

表6-3是2003年4月和5月间的一系列周线数据。看看你能否理清各栏的统计量是如何计算出来的。

表6-3　周线数据（2004年4月—2004年5月）

日期	纳斯达克指数	交易股票总数	上涨	下跌	净值	0.286指数平均值
4/17	5006.32	3521	2701	744	55.58%	24.89%
4/25	5017.62	3536	2211	1227	27.83%	25.73%
5/02	5201.10	3533	2789	668	60.03%	35.53%
5/09	5242.84	3537	2443	1002	40.74%	37.02%

表6-3在0.286的指数平均值中，周线读数25.73，足够发出一个周线级别的脉冲买入信号。

请注意股票数量的数值并不等于上涨加上下跌股票的总数，其中也包含临时停牌或者平盘的股票。

与周脉冲信号相关的买进和卖出信号

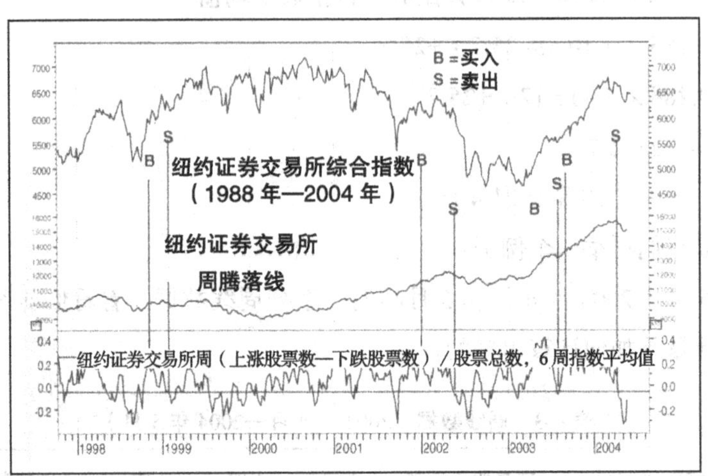

图 6-7 纽约证券交易所指数：纽约证券交易所股票的周腾落线指标和周脉冲信号（1998 年—2004 年）

本图展示了纽约证券交易所在 1998 年到 2004 年间的周脉冲信号。其中在 2003 年间发生的信号事后被证明是极具获利价值的。

只有两种信号和周脉冲信号有关：一种是买进信号，另一种是卖出信号。

当以 0.286 为平滑常数的周指数平均值的百分比升至 25% 及其以上时，买进。从表 6-3 中的具体数据来看，买进信号在 2003 年的 4 月 25 日那一周发出。

当以 0.286 为平滑常数的周指数平均值的百分比跌至 -5% 以下时，卖出（请注意，这并不是做空信号。本例中周脉冲指标显示应退出股票市场，持有现金为宜）。

买进信号在 2003 年的 4 月 25 日发出，当时纳斯达克综合指数收盘在 5017.62 点，该信号直至 2003 年 8 月 1 日被取消，当时以 0.286 为平滑常数的净周指数平均值的百分比跌至 -7.26%。纽约证券交易所指数在接下来的周一收盘在 5505.73 点，所以本次迈进的收益为 +9.73%（收益和亏损的计算都是以周为基础，且都是依据第二周第一天的收盘价为准）。

周广度脉冲信号的一般概念

正如你所猜测的那样，周广度脉冲信号是以市场上涨初期最强劲的起始脉冲——迅速扩展到超买状态，或者动量指标读数持续上涨——会引发市场进一步上涨，而非反转下跌的原则为基础的。

在下面这个特殊的例子中，我们将使用不经常出现的周广度动量指标读数的最高值来判定。一旦该值达到最高，往往意味着市场极有可能会进一步上涨。接下来，我们不会进一步解释这一抽象的概念，而是仔细观察周脉冲信号的历史数据的具体表现。

表 6-4　周脉冲信号（1970 年—2003 年）

信号日	纽交所指数	信号消失	纽交所指数	受益或亏损
09/08/1970	45.27	102670	45.40	+ .29%
12/07/1970	48.94	051071	56.38	+15.20%
01/10/1972	57.17	032772	59.73	+4.48%
10/01/1973	58.42	110573	56.71	-2.93%
01/13/1975	38.44	040775	42.69	+11.06%
01/12/1976	50.99	041276	53.33	+4.59%
12/13/1976	56.35	022877	54.23	-3.76%
08/07/1978	58.20	092578	57.38	-1.41%
08/20/1979	62.02	100179	61.84	-0.29%
05/19/1980	61.39	102780	73.82	+20.25%
08/30/1982	67.50	071183	97.44	+44.36%
01/21/1985	101.12	081285	108.67	+7.47%
11/18/1985	114.55	062386	140.71	+22.84%
02/09/1987	158.83	041387	162.14	+2.08%
03/07/1988	150.53	041888	146.77	-2.50%

（续表）

信号日	纽交所指数	信号消失	纽交所指数	受益或亏损
02/04/1991	190.28	062491	203.50	+6.95%
01/06/1992	229.85	033092	222.99	-2.98%
02/08/1993	247.07	110893	254.72	+3.10%
06/09/1997	450.17	110397	492.63	+9.43%
11/09/1998	559.14	012599	586.06	+4.81%
01/07/2002	593.15	052002	580.22	-2.18%
04/28/2003	485.65	080403	521.56	+7.39%
09/08/2003	546.67	120803	568.17	+3.93%

总结：周脉冲信号（1970 年—2003 年）

交易次数	23
获利交易次数	16（69.9%）
获利点数	243.77
亏损点数	28.38
损益比	每亏损 1 个点盈利 8.59 个点
每次交易平均收益百分比	+6.62%
年化收益率	+4.1%
投资时收益百分比	20.3%
年度投资时间比率	21.9%
最大回撤幅度	5.4%
对纽交所指数从 1970 到 2003 年采取买进并持有策略的收益	年化 7.34%

周脉冲信号能捕获 56.4% 的股票市场上涨行情，同时仅用 22% 的投资时间进行交易，而且最大亏损要远比股票市场低得多。

最终结论

很明显，周脉冲信号并不是一个孤立的择时交易模型，只有非常保守的，更愿意仅在获利概率非常高的时候才愿意投资股票市场的投资者（实际上，对于大多数投资者而言，这个主意并不是最差的）才可能会单独使用它。

这一模型确实会错过市场中的大多数上涨行情，但是它一旦发出信号，就很少引发亏损。如果一年都不会发出一次交易信号，这一模型还值得坚守吗？每个交易者必须给出自己的决定，但是我的同事和我仍愿意采用它。实际上，我们每周都在跟踪并计算出周脉冲信号。因为有时候可能会想要回顾某一时间区间的周脉冲信号，所以我们都按照交易顺序依次列出清单。其中大约有三分之一的买进信号都在牛市的开始，或者重大中极上涨行情的起点发出。这无疑为股票市场行情的展开提供了重要线索。尽管其他一些交易信号看起来意义不大，但是毋庸置疑，其中一些仍然有利可图。即使该系统发出过导致亏损的交易信号，所引发的亏损也是有限的。总之，周脉冲信号是一个绝佳的交易获利工具，它不仅能够预测到大幅上涨行情，而且与此同时，你还能用它对其他择时交易工具发出的信号进行比对和确认。

日线广度脉冲信号

尽管周脉冲信号如此的强大，但是仍有另一个能够在交易时为投资者赚取更高收益率的广度脉冲信号工具。这是我曾见过的，在成功率上能够与其他任何择时交易模型相媲美的择时交易模型。

倘若一个择时交易模型能够在长达 34 年的时间跨度内，产生 41.6% 的年化收益率，能够让总交易次数的 84% 都保持获利（以纽约证券交易所综合指数为基础），能够确保投资者获得在纽约证券交易所使用买进并持有策略所产生的总收益的 39%，而仅使用其 7.4% 的时间，这样的交易模型你感兴趣吗？这就是日线级别的广度脉冲信号的历史数据表现，虽然信号的产生并不是非常频繁（信号出现的平均频率要小于一年一次），但是当它发出时，就一定是绝佳的获利机会（在本书的后半部分我将为你展示如何将日线广度脉冲信号的基本版本，即相当短的时间框架版本，转化为适用于更长持股周期，并产生更高收益的中长周期版本）。

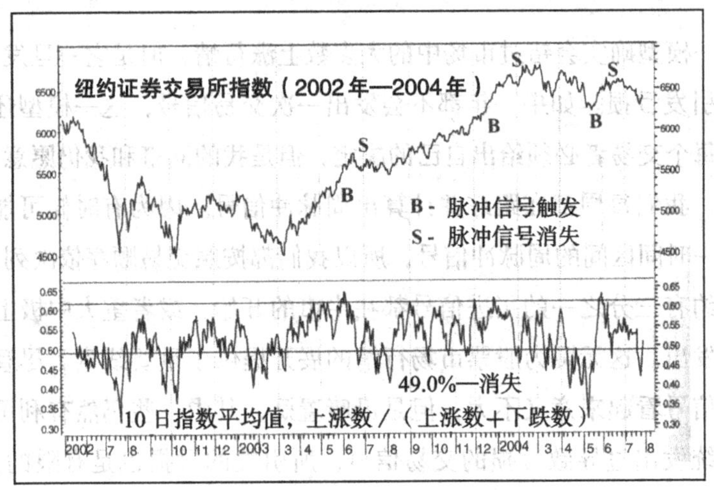

图 6-8　日线级别的广度脉冲信号

当日线级别的广度脉冲信号上涨至或者高于61.5%时，就会发出买进信号；这种信号在指标值跌至49%以下时消失。信号发生的频率极低，但是从历史数据看，成功率极高。

日线广度脉冲信号的构建与使用

日线广度脉冲信号是以与周脉冲信号相类似的概念为基础而设立的，股票市场动量的概念是这样表述的：具备强劲初始动能的股票市场会比只具有普通初始动能的股票市场上涨得更高。该信号通常利用日线级别的市场广度的指数平均值来测量市场广度脉冲。以脉冲的能力来对市场走势具体定义，非比寻常的高水平脉冲意味着市场有着远高于平均的市场广度，这意味着市场会进一步上涨，而不是结束。

日线广度脉冲信号并不能单独作为择时交易模型来对市场趋势作出判定。但它的确能（虽然频率很低）识别出高于平均水平的上涨趋势，至少能使投资者获取短期的投资收益。买进信号消失并不预示着市场即将下跌，而是强大的市场广度为股市带来的积极影响正在得到优化。

这些具体的构建和操作规则如下。

确保每天都能够获取纽约证券交易所中上涨的股票数量和下跌的股票数量；

将每天上涨的股票数量除以上涨股票的数量与下跌股票的数量之和，求得一个比率值；

用第 2 步求得的比率，计算每天的 10 日指数平均值。10 日指数平均值的平滑常数是 0.1818，也就是 2 ÷ 11（需要平均的天数 +1）；

当 10 日指数平均值的日比率值上升到 0.615 或更高之时，买进；

买进信号直至 10 日指数平均值的日比率跌至 0.490 或更低时，才会消失。此时交易模型回归至常态。日线广度脉冲信号并不会发出卖出信号。

现在我们来看一个具体例子的表单。

表 6-5　日广度脉冲信号

第几天	上涨股票数量	总下跌股票数量	上涨＋下跌股票数量	日比率上涨 /（上涨＋下跌）股票数量	10 日指数平均值
1	1500	1400	2900	0.517*	0.517**
2	1800	1100	2900	0.621	0.536***
3	2500	425	2925	0.855	0.594
4	2200	650	2850	0.772	0.626****

*1500 只上涨 ÷（1500 只上涨＋ 1400 只下跌）= 0.517

**0.517 为初始值，被用作第一个指数平均值。

***0.1818（0.6721-0.517）+0.517=0.1818（0.1040）+0.517

=0.189+0.517

=0.536

**** 上涨 ÷（上涨＋下跌）的 10 日比率上升至 0.615 之上时，广度脉冲才会发出买进的信号。

日广度脉冲信号的历史表现

下面的历史数据表格源自回退测试的假设，时间回溯到 1970 年的 12 月，涵盖了股票市场超过 33 年的市场数据。正如你所看到的那样，该信号在数十年间的表现一如既往得稳定和可信赖，其中仅有一年（1974 年）亏损。

表 6-6　日线广度脉冲信号（1970 年—2004 年）

买进	纽约证券交易所指数	信号消失日	纽约证券交易所指数	变化百分比（%）
12/29/1970	530	02/19/1971	562	+6.0
12/03/1971	565	01/24/1972	600	+6.2
09/21/1973	610	10/16/1973	629	+3.1
01/03/1974	562	01/10/1974	523	-6.9
10/10/1974	388	10/24/1974	392	+1.0
01/03/1975	394	02/25/1975	445	+12.9
01/02/1976	507	02/27/1976	564	+11.2
12/09/1976	594	01/12/1977	591	-0.5
11/10/1977	549	12/06/1977	542	-1.3
04/17/1978	557	05/23/1978	580	+4.1
08/02/1978	611	08/29/1978	617	+1.0
01/05/1979	585	01/31/1979	592	+1.2
08/20/1982	683	09/29/1982	737	+7.9
10/08/1982	793	11/16/1982	827	+4.3
08/02/1984	936	09/04/1984	1013	+8.2
01/14/1985	1040	02/21/1985	1105	+6.3
05/20/1985	1160	06/12/1985	1151	-0.8
11/11/1985	1203	12/24/1985	1260	+4.7
02/21/1986	1368	04/03/1986	1421	+3.9
01/12/1987	1578	02/23/1987	1703	+7.9
01/30/1991	1966	03/15/1991	2157	+9.7
12/27/1991	2365	01/21/1992	2391	+1.1
05/05/1997	4561	07/21/1997	5017	+10.0
05/30/2003	5435	06/23/2003	5549	+2.1
12/30/2003	6444	01/29/2004	6556	+1.7
05/25/2004	6429	06/14/2004	6465	+0.6

请注意纽约证券交易所指数已经被向后调整过，以便更好地反映综合指数的变化，以及2003年末市场指数发生的具体数值上的变化。

从1970年12月到2004年5月一共出现了26个交易信号。其中22个（占总数的84.6%）信号都是获利信号，仅有4个（占总数的15.4%）信号未能获利。

每次可获利信号的平均收益率为5.24%。每次亏损交易的平均亏损为2.37%。可获利交易的总收益为115.28%，而亏损交易的总亏损仅为9.5%。总之，获利：亏损比率高达12.13∶1。

从1970年12月到2004年6月14日为止，信号有效的时间仅占总时间的7.6%，但是却获取了40.3%的投资回报。本模型单独产生的获利收益为平均每年3.07%，也就是接近同期纽约证券交易所指数的年化收益率（+7.8%）的39.4%。潜在的利息现金收入并没有被计算在内。

用日线广度脉冲信号交易纳斯达克综合指数

这里我就不再事无巨细地列举将该指标运用到纳斯达克综合指数进行交易的具体情况，但是，单就该指标在1971年12月3日到2004年6月14日期间的精彩表现就足以说明问题。正如前文所提到的那样，这里的信号采用的也是基于纽约证券交易所中，上涨和下跌的股票数量比率来确定的。因此信号发出的时间和纽约证券交易所综合指数的表现完全一样（纳斯达克综合指数从1971年2月5日才诞生，所以该部分数据不在上述的表格中出现）。

1971年12月3日至2004年5月期间，共出现了25次买入信号，最后一次信号一直持续到了2004年6月。其中92%的信号都是获利信号，仅有8%的信号未能获利。

在过去的30多年内，可获利交易的每次平均收益率为+7.76%；每年的年化收益率为+5.04%，而每次亏损交易的亏损比例仅为2.28%。与总获利 178.52% 相比，交易的总亏损仅为 4.57%。总收益 / 总亏损比率高达 39.8:1，即每损失 1% 可获得的收益接近 40%。

单独凭借这种交易模式，投资者一年中只需花费 7.19% 的时间用于交易，就能获得使用买进并持有投资策略收益（9.1%）的 55.4%。在此期间，该交易模式的年化收益率更是高达 70.15%。计算中并未考虑股票分红和潜在的利息现金收入。

本章小结

尽管我和我的同事多年来一直使用日线广度脉冲信号来指导交易，但是前文中给出的计算数据都只是事后检验性质的。换言之，这意味着如果你将来采用与我们相同的投资策略，并不一定会产生类似的收益。然而事实表明，从 1985 年 6 月直至本书写作结束时——2004 年 9 月，日线广度脉冲信号尚未有过失败的记录。

在这个既冗长又复杂的章节中，我们介绍了一种全新的移动平均线的计算方法，有关市场广度的一些重要概念，以及分析外部和内部股市状态的几种常用的市场择时交易工具。

在接下来的章节中，我们的讨论将会尽量简洁和简单，着重探讨几个市场的辅助性指标。这些技术分析指标提供了关于如何确认买进支撑区和卖出阻力区之间关系的深刻洞见，同时它们和其他市场指标一样，都能正确地反映市场情绪。

第七章 成交量极值和波动率指数：捕捉市场顶部和底部的买卖时机

在前面的章节中，我们已经学习了使用时间和周期相关性来预测股市反转时机的方法。除此之外，我们还讨论了许多市场广度指标。这些指标告诉我们如何在上涨的市场中发现进场和离场的时机，以及可能的市场下跌结束时间点。在本章中，我们将探讨一系列能够反映市场买进支撑位、卖出压力位以及股票市场情绪主基调的三件套指标。这些指标也能够提供事关市场主要趋势的和关键的买进和卖出信号。

本章中所涉及的概念并不复杂，涉及的技术指标也很简单。我们的讨论从股票市场价格运动的某些特定特征开始，之后转到与之相关联的、具体的择时技术分析方法的构建和阐释。

市场顶部和底部的买卖时机

一般情况下，股票市场在其 75% 的时间内都是上涨的，下跌的时间仅占 25%（从 1953 年到 2003 年间，标准普尔 500 指数在 50 年中有 38 年都是上涨的）。但是，股票市场的下跌幅度却往往是上涨幅度的两倍，因此在过去十年间股票市场的风险，如果我们仅用上涨时间和下跌时间的长度比例来衡量的话，就会极大地低估风险。

股票市场的重大上涨行情，往往在一开始就呈现出极强的能量爆发和飙涨。当然，随着市场的进一步上涨，上涨动量会逐渐减少直至消失，此时牛市就会完结。与之相对应的绝大多数熊市（并非所有的）也有其自身的秩序：这些环节必须逐一完成，指数从上涨变成滞涨，然后逐渐走平并开始下跌，最后进入加速下跌，此时越来越多的板块和行业个股都被卷入到恐慌的下跌气氛之中。

随着熊市的展开，投资者的初始投资理念也在发生着改变。价格长期持续地上涨，倾向于把投资者训练得非常乐观，他们会认为股价会一直涨下去，永不停歇。共同基金、证券公司以及许多市场分析师都会频频鼓吹，不停地告诫你要“坚持到底”“相信美国”，或者让你把市场的短暂下跌说成是“便宜买进头寸的大好时机”，因为市场会永久繁荣下去。

可是，仿佛一夜之间悲观情绪开始出现——一开始只是慢慢地漫延，接着随着价格的继续下跌，这种情绪开始进一步扩大并增强。如果说牛市时的投资者会认为价格将永远上涨，那么在熊市中，尤其伴随着日益增多的关于市场的悲观报道，这种情绪的强化会使得投资者走向另外一个极端，认为价格会继续下跌并永不停歇（有趣的是，与熊市相关的大部分文章和书籍都是在熊市底部附近出版发行的，而这本身就是一个极好的情绪指标）。

在大多数熊市中，即使市场已经逼近最终的底部之时，汹涌的抛盘仍会不断地涌现。随着投资者对市场的情绪由踌躇满志变得心惊胆战，直至最后恐惧投降时，价格的下跌开始变得毫无规律，并且下跌的振幅也开始加大。这一切都会随着一个叫作“恐慌性抛售”（selling climax）狂潮的来临而终结。此时的市场特征是，多头已经变成惊弓之鸟，惶惶不可终日，稍有风吹草动就会抛售出局，不计成本。而此时，聪明的投资者和交易者们开始悄悄进场，捡起散落一地的筹码。

我们的目标就是，准确地识别出熊市的最后阶段，或者恐慌性抛售期，并且在公众意识到最坏的时期已经过去，且新的牛市即将开始之前，就开始累积自己的投资头寸。但是这种识别并不是一蹴而就的，它是一个过程，我们观察到的机遇会有延迟。而且只有在累积了足够的证据，印证了市场会从下跌转换到大牛市，或者至少是中级牛市之后，我们才会行动。

交易者指数（TRIN）：一种多用途的市场情绪指标

交易者指数（TRIN），也被称作短期交易指数（Short-Term Trading

Index）或阿姆斯指数（Arms Index）——以它的发明者、小理查德 •W. 阿姆斯（Richard W. Arms Jr.）命名。该指数由它的发明者本人于 1967 年在《巴伦周刊》上首次提出。关于该指标的进一步的详细讨论，读者可以参照小理查德 • W. 阿姆斯于 1989 年写的《阿姆斯指数：成交量分析概论》（*An Introduction to Volume Analysis*）。

交易者指数是一个非常流行的技术指标，许多交易者都使用它来监控股票市场中吸筹（买进）和派发（卖出）的压力变化。而且它无论在短期（比如日内交易）还是长期市场中，都可以被用做判定买进支撑位和卖出压力位的工具。以我自身的经验来看，我还没有觉得交易者指数指标非常精确，倒是它用图形反映市场的方式让我着迷，而且相当有效。尤其是当市场处于极端悲观的情绪时，它能够提供绝佳的买进时机。在绝大多数情况下，交易者情绪指标在发现市场底部方面的作用，要优于其在发现市场顶部方面的作用。但是这本身也并没有什么非比寻常之处，因为股票市场的底部通常比顶部容易判定。

计算交易者指数所需的数据

交易者指数需要以下四个方面的数据：

- 纽约证券交易所当天上涨的股票数量；
- 纽约证券交易所当天下跌的股票数量；
- 上涨股票的总成交量（上涨成交量）；
- 下跌股票的总成交量（下跌成交量）。

当然我们也可以使用其他指数来计算交易者指数。例如，我们可以使用纳斯达克综合指数的相关数据来计算纳斯达克指数的交易者指数，投资者也可以基于以纽约证券交易所指数为基础的日内数据来在交易日正午休市时计算交易者指数。日内交易者情绪指数读数在绝大多数交易报价机上都可获取。

计算交易者指数

下面是交易者指数的计算公式：

（上涨的股票数量 / 下跌的股票数量）÷（上涨成交量 / 下跌成交量）

让我们假设今天收盘时，纽约证券交易所共有 2000 只股票上涨，1000 只股票下跌。同时，上涨成交量是 8 亿股，下跌成交量是 4 亿股，那么收盘时的交易者指数是多少？

（上涨的股票数量 2000/ 下跌的股票数量 1000）÷（上涨成交量 8/ 下跌成交量 4）=（2000/1000）÷（8/4）=1.00

正如你所看到的那样，上式中上涨的股票数量是下跌股票数量的两倍，而且上涨成交量也是下跌成交量的两倍。本例中的交易者指数显示，上涨和下跌的股票数量比率，与上涨和下跌成交量之间的比率相同，即交易者指数的值为 1。这表明市场处于正常健康的状态，即中性状态。

如果上涨和下跌成交量都是 4 亿股（而不是上涨成交量 8 亿股），同时上涨和下跌股票数量仍保持不变，其结果又会如何呢？市场广度指标的读数不会发生变化，但是成交量的比率发生了变化。

本例中，你用 2000 除以 1000，再除以 400 除以 400 的值，也就是 2.00/1.00，得到的交易者指数值为 2.00。这样的读数暗示着，上涨股票的数量与买进的成交量之间不大匹配，而如果用成交量或筹码收集理论来看的话，这通常被认为是熊市的特征。但是这也可以被看作是牛市的特征，因为如果交易者指数值非常高，这通常意味着有相当多的投资者情绪悲观，甚至是恐慌（这两个判断有时会让人摸不着头脑）。

现在我们再假设有 2000 只股票上涨，1000 只股票下跌，12 亿的上涨成交量和 4 亿的下跌成交量。此时交易者指数的值又会是多少呢？

你应该用 2000/1000 除以 12/4，也就是 2/3，交易者指数读数约为 0.67。这一读数低于 1.00，这表明相对于下跌的股票而言，上涨的股票得到了巨幅成交量的支持——这就是极好的收集筹码的证据。

解读交易者指数

对于日内交易而言，日内交易者指数的读数常常会为投资者提供早期日内市场反转的预警。这是因为交易者指数常常会在股价走势方向的改变之前就发生改变。此外，交易者指数和市场指数之间出现的底背离或者顶背离，对于日内交易者来说具有特别重要的意义。

例如，假设市场在早盘刚开始不久就走弱，道琼斯指数下跌了 75 点，下跌的股票数量比上涨的多 500 只，此时的交易者指数为 1.30。这就表明，早盘卖压沉重——1.00 为中性市场。接着股市出现轻微的反弹，接着下午一开盘，道琼斯工业指数又下跌了 75 点，下跌的股票数量仍然保持比上涨的多出 500 只的水平。然而此时的交易者指数已经从 1.30 变为 1.00，甚至是 0.90。这是市场即将反弹的信号。随后在接下来的时间内，市场在强大买盘的推动下，终于突破了卖盘的压力。看来这个交易日有望尾盘走强。交易者指数确实能够在市场发生反转之前提供交易机会。

然而，与之相反的情况也十分常见：股市开盘的走势十分强劲，交易者指数读数非常低，比如 0.65，甚至 0.55。一般情况下我们会认为交易者指数读数低于 0.70 的情况是很难维持很久的。低于 0.50 则意味着当天存在着“爆买”（buying panic）行为，这种情形更加难以持续。最理想的状态就是，市场在广度指标很大之时，伴随着股价的强劲上涨和持续优于中性的交易者指数。在强势市场中，交易者指数一般会处于 0.79 到 0.85 之间。

日内或者周交易者一般使用当日价格和成交量信息计算交易者指数。

在股票市场适宜操作的时期，各个市场指数的价格形态、市场广度读数以及成交量都走势良好。吸筹形态往往通过持续保持相对较低的交易者指数读数来实现，具体是 10 日移动平均值介于 0.80 和 0.90 之间。在这种环境下，交易者指数会对市场广度以及价格趋势给予确认。

市场反转的早期警告信号有以下两种：（1）随着价格的上涨，交易者指数却在走弱；（2）股票价格和交易者指数之间出现顶背离（请记住，对于交易者指数而言，读数越低表明净买进的吸筹强度越大）。当然，也有很多技术分析师认为，如果交易者指数的 10 日或者更长期的移动均值长期徘徊在 0.85 以下，这就表明牛市有些走过头了，危险往往会不期而至。这一判定听起来似乎很有道理，但是明显缺乏事实依据。持续低水平的交易者指数读数在判定市场力度方面，确实比不断增加的交易者指数更有意义。至少我是这样认为的。

作为发现底部工具的交易者指数

当然，交易者指数不仅能而且也确实提供了判定市场悲观情绪过度的信号，以及在交易者指数读数太高，显示出投资者恐慌时，提供市场即将上涨的信号。

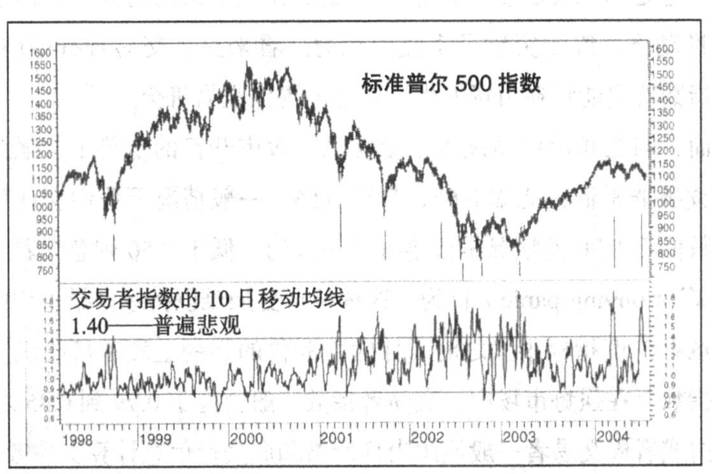

图 7-1　标准普尔 500 指数及交易者指数的 10 日移动平均线指标，1998 年—2004 年

当交易者指数的 10 日移动平均线值上涨到可以预示交易者恐慌的特定水平时，股票市场常常会准备开启一轮中级，甚至很有可能是高级别的上涨。此外，随着近些年交易者指数波动率的增加，指标的通用参数也发生了改变。从前，该指标值高于 1.35 就已经非常罕见了，但是近些年该指标值已经突破了 1.70 的水平。也就是说，现在的 1.35 值已经变得十分常见了（不足以给出预判）。

图 7-1 展示的是交易者指数的 10 日移动平均线，阐释了这一概念。你可以观察到，在 2000 年到 2002 年熊市期间，以及在 1998 年的市场低点（图

形最左侧一开始）时，交易者指数的峰值状态。

与许多其他市场指标一样，这些年来随着市场成交量的不断增长，以及市场振幅的日渐增大，交易者指数读数也变得越来越极端。在过去的数十年间，如果交易者指数的10日移动平均值高于1.30，那么就意味着重大的市场转折即将到来。可是到了1998年之后，高于1.30的水平已经非常常见了。尤其是近些年来，10日移动平均值指标更是必须处于1.50甚至更高的水平，才会预示着恐慌性杀跌的出现以及市场反转的到来。

图7-1展示了交易者指数的10日移动平均线概念。图7-2则展示了交易者指数的35日移动平均线概念。对于这一时间周期，1.30~1.35的范围值就代表着市场会出现极端行情。

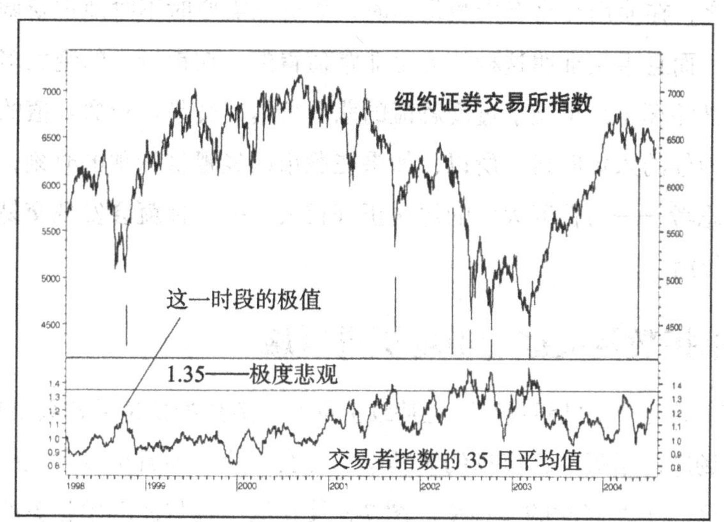

图7-2　交易者指数的35日移动平均线及其极值区间，1998年—2004年

当纽约证券交易所的交易者指数的35日移动平均线上涨至1.30及以上区域时，意味着指数已经步入多头区域。此时买进并持股等待反转似乎更为安全。

交易者指数的35日移动平均线与10日移动平均线发出的信号大致相同。但是它受到的"噪音干扰"肯定更少一些，故而信号更容易识别。你既可以使用10日也可以使用35日移动均线，或者你也可以使用自己定义天数的交易者指数移动均线。具体的投资策略就是，当指标值进入与熊市低点相关的区域时就开始建仓，当然你也可以等待指标触顶略微回落后，再开始建立多头头寸，这样可能会更安全一些。

使用这种方法，交易者指数在判定具有意义重大的市场低点上，表现十分优异。近些年来，交易者指数的峰值有不断增加的趋势。这种趋势在客观上使得依据一个不变的客观值来判定投资者是否处于过度悲观的状态，以及找到低风险高回报的买入点变得非常困难。大约在数十年前，每当交易者指数的35日移动平均值在1.05到1.10之间时，买点就出现了。交易者指数的10日移动均线的买进点在1.20~1.30之间。现在这些都不再有效了。最近的峰值读数应该是高于1.50，甚至是高于1.70。

总之，在使用交易者指数指标时，你可能需要时不时地重新调整指标的参数，而且事实证明这种努力是非常值得的。在市场中的绝大多数交易者已经被吓坏了，出现了过度恐慌的悲观情绪时交易者指数峰值的出现往往指向绝佳的入场时机。所以，如果在股市已经糟糕透顶的时刻，你要懂得逆向思考——与普罗大众的想法正好相反，那样你就会发现交易者指数的独特效用。

波动率指数及关键的市场买进区域

当市场波动率已经很高而且持续上涨时，股票的价格常常会出现下跌。而在市场底部附近时，市场的波动率往往会下降，而且市场下跌时的波动率往往会高于上涨时的波动率。图7-3及其他一些与波动率相关的系列图表展示了过去数十年间波动率和价格走势的历史关系。

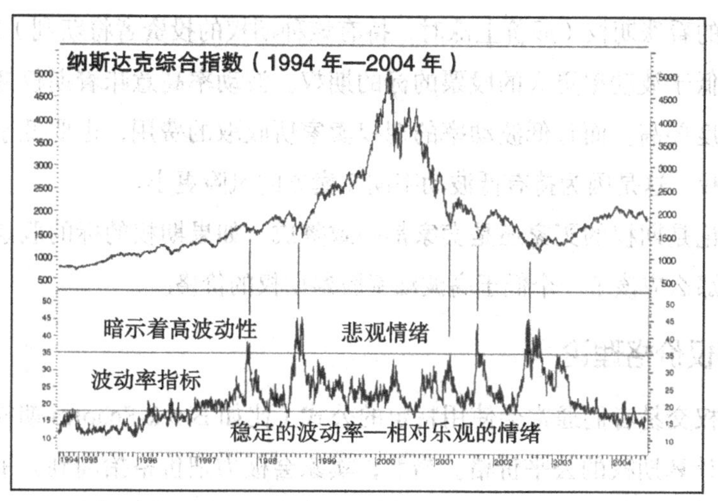

图 7-3　纳斯达克综合指数及波动率指数（1990 年—2004 年）

波动率指数是一种测量股票市场波动率和投资者情绪的间接指标，它的值抵达 35 的概率很小。但是当它到达这种水平时，往往意味着绝佳的买进时机。在波动率指标的读数从 35 跌至 18 这段时间，投资者一般都不会遭受重大的市场下跌（虽然低于 18 本身并不构成卖出信号）。图中的垂直线表明了波动率指数超过 35 的情况，你可以自行观察分析波动率指数击穿 18 时的情形。

波动率指数

波动率指数是度量股票市场波动率的一种方法，因为它源于与标准普尔 500 指数（SPX）相关的股票期权价格。在 2003 年之前，波动率指数的计算是以较小的标准普尔 100 指数（OEX）为基础的。旧的波动率指数至今仍以 VOX 做代码，而且它的波动率要比现在全新的 VIX 大一些，但是基本形态和方法几乎完全相同。

股票期权的价格或价值理论是以期权存活的时间长度为基础的（距离到期日的时间越长，期权的价值就越高），主要研究当前的利率水平（当前的利率水平越高，期权的定价也就越高）、当前股票的价格和期权的行权价之间的关系，以及与期权相关的股票波动率等方面内容。

不难理解，股票的波动率越大（或者说当时整个市场的波动率越大），对应的期权价值就越高。我们举例来看，如果一只股票的波动率一直较小，那么它的看涨期权（股价上涨时，持有该种期权的投资者将获利）的价值，一定会低于波动率更大的股票的标的期权。波动率高意味着期权持有者的获利程度要高。而且低波动率的期权卖家所收取的费用，也要低于高波动率的期权，这是因为持有低波动率期权卖方的风险更小。

无论是期权的买家还是卖家都一致赞成，如果期权的标的股票波动率较低，那么应该定一个低于高波动率股票期权的价格。

期权价格理论

期权交易者们通常会使用特定的公式（比如 Black-Scholes 期权定价公式）来计算期权的公平价格。当然，卖家会极力把价格抬高到公平的价格之上，而买家则极力想把价格压到公平价格之下。这都是情理之中的事。这些公式需要的数据包括标的股票或者整个市场的波动率、利率以及期权的存活期，还有看涨或看跌期权的行权价格，以及当前整个市场（对于市场期权指数而言）的价格水平。

理论上来说，你只要把各个变量的值代入到公式里，就可以算出期权的理论价值。然而在实际操作中，期权有时以接近它的理论价值的价格进行交易——而有时并非如此。

隐含的波动率

假设当前利率既定，期权的存活期既定，标的股票的价格或行权价格都是已知的，可是为什么期权的实际交易价格与它的理论价值相比还是偏高呢？好吧，这个分歧的发生是因为，期权的交易者采用的估值方法和理论不同。他们以对期权波动率的未来预期来进行交易。如果期权交易者们预期未来市场的波动性会增加，那么他们就愿意抬高期权的交易价格；反之，期权的交易者们则只愿意支付低于理论价值的价格。

你可以使用期权定价公式来计算出整个股市或者某只股票的预期值，或者隐含的波动率，前提是你要知道所有公式中所涉及的变量值，当然，也包括这只期权的实际价格。

所以说，期权的实际价格水平经常可以看作是对市场预期波动率的赌注：期权的价格越高，就表明期权交易者认为，预期市场的波动率会越大。然而令人矛盾的是，越高的市场波动率往往意味着市场即将走弱，因此说隐含波动率过高的时期，也就是期权交易者（也可能是其他的市场参与者）容易变得悲观的时期。

投资者最悲观的时期，往往也是最佳的买进时机。所以，高波动率的交易者指数值——意味着投资者表现出普遍的悲观情绪——很可能会伴随着有利的买入时机而存在。

波动率指数范围

投资者每周都可以在《巴伦周刊》上，或者其他来源看到波动率指数的具体读数。它的下限值是 15，代表低风险和低波动率预期；它的上限值的取值范围为 30~35，代表高风险和高波动率预期。

当 1990 年的波动率指数刚被市场所知晓的时候，它的值就上升到了 35 以上。这表明当时应该是一个很好的买进时机。此外，如果波动率指数突破了 35，或者创新高后稍微出现回撤，也是很好的买进信号。

一般而言，在过去的数十年间，从波动率指数上升到买进区间内，到它跌穿 18 之前，持有股票头寸都是安全的。当波动率指数自上而下击穿 18 这个关键值时，虽然这本身并不构成卖出信号，但是它宣称了安全持股阶段的结束。

图 7-3 展示的是波动率指数在 1990 年到 2004 年中期所产生的有效市场信号。根据上文对具体指标参数的解释说明，在 1990 年、1991 年、1997 年、1998 年、2001 年和 2002 年，波动率指数分别发出了强烈的买进信号。甚至在熊市期间，如果根据买进信号操作并一直持有到安全持股阶段结束，也是可以获利的。尽管从 2000 年至 2002 年中期，该指标的作用并不甚明显，但是在进入熊市之后指标发出的信号又开始变得准确。

波动率指数营造的牛市氛围

我知道波动率指数并不能提供可靠的离场信号——只能提供在买进信号出现之后，安全持股阶段结束的信号。

事实上，较低的波动率指数读数（像交易者指数读数一样）实际上总是出现在相对稳定的市场之中，此时的市场往往处于稳步攀升的持续牛市之中。在20世纪90年代的大部分时间内，波动率指数都维持在一个较低的水平之下，尽管指数值远低于18表明牛市已经涨过了头，但是这在当时的市场情况下却表明市场正处于非常有利的进场期。

对波动率指数的总结

读者完全没有必要去自己手动计算波动率指数，因为你随时可以在《巴伦周刊》或者其他渠道获取到相关数据。你所要做的仅仅是，当波动率指数上涨突破35时，准备好进场；当波动率指数跌至18~20区间之前，一直持有头寸，直至指数跌破该区间。

当然，波动率指数和交易者指数还应该和其他的市场择机工具一起使用，这样效果更佳。可是多年的历史数据表明，单凭这两个指标本身就已经成功地预见了多次市场底部。

主要的反转波动率模型

正如我们前文所讲的那样，股票市场的波动率通常会随着市场的下跌的继续而增加，并随着价格最终的崩溃，波动率指标抵达其恐慌级别水平的最高值。

交易者指数的峰值也会出现在此种情况下。所以我们可以使用交易者指数的峰值来间接地衡量市场的波动率，而且这种极值也表明已经很弱的市场随时可能出现反转。另外，从期权的定价原理来看，很大的波动率指数往往意味着较高的预期市场波动率以及风险，所以我们说交易者指数的峰值可以用来间接地衡量市场的波动率。

既然交易者指数和波动率指数都间接地反映了市场波动率，那么它们发出有效信号的时间自然也大体相同，这完全是预期会出现的情形。

关于在熊市底部买进武器的问题，我们的箭袋里还有最后一支箭，这是一支可以直接测量股票市场波动率的箭——主要反转波动模式（The Major Reversal Volatility Mode）。该模型的建立主要以以下假设为基础：

- 市场走弱时波动率会倾向逐渐增加；
- 当市场走势由弱转强时，波动率指数则可能先见顶再回调；
- 波动率指数保持稳定或下降时，股市可能会保持上涨的态势。

主要反转波动模式使用对股票市场波动率直接的检测方式，而不依靠间接的类似交易者指数和波动率指数的技术指标，尽管它们所阐述的基本概念非常类似。

计算反转波动模式

其主要的计算步骤如下。

1. 每周末计算纳斯达克综合指数的周变化率。这里我们需要特别说明下，指数的涨跌无关紧要，因为我们后面计算所涉及的变化率是绝对值。
2. 计算周变化率百分比绝对值的 10 周移动平均值，该值采用的是每周的收盘价数据。

主要反转波动模式的买进信号

该指标的市场买进信号不会出现得很频繁，并且需要符合以下两个条件。

- 纳斯达克指数的 10 周平均变化率必须上涨 3% 或更高，但是不能超过 6%，因为后者意味着极度不稳定的市场环境；
- 当 10 周移动平均值从最高点下跌 0.5% 以上，就会出现买进信号。比如，当指标值先上涨至 4.5%，接着下降到 4% 或更低，系统就发出了买进信号。但是如果该指标突破了 6%，那么只有该指标先跌穿 3%，再反弹突破 3%（必须要低于 6%），然后再从它的峰值下跌 0.5%，才能确认为买进信号。

主要反转波动率模型并不能提供卖出信号。该指标只能确认市场的买进时机，不能提供何时撤离市场的建议。

图 7-4 主要反转波动率信号（1970 年—1979 年）

在图中可以看到，从 1970 年到 1979 年间，仅出现了两次主要的反转波动率信号。第一次发生在 1970 年 7 月；第二次发生在 1974 年的 9 月。两个都是极好的买进信号，而且史上最严重的两次熊市的低点，就在提示的信号附近。

1970 年到 1979 年的十年

20 世纪 70 年代的整个十年间，反转波动率总共只发出了两个买进信号。每次它所提供的买进信号，都是投资者所能想到的最好的信号。这些信号已经在图 7-4 中被标记了出来。

第一个买进信号发生在 1970 年 7 月，作为 1969 年到 1970 年熊市的最终结束。信号发出之后的 40 周内，纳斯达克综合指数上涨了超过 50%。

第二个买进信号发生在 1974 年 9 月，正好在 1973 年到 1974 年熊市的最低点出现之前很短的时间内出现，当时的熊市是自 1929 年大崩溃之后最糟糕的熊市。信号发出后的 40 周内，纳斯达克综合指数上涨了 37%。

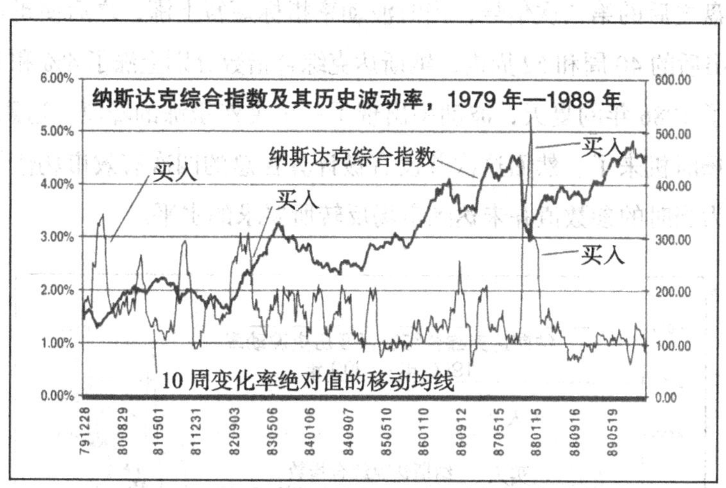

图 7-5　主要市场反转信号，1979 年—1989 年

图 7-5 展示了主要的以波动率为基础的反转信号，发生在 1979 年到 1989 年。所有在此时间段内的信号都提供了长期持有的获利空间。

1979 年到 1989 年的十年

这十年间一共出现了四次基于市场波动率的主要市场反转信号，你可以清楚地从图 7-5 中看到。

第一次主要的买进信号于 1980 年 6 月出现，这次信号出现在当年 3 月的市场低点出现之后的 2 个多月后。虽然来得有点迟，但是纳斯达克综合指数在该信号出现之后的 40 周和一年内分别上涨了 32% 和 45%。

第二次主要的买进信号产生于 1982 年 12 月，在信号出现后的 40 周内，投资者能在对纳斯达克综合指数的投资上获取 28% 的收益。但是如果时间扩展到信号出现之后的 52 周来看，这个数字就降到了 20%。

第三次主要的市场介入信号发生在 1987 年 12 月，也就是在 1987 年 10

月 19 日股市大崩盘后的几周后。这次介入的时机绝对是适逢其时，纳斯达克综合指数在随后的 40 周和 52 周内分别上涨了 16% 和 13%。

最后一次主要的买进信号产生于 1988 年 2 月。这次实际上是 1987 年的股市崩盘之后的第二次信号，当时波动率指标短暂上涨，之后便迅速下滑。信号发出后的 40 周和 52 周内，纳斯达克综合指数分别上涨了 4% 和 14%。

到了 1986 年的夏天，波动率出现了一个突然飙涨的峰值，这意味着良好的进场时机来了。然而这次并没有被计算在总的四次有效市场信号之内，这是因为当时的参数值并未达到市场反转所要求的水平。

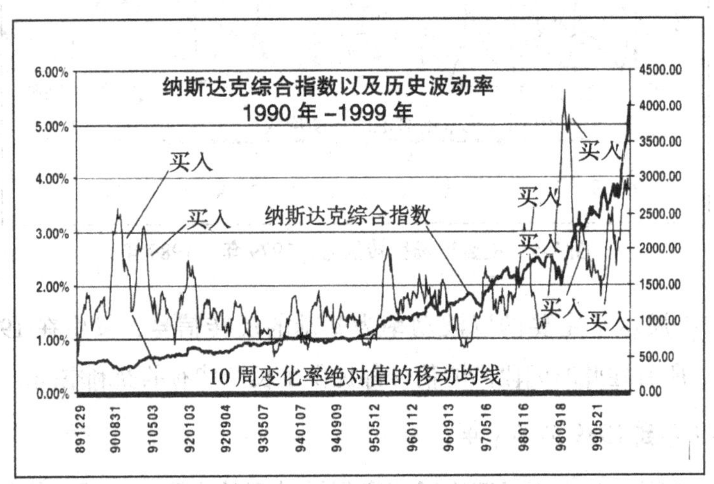

图 7-6　主要市场反转信号，1989 年—1999 年

在 1989 年到 1999 年的十年间一共产生了 6 个信号，而且事后证明都是非常及时准确的。而在整个 20 世纪 90 年代，股票市场的波动率整体呈上升趋势，这种趋势所引领的潮流似乎表明市场的价格波动已经进入了全新的模式。

1989 年到 1999 年的十年

图 7-6 中的六个主要买进信号都发生在这十年，这一信号的出现频率明显高于上一个十年。而且重要的是，这些信号都非常准确，都给投资者带来了收益。

一次绝佳的买进信号发生在 1990 年 11 月，在其后的 40 周和 52 周内，收益分别高达 51% 和 61%。

1991 年 4 月发出的买进信号在其后的 40 周内收益按照纳斯达克综合指数计算达到 25%。这一收益如果往后在延长 12 周，即 52 周的话，其收益就变成 16%。

1998 年 2 月出现了另一个非常好的买进信号，这次其后 40 周收益是 17%，如果延长到 52 周的话，最终收益是 32%。

股票市场在 1998 年 10 月份市场开始复苏之前，卖压依然强劲。然而在当时进场的决定在事后看来是非常明智的，其后的 40 周和 52 周的收益率分别达到了惊人的 43% 和 74%。

最佳的买进信号出现在 1999 年 3 月，信号出现后的 40 周和 52 周收益率，按照纳斯达克综合指数来计算，分别创出了 64% 和 92% 的历史最高纪录。

最后一次买进信号出现在 1999 年 9 月，其后的 40 周和 52 周总收益率分别达到了 34% 和 38%。

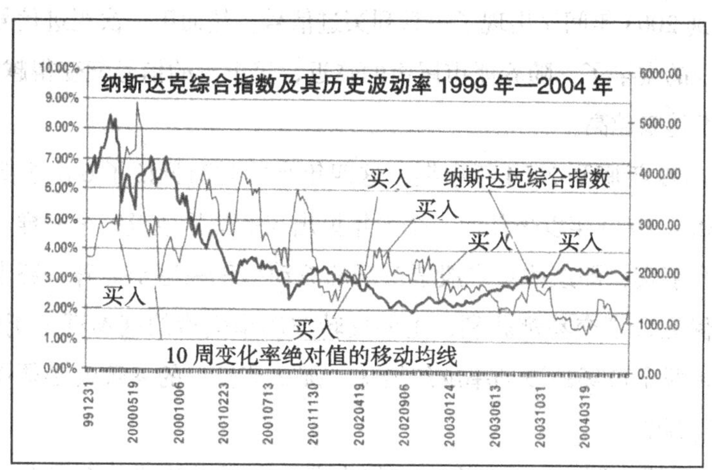

图 7-7　主要市场反转信号，2000 年—2004 年：失败信号的首次出现

本图展示了从 1999 年底到 2004 年中期的六次基于波动率的买进信号，而且波动率的峰值和前几个十年差不多一样高，然而这段时间指标的表现并没有以前好。

1999年以后：多样性的结果

从1970年至1999年间，主要反转波动率模型一共产生了12次可获利的买进信号。当然，从2000年到2002年的熊市见证了纳斯达克综合指数史上最严峻的下跌，以及自20世纪30年代早期起从未出现过的最高波动率，最终在该时间段，以前战无不胜的指标第一次表现得不尽如人意。图7-7展示了从2000年到2004年的相关情形。

第一个不幸是在熊市早期，2004年4月指标发出的买进信号。纳斯达克综合指数在信号发出后的40周内下跌了41%，如果时间周期延长到52周，那么总亏损将达到61%。

你可能会注意到在图7-7中，从2000年5月到2001年11月出现了一系列——准确地说是4次——波动率指标的峰值。尽管由于波动率峰值的绝对值都超过了6，这4次峰值的出现都不构成买进信号，但是这至少表明当时的市场波动率非常之高，如果选择这个时机进场交易，估计会有极高的不确定性，直到2002年初市场的波动率在回归到3.0之下。随后，从2002年到2003年间又出现了一系列买进信号。然而第一次买进信号事后被证明出现的太早了，随着熊市尾声的临近，接下来的信号就变得越来越好，获利程度越来越高。

从1999年底到2004年中期，这四年半的时间见证了6次主要的买进信号，和从1970年以来任何一个十年里出现的信号数量完全一样。这就折射出一个事实，即这些年来股票市场的波动率正在逐步上升。还表明，即使不能保证每笔交易都获利，主要反转波动率模型的基本理论仍然有效。但是如果股票市场的波动率继续增加，那么该模型的参数就必须作出及时且相应的调整。

表7-1展示了1970年到2004年中期，主要反转波动率模型所发出的所有信号及其相应的结果。

表 7-1　主要反转波动率模型信号及其随后市场走势，1970 年—2004 年

买进日期	纳斯达克综合指数	5 周后	10 周后	20 周后	40 周后	52 周后
07/02/1970	72.21	+ 4.5%	+10.4%	+14.0%	+50.1%	+50.6%
09/06/1974	60.70	-0.5%	+6.1%	+7.7%	+37.5%	+28.1%
06/06/1980	152.68	+8.0%	+17.8%	+28.5%	+32.4%	+44.9%
12/31/1982	232.41	+8.3%	+14.5%	+30.6%	+28.0%	+19.9%
12/24/1987	333.19	+3.4%	+12.1%	+11.8%	+16.4%	+13.3%
02/12/1988	353.27	+8.0%	+5.9%	+11.7%	+4.1%	+13.9%
11/02/1990	336.45	+10.4%	+7.5%	38.0%	+51.1%	+60.8%
04/12/1991	501.62	-4.0%	-3.2%	-4.8%	+25.0%	+16.5%
02/20/1998	1728.13	+5.5%	+8.4%	+12.4%	+16.7%	+32.1%
11/13/1998	1847.98	+12.9%	+26.6%	+34.9%	+43.3%	+74.3%
03/19/1999	2421.27	+7.0%	+2.0%	+5.2%	+63.9%	+98.2%
09/10/1999	2887.03	-5.4%	+16.7%	+34.6%	+33.7%	+37.8%
04/07/2000	4465.45	-20.6%	-13.2%	-9.1%	-40.9%	-61.31%
03/28/2002	1845.35	-12.6%	-16.8%	-26.3%	-24.8%	-25.8%
05/10/2002	1600.80	-6.0%	-17.6%	-25.1%	-18.2%	-8.4%
07/05/2002	1448.30	-9.8%	-10.8%	+1.4%	-6.2%	+14.9%
12/20/2002	1363.10	-1.5%	-1.9%	+11.5%	+31.5%	+43.1%
10/24/2003	1865.59	+5.1%	+7.6%	+6.4%	+2.3%	不完全
获利次数		10	12	15	14	14
亏损次数		8	6	3	4	3
获利交易次数占总交易次数的百分比		55.6%	66.7%	83.3%	77.8%	82.4%
平均变化		+0.7%	+4.0%	+10.7%	+20.2%	+26.6%

尽管在如此长的历史长河中，18 个信号确实有点太少了，但是盈利交易与亏损交易的比率，尤其是对于持有时间在 20 周到 52 周之间的交易者而言，依然相当诱人：只要你持有头寸达到 20 周以上，就会有大约 80%

的交易都能获利。而如果你仅持有10周，从历史上看，该模型的成绩也相当不错（希望该模型在2000年到2002年间的不良表现只是一时发挥失常，而不是未来的常态）。

该模型的另外一个优点是，它一般会早于市场低点出现之前就发出买进信号，往往会在发出信号后给你留出足够的时间来建立股票市场的头寸。由于平均持股5周所带来的收益微乎其微，所以这段时间主要是留给投资者作为逐步建仓的时间。也有可能在短期内市场走弱，这就预示着更为有利的建仓时机的来临。甚至有时候，在买进信号发出后你有10周的时间来逐步累积多头头寸。而且事实证明，主要的收益一般也都是发生在买入信号出现后的十周之后。

本章小结

最理想的情形是这样的，市场的情绪极值指标（比如交易者指数或波动率指数）、波动率指标以及市场动量和持续性信号（能够预示高于平均水平的股市上涨动量，比如创新高/低股票数指标和腾落线指标）之间能够相互协同，相互确认。这样你完全可以采用其中任意一种指标来确定进场信号，然后以防不测，你可以使用另一套模式来确定持有头寸的时间长度。此外，你还可以配合长周期模式指标以及市场情绪指标来完善你的中长期择机交易技术，以期取得更高的收益。

下一章我们将开始讨论被市场广泛认可的、衡量市场动量的最好的指标之一（如果不是唯一最好的话）：平滑异同移动平均线（MACD）指标。它经常能在市场趋势发生改变之前就发出极好的预判信号。

MACD：终极市场择时指标

平滑异同移动平均线（MACD）指标的择时交易模型，是我在 20 世纪 70 年代末发明的。迄今为止它已经是世界上最流行的技术分析工具之一，被无论是短线交易还是长线交易者，无论是股票市场、债券市场还是其他投资市场的交易者都广泛地使用着。

MACD 是一个适合所有时间周期的技术指标。如果选取月数据，那么 MACD 指标可以用来分析长期趋势；如果选取周数据或日数据，MACD 可以用来分析市场的短期或者中期行情；而如果选取小时或分钟数据，那么 MACD 则可用于日内的交易分析。另外，MACD 指标所发出的买进或者卖出信号往往非常准确，特别是在市场长期低迷时，它能发现恰当的买进点位。

尽管 MACD 指标已经得到了广泛的运用，但是关于如何更好地解释、分析和应用 MACD 具体形态的著作依然十分罕见，而这一点正是我在本章所要讨论的要点。

我们关于 MACD 指标的讨论涵盖多个领域。首先，我们要回顾一下构成 MACD 指标的基本概念。下面的图表回顾涵盖了市场的不同历史时期、不同的时间区间、不同的 MACD 指标组成以及不同的市场环境。读者将看到如何利用 MACD 指标选择最优的买卖时机、设立止损点以及如何将 MACD 指标和其他的市场分析技术指标一起配合使用。尽管我们本章主要讨论的是 MACD 指标，但是相关的交易理念同样适用于其他对市场动量的度量工具。

MACD 指标的基本概念和构成

图 8-1 阐释了 MACD 指标的基本概念和构成。

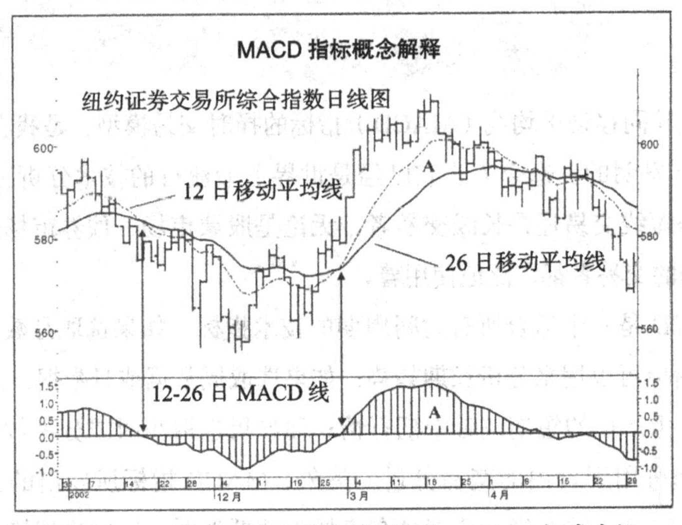

图 8-1　2002 年的纽约证券交易所指数：MACD 概念介绍

MACD 指标是通过用短期价格的指数移动平均值减去长期的移动平均值所得的。在市场短期强势之时，MACD 指标通常会上涨；短期市场上涨乏力时该指标通常会下跌。图表中最下方的区域就是 MACD 的直方图，由纽约证券交易所指数的 12 日指数移动平均线减去 26 日指数移动平均值而得。

图 8-1 中所展示的是纽约证券交易所指数的日线级别的指数读数。环绕着指数的是两条指数移动平均线，12 日和 26 日。尽管我们可以采用简单移动平均线来替代指数移动均线，但是我们认为指数移动平均线能够更好地捕捉趋势的变化（你可能需要重回第六章去复习指数平均值的概念）。

正如你在图表中所看到的那样，短期指数平均值能够更紧密地跟踪实际价格的运动，它比长期指数平均值对价格的趋势变化更敏感。当市场一路走弱时，短期移动平均线会比长期移动平均线下降地更快。而如果在这之前市场是走强的，那么短期移动平均线很有可能会向下穿越长期移动平均线。如果市场继续走弱，短期移动平均线和长期移动平均线之间的距离就会进一步加大。

当市场不再下跌时，短期移动平均线通常会比长期移动平均线先一步走平，之后开始随着市场价格的上涨而上涨。此时短期移动平均线将向上穿越长期移动平均线。

MACD 指标值的计算，是通过用短期指数均值减去长期指数均值而得来的。MACD 指标可以用一系列柱状图或者曲线来表示，在图 8-1 中两者都得到了体现。图中 0 轴表示短期与长期移动平均线交叉，二者数值相等时的相应点的集合。此时，市场短期与长期趋势的力量相比暂时处于平衡状态，而且市场内的短期与长期相对力量的关系即将发生改变。如果短期移动均线的值远大于长期移动均线的值，那么MACD指标的正差值就很大；反之，负差值越大。图 8-1 中上部和下部各有一个 A 区域——短期是 12 日快速移动平均值，长期是 26 日慢速移动平均值，两者之差就是 MACD 的值——很好地阐释了正负差值的概念。

基本概念

- MACD 指标代表短期指数平均值减去长期指数平均值的差值。
- 当市场趋势转强时，短期移动平均线会比长期移动平均线上涨得更快，此时 MACD 指标会向上。
- 当市场趋势转弱时，短期指数移动平均线的走势会变得平缓；而如果此时市场进一步下跌，则短期指数移动平均线会向下击穿长期指数移动平均线。此时 MACD 指标线会降到 0 轴之下。
- MACD 指标读数的方向变化，预示着市场趋势将走弱。但是否会演变成趋势反转行情，仍需其他技术指标（一会儿我们会讨论到）予以确认。
- 在价格运动持续期间，短期移动平均线会时而远离（背离），时而亲近（汇聚）长期移动平均线。因此，该指标才被命名为平滑异同移动平均线指标。

那么问题来了，MACD 的中短期和长期移动平均线的参数究竟该选多少？

这个问题并没有统一的标准答案，尽管在本书中我会尽量列示出各种不同的参数组合为例。一般情况下，长期移动平均线的参数应该是短期的两到三倍。短期移动平均线的时间跨度越短，MACD 对市场的短期波动反应就越敏感。图 8-1 中的 12 日和 26 日的参数组合，就是在实践中被绝大多数交易者采用的参数。在本章接下来的图表中还会列举其他参数组合的 MACD 指标。

趋势确认

如果短期 MACD 发出的信号得到股票市场长期趋势——很可能反映在长期 MACD 指标形态之中——的确认，那么 MACD 指标所发出的信号就被证明是相当可靠的。举例来说，当周线或者月线级别的 MACD 指标也显示市场行情开始好转时，MACD 日线所发出的买进信号，其准确性就大大提高了。而当市场长期趋势走熊时，短期 MACD 指标所发出的做空信号也更加有利可图（注：美股可以双向交易）。因此，在接下来本章所列举的图表中，会使用各种不同的 MACD 参数来反映各种不同的市场周期长度。

图 8-2 展示了 MACD 指标中的组件之一：信号线。

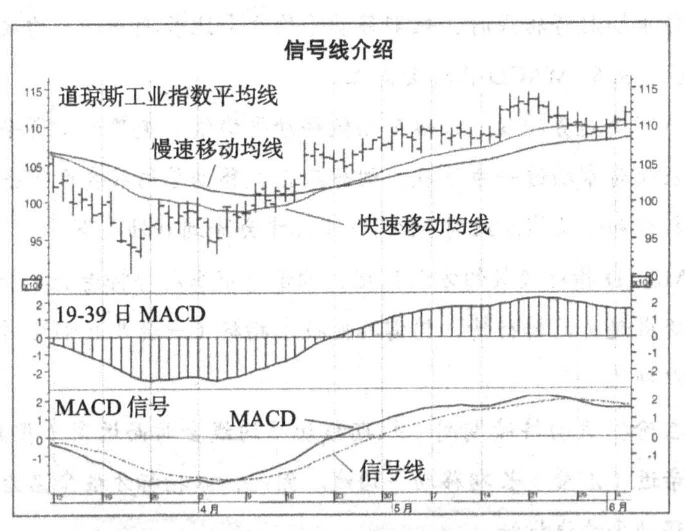

图 8-2　道琼斯工业指数：2000 年信号线概况

正如图 8-2 所示，信号线是 MACD 指标的指数平均值，而不是投资工具或者你所跟踪的具体指数的价格运动平均值。信号线通常是依据 MACD 指标 3 天到 9 天的指数平均值而生成的。越短的平均值会发出越敏感的信号。

本图表中所采用的 MACD 指标参数区别于以往，是 19 日和 39 日的道琼斯工业指数的平均值。而信号线采用的是 MACD 指标的 9 日指数平均值。

信号线

尽管 MACD 指标方向的改变（自上而下，或者相反）以及 MACD 线在 0 轴之上还是之下实现交叉，已经可以作为重要的买卖依据，但是事实上，MACD 指标自下而上还是自上而下穿越信号线，还能够给投资者带来额外的信息。

一般来说，当 MACD 指标线转头向上运行时，同时又自下而上穿越信号线，那么后者可以被看作是对买进信号的确认。

上面的买进和卖出信号是我们进一步讨论的重点。基本准则是，MACD 指标的转向意味着买卖时机的出现，而转向过程中伴随着的对信号线的穿越过程，则表明买卖信号得到了进一步的确认。本书将在下面的分析中，对上述信号的适用条件进一步分析。

图 8-3 就是这样一个例子：买进信号出现，之后得到穿越信号线的确认。请注意，MACD 指标线穿越信号线这一过程，出现在 MACD 指标发生反转之后，但是又在其穿越 0 轴之前。

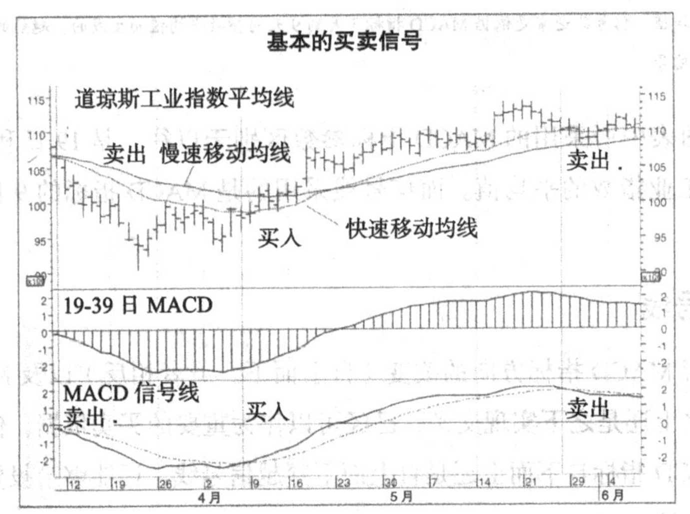

图 8-3 道琼斯工业指数：2000 年内得到确认的买卖信号

图 8-3 展示了经过 MACD 上穿和下穿信号线确认的基本的买进和卖出信号。

以我多年的研究经验来看，通过 MACD 与信号线的交叉来确认买进信号所得的收益，要远低于仅仅依靠 MACD 指标转向所获取的收益（尤其是时间周期越长，参数越大的参数组合）。但是不足之处在于，后者的交易次数明显增加，这就增加了额外的佣金等交易费用。在图 8-3 中，你可能会注意到：要是仅凭 MACD 转向来判定买卖，那么交易者的买卖时机较多。但是 MACD 指标与信号线交叉所产生的交易信号，则相对而言更为精确。

买卖信号补充规则

以下是依据 MACD 指标进行交易的非常重要的买进和卖出信号补充规则。

- 如果在卖出信号出现后，MACD 指标线又自上而下穿越 0 轴，那么接下来的买进信号可信度更高。在买进信号出现时，MACD 未必在 0 轴以下，但是最近一次价格下跌一定是在 MACD 运行在 0 轴之下时发生的。
- 如果在买进信号发出后，MACD 指标线又自下而上穿越 0 轴，那么接下来的卖出信号更加可靠。在卖出信号发出时，MACD 未必在 0 轴以上，但是最近一次的价格上涨一定是在 MACD 运行在 0 轴之上时发生的。

- 在非常强劲的牛市上涨行情期间，通常是最早的和最好的牛市主升阶段，此时如果市场发生回撤，那么 MACD 指标的回撤应该在 0 轴之上。有时候 MACD 指标的最高点仍在 0 轴之下（一般会发生在熊市或者严重的中级下跌行情中），如果出现这种情况，你可以选择性地忽略前两条规则。当然，绝大多数情况下，交易者还是应该遵循“0 轴穿越”法则。

补充规则的意义

本章中所采用的图表阐释了很多偶然事件：包括MACD指标改变方向，继上穿或者下穿 0 轴之后，又相应地穿越信号线。这些偶然并没有什么特别的意义。

一般而言，投资者的最佳决策就是，在市场处于超买状态时卖出所持有的头寸；在市场处于超卖状态——或者至少等到下跌持续扩展一段时间——时买进并持有新的头寸。通过等待 MACD 跌至 0 轴以下买进，以及上涨至 0 轴以上时卖出，你为自己设定了一个“买弱”和“卖强”的投资策略，而不为期间细微的趋势改变，避免了交易的随意性。

上面我们描述的这些补充规则，不仅有助于减少交易的频率（进而也减少了交易成本），而且能够避免毫无价值的交易。所以，这些先决条件是值得被尊重的。

顶背离与底背离

顶背离的定义：假设投资者持有的证券价格持续上涨并创出新高，但是市场动量指标却未能继续创出新高，这种现象就被称作顶背离。

底背离的定义：如果股票价格持续下跌，并创出新低，但是市场动能指标却并未随着下跌并创出新低，这种现象被称作底背离。

如果动量指标没能与股票价格的新高或者新低同步，也分别创出新高或者新低，这表明市场在当前的趋势方向失去了动能。背离或多或少地暗示了市场可能即将发生反转，而且这种反转行情常常至少是中级行情。

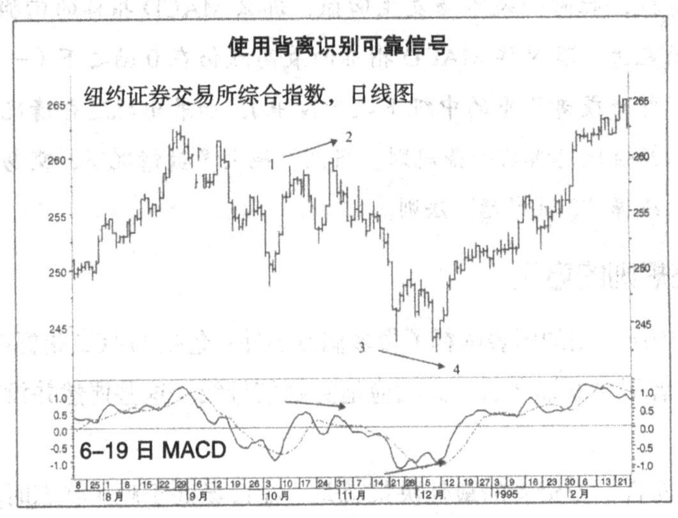

图 8-4　背离确认买卖信号

伴随着价格趋势和 MACD 指标趋势的背离而发出的买进和卖出信号，其可靠性往往要高于那些没有背离确认的信号。

在图 8-4 中，读者可以清晰地看到，在 10 月到 11 月期间，指数曾两次到达高点。起初在 10 月份的数字 1 标记的区域中，MACD 和价格同步抵达了最高点。MACD 作为一种度量动能的技术指标，对价格的上涨进行了确认。纽约证券交易所综合指数之后随着 MACD 指标一起下跌，但是下跌并没有持续太久，因为很快就出现了反转。

可是在数字 2 标记的区域中又发生了什么呢？纽约证券交易所综合指数创出新高，但是价格上的新高并没有得到 MACD 指标的确认，后者并没有随着价格一起新高。这就形成了顶背离，预示着更严峻的下跌即将到来，而实际上，之后股价真的发生了大幅下跌。

指数随后下跌到数字 3 标记的区域（您可能会注意到下跌角度的变化，虽然没有在图上标示出，但它对进一步的下跌提供了完美的预测）。11 月底出现了第一个买进信号，之后过了一段时间 MACD 指标和指数又同时走低，运行到了数字 4 标记的区域。此时，纽约证券交易所综合指数抵达了新低，而 MACD 指标呢？它却并没有随之创出新低！底背离发生了，这预示着市场环境开始转好，即将发生反弹向上的走势。后来指标所预示的反弹真的发生了。

附例

图 8-5 提供的是其他关于价格运动和市场动能之间顶背离和底背离的例子。

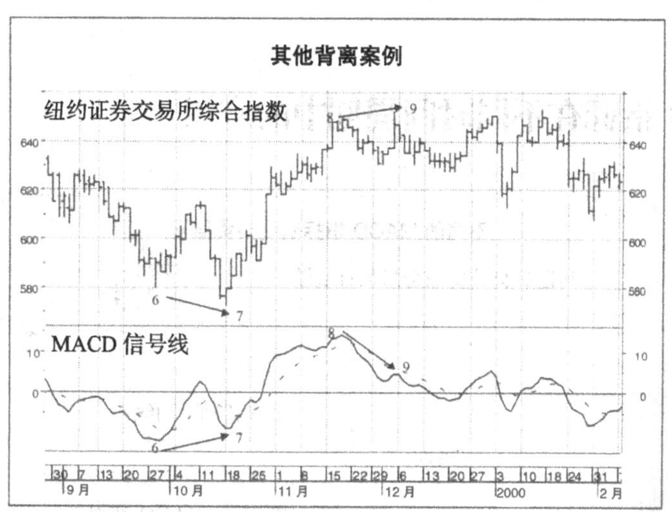

图 8-5　其他背离案例

在图 8-5 中，数字 6 和 7 标记的区域代表了在价格运动和 MACD 指标之间的强烈的底背离。数字 8 和 9 标记的区域代表强烈的顶背离，这也正确地预见了市场上涨的终结。然而在本例中，并不是出现顶背离信号之后指数就立即下跌。图中所采用的是 6 日和 19 日 MACD 指标（本章中所有的图表基本上都使用不同的 MACD 参数，以期表明短、中、长期指标参数组合的不同。从某种程度上讲，这可能与我推荐的一些操作原则相冲突，但是一般来说，这在买卖时机上带来的差异并不大）。

由于在数字 6 标记的区域，MACD 发出买进信号（转头向上）并未得到底背离的确认，所以投资者可能会错过随后短暂的上涨行情。但这并不会让人感到沮丧，因为数字 7 标记的区域出现的第二个买进信号，才真正值得关注——这是一个伴随着底背离确认的买进信号，所以该指标的可信度更高。随后也的确出现了一波较大的上涨行情。

市场持续上涨行情在数字 8 标记的区域基本结束，这时 MACD 指标及时地发出了卖出信号。另外，数字 9 标记的区域出现了指数新高，且伴随着 MACD 指标的顶背离趋势，这进一步说明市场即将开始转入弱势行情。然而事实上，在接下来的几周行情中，指数并没有出现下跌趋势，这说明顶背离产生的预判熊市的征兆可能会比预期的更早些。但是信号出现以后投资者就应该提高警惕，因为几周以后，市场就进入了以 2000 年为开端的熊市之中。

MACD 指标在不同时间周期中的应用

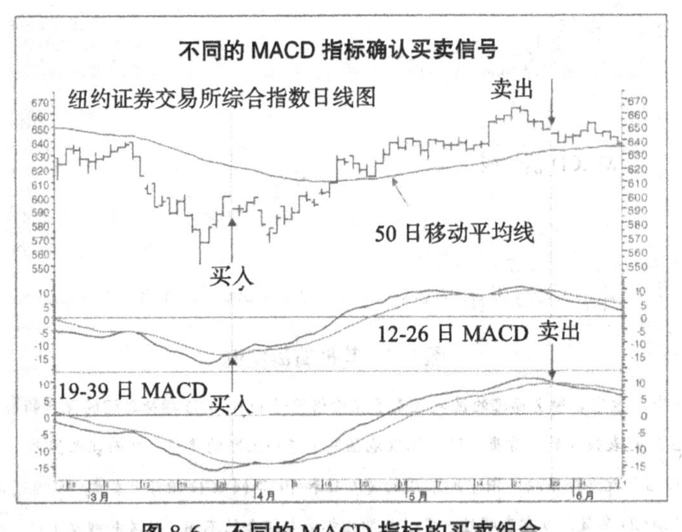

图 8-6　不同的 MACD 指标的买卖组合

图 8-6 阐释了如何通过使用更为敏感的 MACD 参数组合来提高 MACD 买进信号的精确性，以及使用较不敏感的 MACD 参数组合来提高卖出信号的精确性。

两个指标好过一个指标

股票价格下跌的速度总是比上涨的速度快，因此一般情况下至少使用两个或者三个 MACD 指标组合比较好。不同的时间参数可以分别用于判断买进和卖出的时机，这样的例子请参照图 8-6。

在图 8-6 中，我们对 MACD 的讨论涉及三个基本要素。首先，我们使用 50 天价格的简单（而不是指数）移动平均线来判定市场的趋势（这其实多少有点主观经验的因素在里面）。一般而言，如果 50 日移动均线要么上涨，要么走平，我们认为当前的市场趋势至少是中性，甚至可能是牛市。而如果 50 日移动均线明显下跌，那么我们就认定市场趋势是下跌的。

图 8-6 的下半部分中含有两个指标图表。上面那个代表了参数为 12 日和 26 日的 MACD 指数移动平均线，并伴有其自身的 9 日指数平均信号线。

图中最下面的刻度代表的是参数为 19 日和 39 日的 MACD 指数平均线。这个指标对市场微小波动的敏感性，要低于参数为 12 日和 26 日的 MACD 指标。

当然你也可以使用其他参数的MACD指标做组合，只要市场走势平稳。但是我发现使用参数为 12 日和 26 日移动均线组合发现的买进信号，使用参数为 19 日和 39 日的 MACD 指标发现卖出信号已经足够了。

如果市场非常强劲，则宜采用更为敏感的 MACD 指标（比如 6-19 日 MACD），它能够比 12-26 日 MACD 指标更早地发现买进信号。此时，仍然建议你使用 19-39 日 MACD 指标作为卖出信号的参考。

如果市场趋势非常弱，那么我们建议你继续使用 12-26 日的 MACD 指标同时作为买进和卖出信号的参照。

接下来我们就以图 8-6 为例，来理清这些规则背后的关系。

图中 3 月股票市场持续地下跌，处于超卖状态，当 12-26 日和 19-39 日 MACD 指标的形态都对此进行了确认时，买进信号出现了。但是认真的读者就会发现，前者指标转头并上穿 0 轴的时间都比后者早。在本例中虽然

12-26 日的 MACD 指标并未带来更高的收益率，但是一般情况下，在上涨行情的初期，越早地出现买进信号，往往意味着越低的买入价格。

到了 5 月中旬，12-26 日 MACD 指标下穿信号线，发出了卖出信号。但是比 19-39 日 MACD 线所发出的信号提前了一段时间。在本例中我们再次发现，卖出信号出现的快慢，并没有给收益带来明显的差别。但是 19-39 日 MACD 指标发出卖出信号更晚，让投资者充分享受股价上涨带来的收益。关于这一点我们将另外举例说明。但是必须特别注意的是，用来判断卖出时机的 MACD 指标在发出卖出信号前必须曾经上穿过 0 轴，卖出信号才是最准确的。

至于一些其他的卖出信号，我们以后也可能会简单提及。

现在让我们再一次总结一下这些黄金法则。

- 你应该坚持至少使用两种 MACD 组合：一个快线（日期参数较小）用于买进，一个慢线（日期参数较长）用于卖出。
- 当市场非常有利时，用快线的 MACD 指标作为买进信号，慢线的 MACD 指标作为卖出信号。比如此时你可以使用 6-19 组合来判断买进时机，或者更为可靠的 12-26 组合，仍使用 19-39 组合判断卖出时机。
- 当市场处于中性偏强的趋势时，快线买进，慢线卖出。具体使用 12-26 组合买进，19-39 组合卖出。
- 当市场趋势处于明显的弱势期时，快线买进，快线卖出。你可以使用 12-26 组合同时决定买进和卖出，因为此时你必须在 19-39 日 MACD 指标下穿 0 轴之前卖出。当然无论你采用哪种卖出策略，12-26 日 MACD 指标上穿 0 轴都是所有卖出策略的前提条件。

市场强力上涨时的 MACD 指标

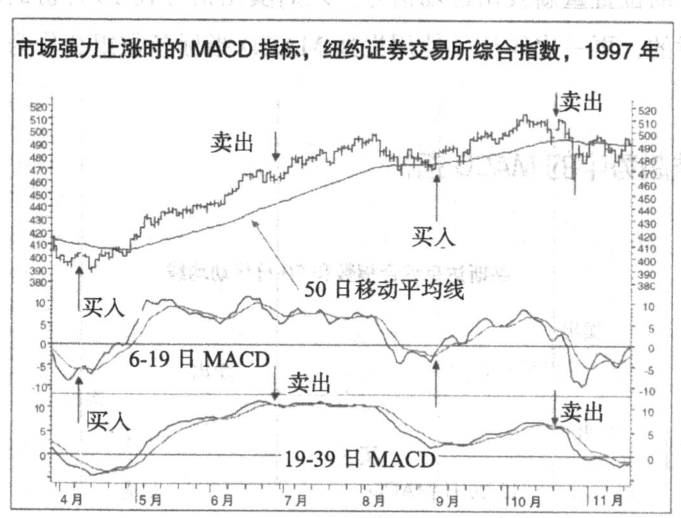

图 8-7　市场强力上涨时的 MACD 指标

MACD 是一个非常优秀的择时指标，但是它并不完美。正如图 8-7 中所示的那样，有时在股票市场强势上涨的时候，MACD 会产生提前的卖出信号。当然，你也可能注意到，使用慢速 MACD 组合会比快速 MACD 参数组合产生更及时的卖出信号。一般情况下，我们原则是在某一时间段用哪个参数买进，就用哪个参数卖出。图中的信号线是 MACD 指标的 9 日指数平均线。

图 8-7 是纽约证券交易所综合指数从 1997 年 4 月到 11 月间的日线走势图。图下附的是偶尔会出现瑕疵的 MACD 指标：在强势且持续的上涨行情中，它的卖出信号产生得太早了。当然这并不会经常发生，但是有时会出现。

该图同时也阐释了将多个 MACD 指标——快速指标用来买进，慢速指标用来卖出——结合使用的好处。

1997 年 4 月，较敏感的 6-19 日 MACD 指标产生了完美的买进信号，该信号比 19-39 日的 MACD 出现得要早。当然，这种快线的卖出信号出现得也较早。慢速的 19-39 日 MACD 指标一直到 6 月底才发出卖出信号。尽管股票市场后来持续上涨到 7 月底，但是一个新的买进信号（根据较快速的6-19日MACD指标给出）在一个比6月份卖出信号发出时的指数位置稍高一点的位置重新发出进场信号。之后卖出信号在10月份的出现也是非常及时的，再一次印证了使用慢速MACD指标参数组合作为卖出依据的益处。

下跌趋势中的MACD指标

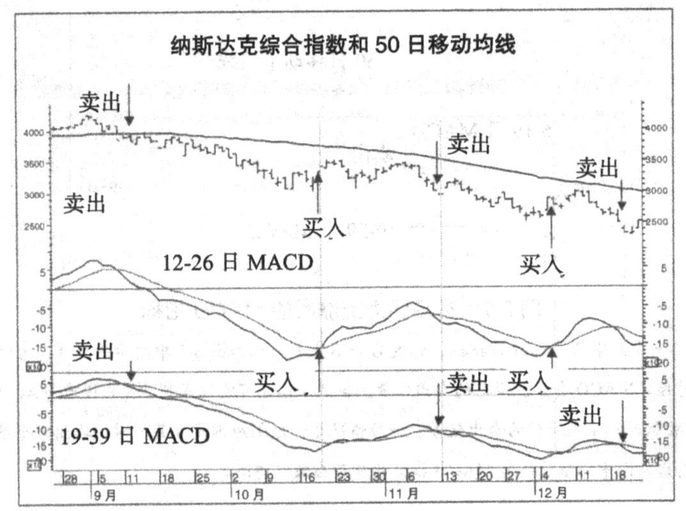

图8-8　下跌趋势中的MACD指标

在明显的市场下跌趋势中，MACD指标经常很难产生利润，但是由于此时的卖出信号非常准确，所以对于做空交易者而言非常有利。

图8-8展示的是下跌趋势中的MACD指标。你会发现，一方面，由于是逆势交易，所以指标产生的买进信号很难产生收益；另一方面，这些信号也并不会导致亏损。这是因为依据卖出信号（也可以作为短线做空的进场信号）来做空也是有收益的。

图中一共展示了两个MACD指标的参数组合：12-26日用来买进，19-39日用来卖出。在市场下跌期间，最好采用反应较为快速的参数作为卖出或离场信号，这可以通过使用更敏感的MACD参数组合来实现。如果仔细观察图 8-8，你就能确认所有的快速卖出的区域，都是 12-26 日参数组合给出的。毫无疑问，它的表现要大大优于使用 19-39 日参数组合的 MACD 指标。

请记住，在下跌趋势期间，尽量使用慢速指标作为买进信号，使用快速指标作为卖出信号！

总之，当你逆势交易时，使用 MACD 指标所带来的整体收益和亏损都不会太大，但是在顺势交易中，使用该指标确实能够带来相当可观的收益。这种性质使得投资者们在持有头寸时——即使在趋势不利的情况下——有一定的保障，因为亏损得到了很好的控制，而且他们也会在市场趋势发生改变时即时地作出相应地调整（进场或离场）。

在最强势的市场上涨中可以暂时修订 MACD 的使用规则

我们已经看到，当你遵循基本的 MACD 指标使用规则时，可能会过早地发现卖出信号。这样我们就有必要对卖出规则作出重新修订，以获取更高的收益率。方向是着重考虑在市场有利时期，尤其是超强的牛市期间，在控制风险的前提下，如何发现成熟的卖点。下面是延迟卖出信号的具体实施条件。

- 股票市场必须处于上涨趋势之中，这一点可以通过 50 日移动均线来判定。用慢速 MACD 参数组合来判断卖出时机。
- 在作为卖出信号的 MACD 指标线第一次自上而下穿越信号线时，看看是否有顶背离发生，对作为买进信号和卖出信号的 MACD 指标都要进行检查。
- 如果没有背离发生——MACD 指标线和价格线同步运行——而且市场非常有利于投资时，再加上价格运行在 50 日移动均线之上，那么你就可以忽略由 MACD 指标发出的第一次卖出信号。**当然，你必须采信第二次卖出信号。**
- 作为一种辅助的离场策略，你可以在你的证券投资标的价格自上而下穿越50日移动均线时——这种情况很可能在你并没有采用MACD指标首次发出的卖出指标之后发生——离场。

回顾图 8-9

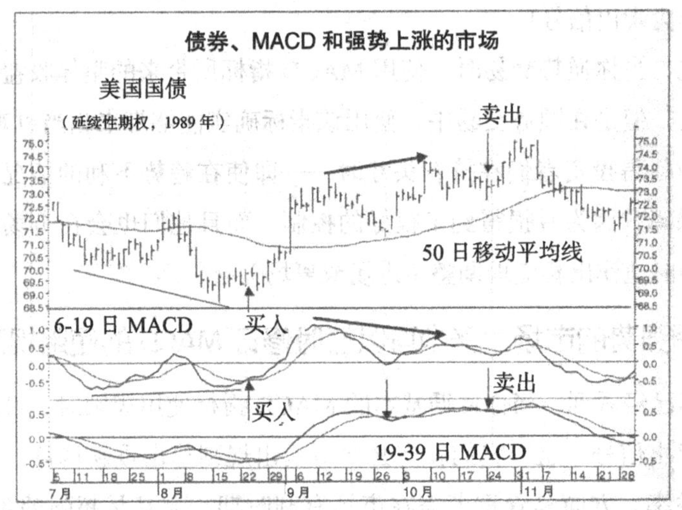

图 8-9　债券，MACD和超强上涨趋势

在市场环境有利时，如果没有发生顶背离，那么你就可以经常性地忽略因为市场正常调整而产生的第一个卖点信号。当然，你确定以及一定要遵循第二个卖点。在图中所示的样例中，根据修订后的规则，卖出信号从九月底推迟到了十月底才发出。

现在我们回顾图 8-9 来阐释，具体在什么情况下 MACD 指标所发出的第一个卖出信号可以被忽略。从图表的左侧开始，在 1989 年 7 月你可以看到，MACD 指标产生了一个卖出信号。债券的走势当时非常有利，所以 6-19 日 MACD 指标被用来判断买进时机，19-39 日 MACD 指标用来判断卖出时机。

由底背离支持的进场信号

最初的买进信号在 7 月中旬出现，但是在 8 月初被废止了——既不是买点也不是卖点，在图 8-9 上并没有被标记。第二个买进信号出现在 8 月中旬，而且被 6-19 日 MACD 指标所发出的底背离（两个连续的抬高的底部），以及上穿信号线所确认。稍后 19-39 日 MACD 指标也发出了买进信号。

移动均线和 MACD 形态共同确认的上涨

债券价格在 9 月份出现了上涨，同时也伴随着 50 日移动均线的转头向上，确认了当时的牛市普涨行情。6-19 日和 19-39 日 MACD 指标也随着债券价格的上涨而抵达最高点，而且两个都随着价格的下跌转头下行。这里需要说明的是，MACD 指标转头向下并不表明一定会形成顶背离，顶背离只有在价格的新高没有被 MACD 指标确认时才会发生。

未被任何顶背离确认的最初的卖出信号

9 月底债券市场价格的下跌足以让慢速 MACD 指标发出卖出信号，19-39 日 MACD 指标先是上涨穿越 0 轴（还记得规则的预设吗），然后自上而下穿越信号线。当然，这是 MACD 指标在买进信号出现之后所产生的第一个卖出信号。因为此时市场趋势是上涨的，而且也没有发生顶背离，所以这个卖出信号可以被忽略。

被顶背离确认的第二次卖出信号

正如最终的事实所呈现的那样，债券市场确实出现了快速反弹，并且在10月份很快创出新高。难道这一次形势不一样了？是的，确实不一样了。在 10 月份的新高并没有被 MACD 指标所确认，后者并没有随着价格的新高而一起创出新高——这就是一个明显的顶背离信号。所以说，在 10 月份出现的第二个卖出信号是必须要遵循执行的（所有的第二个卖出信号都是这样）。正如你所看到的那样，事实证明之前的延迟卖出策略是非常正确的。本例中，遵循卖出信号卖出后价格确实又涨到了新高，然而这最终并没有使你损失重大的收益。

使用移动均线作为辅助止损信号

要是第一次卖出信号出现之后，价格并没有出现快速反弹，又该怎么样呢？好吧，我们将会以50日移动均线作为最终的判定标准。你应该在价格向下击穿50日移动均线时作最后的卖出时点，要把它当作是一个辅助止损价位。如果价格重新恢复，那么请以快速MACD指标作为你再次进场的触发点。

经顶背离确认过的卖出信号比未经顶背离确认过的卖出信号更可信，这是我们修订卖出规则的原因。然而与此同时，这一策略也给投资者带来了一定的风险，此时你应该使用止损价格来避免价格下跌带来的损失。

在上涨阶段的市场环境中，在尚未出现顶背离时就依据卖出信号短线卖出（做空）很可能会承担很大的风险，即使是在50日移动均线没被击穿时也是如此。

交易失败时的止损信号

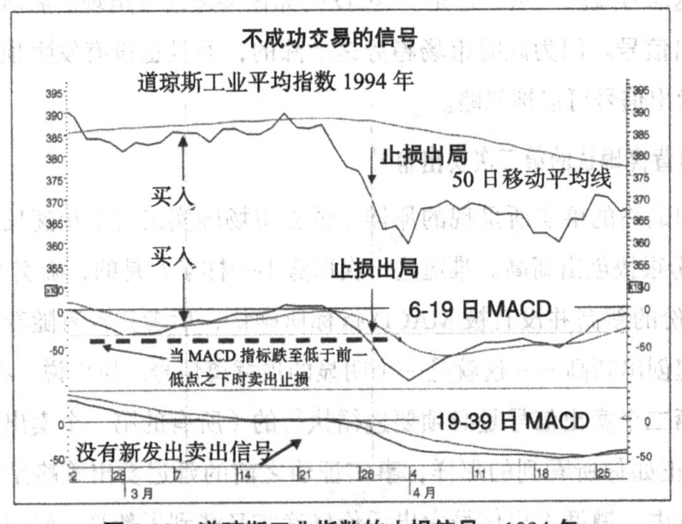

图8-10　道琼斯工业指数的止损信号，1994年

由于作为卖出指标的19-39日MACD线并不在0轴之上运行，所以MACD指标不会发出卖出信号。因此我们要使用第二个卖出规则：当作为买进信号的MACD参数组合在买进信号之后下跌至前一个低点之下时卖出止损。需要特别指出的是，我们并不是在价格下跌至比前期低点更低的位置时设置止损点，而是在动量指标（MACD）的读数低于前一个低点之时设置止损点。

当然，虽然说 MACD 是一个非常强大的择时指标，但是它并不完美。有时在 MACD 指标发出买进信号之后股票市场或者其他市场中并不会出现足够强劲的上涨。

图 8-10 展示了这种情况，即买进信号之后紧接着的上涨，并没有将慢速的（卖出使用的）MACD 指标提升到 0 轴之上，此时投资者可以卖出止损。

对图中 3 月初的买进信号投资者可以参照基本规则进行分析，它和 50 日移动平均线的上涨，一起印证了 6-19 日 MACD 指标发出的买进信号，这标记着有利市场环境的到来。价格在买进信号发出后开始缓慢上涨，然而这种上涨并没有使得 19-39 日 MACD 指标运行在 0 轴之上。随着 3 月份时间的推移，价格击穿了支撑位（通常被认为是止损信号，但是我们并不在 MACD 交易系统中使用），开始转头下跌。随着下跌的持续，6-19 日 MACD 指标跌至了比在 2 月底 3 月初时更低的位置，这表明下跌动量增加到了一个新的高度。作为卖出信号的 MACD 指标击穿支撑位的位置——请注意，并不是价格形态上的击穿就是最终的止损卖出价位。

MACD 的止损和离场信号之后常常伴随着市场的快速反弹行情，并会出现新的买进信号，而且新的买进信号出现的位置常常与 MACD 止损信号的位置差不多相同。这一点在图 8-10 中也可以看出。

这里我们要再次强调，作为 MACD 止损信号的关键因素，止损信号是在 MACD 指标，而非价格波动击穿支撑区域后出现的。这种对常见止损策略的修改，有效地避免了过早卖出的遗憾。这种情况经常发生在市场平稳期，以及市场底部形成比较慢的时期。

使用其他技术分析工具确认 MACD

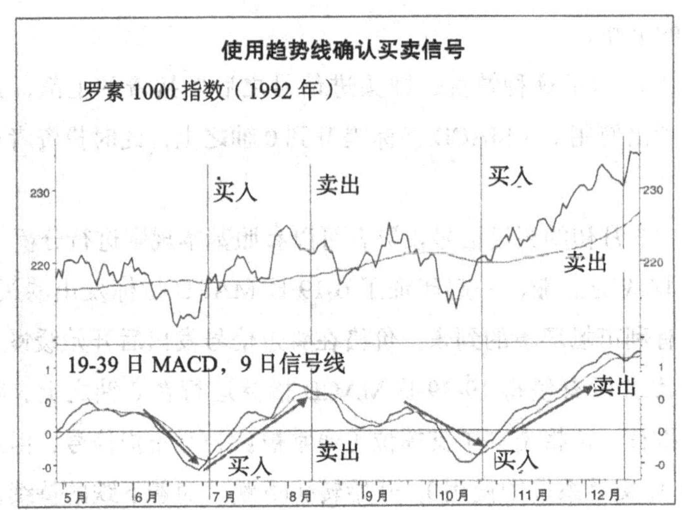

图 8-11　使用趋势线确认 MACD 信号：罗素 2000 指数，1992 年

如果 MACD 与信号线交叉发出的买卖信号被价格交叉趋势线确认的话，那么买卖信号的可信度将会大幅度提高。

MACD 指标通常会得到趋势线分析系统的一致性确认。

图 8-11 对这种情况进行了说明。图中买进信号的出现正好在下跌趋势线被价格向上突破的位置，而卖出信号出现的位置也正好是价格向下击穿上涨趋势线的位置。

将趋势线和 MACD 形态结合起来，比单独使用任意一个的效果更理想。

被周期理论确认的MACD形态

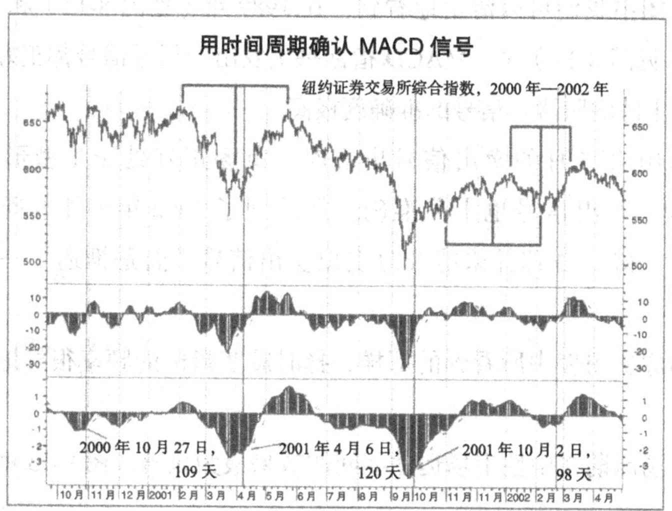

图 8-12　周期理论与 MACD 信号：纽约证券交易所综合指数，2000 年—2002 年

股票市场的中等周期循环长度大约为 110 天。在图中所示的时间区间内，MACD 买进信号——基于动量指标，而不是价格——得到了周期理论的确认和支持。在 2001 年春季，T 型态理论也和 MACD 发出的买卖信号相吻合，只不过在 2001 年后半年发出的卖出信号稍微早了一些。

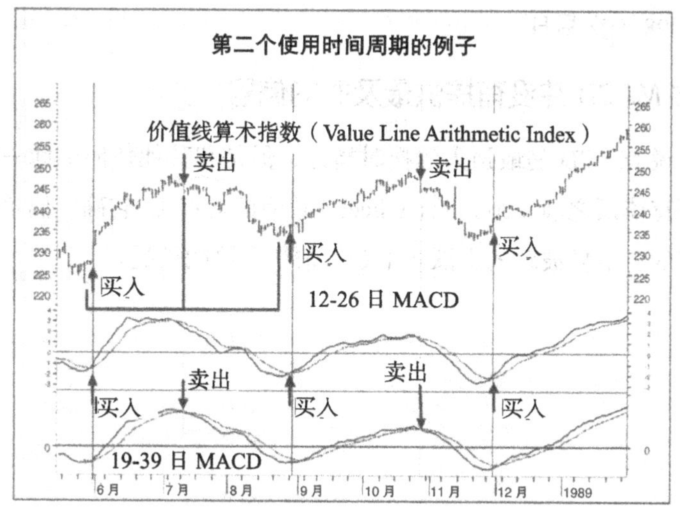

图 8-13　时间周期，第二个例子：综合指数的价值线，1989 年

时间周期的预测和 T 型形态一致确认了 1989 年后半年 MACD 指标所发出的所有信号。

图 8-12 和图 8-13 说明了如何使用周期预测来确认 MACD 指标的买卖信号。从图中我们可以清楚地看到：在 1989 年（见图 8-13）和 2000 年—2002 年（见图 8-12）中，MACD 指标每次发出的买进信号都正好处于市场周期开始上涨的阶段。信号的准确度极高。

当 2001 年 5 月的卖出信号出现时，市场正好处于 T 型形态周期的末尾阶段。卖出信号也十分准确。但是到了 2002 年 3 月市场的 T 型周期结束时，MACD 却并未能及时发出卖出信号，而是推迟了一周左右的时间。

正如你从图表中所看到的那样，择时震荡指标的频率很好地契合了市场周期。

而市场周期在中性市场运动期间的效果最为显著。图 8-13 就是一个绝佳的例子。

如果上一个市场周期比正常周期结束的时间再推迟一些，那么下一个周期就会稍短一些，但是两个周期合起来的平均值应该是正常的周期长度。如图 8-12 所示，2001 年 4 月到 9 月间的周期长度是 120 天，但是接下来的周期只有 98 个交易日。

如果 MACD 并没有提供最及时的信号

虽然说 MACD 是最强大的择时指标，但是和其他任何指标一样，它也有它的阿克琉斯之踵（Achilles's heel，致命的弱点）。它确实偶尔会出现在趋势稳定的、窄幅波动的上涨或下跌行情中失灵的情况。

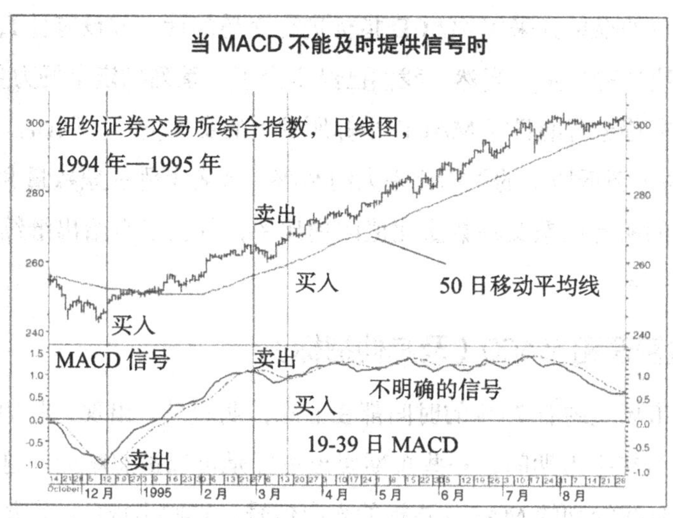

图 8-14　纽约证券交易所指数，1994 年—1995 年

正如图 8-14 中所示，MACD 在 1994 年的 12 月发出了完美的进场信号，并且一直到 1995 年 3 月份都运行良好，而在那之后，MACD 配合其他技术指标一起发出了卖出信号。但是之后的股价确实一路稳步上扬，更要命的是，MACD 指标在这之后再也没能发出买进信号。

图中展示的买进信号是基于 19-39 日 MACD 指标给出的，这主要是为了让图表能显示得更清楚。正常情况下，我们会选择一个更快速的 MACD 指标作为买进信号。

图 8-14 展示了 MACD 指标的买卖信号发生问题时的形态。1994 年底，MACD 指标准确地发出了买进信号，一直到 1995 年 2 月首次发出卖出信号都很正常。由于这个卖出信号并没有伴随着顶背离的发生，所以可以忽略。可是接下来 MACD 又发出了多个卖出信号，尤其是在 1995 年 6 月的卖出信号更是伴随着顶背离一起发出的。按照前文中所述的规则，投资者理应卖出离场。然而在接下来的几个月内，市场仍然处于稳步上扬的形态之中。

有时单边下跌的市场可能也会存在相同的问题。价格稳步下跌，即使 MACD 指标开始上涨，价格也还是安静地、持续不断地下跌。这是因为在下跌动能逐渐缩小的市场中，市场对有利时机的提示反应比较迟钝而已。

我知道如果单独采用 MACD 指标进行交易的话，并没有什么有效的手段可以解决这种失灵。当然，我们已经学会了一系列判定市场力量的工具，用以中和在特定时期日线 MACD 指标所发出的卖出信号。例如，10 日新高股 /（新高 + 新低股）的平均比率大约 90%，或者上涨股票数量和纽约证券交易所中的所有股票交易数量比值的周比率，都会各自给出继续留在股票市场中的信号。

资金管理和 MACD（及其他指标）

股票市场大约有 75% 的时间都在上涨，期间只会出现一些短期卖出信号，尤其是在牛市期间，一些短期卖出指标是可以被忽略的。这一规则同样适用于日线级别的 MACD 指标的卖出信号，它们出现后，市场总是在短暂的下跌之后重拾升势，同时再进场信号出现的位置也会在和前期卖出信号的位置大体相同。

就这一点而言，资金管理就显得非常重要。我们建议投资者应该在股票市场发出买进或者卖出信号时，分仓买进或分批卖出，而不是一次全部满仓或者清仓。如果市场处于温和的上涨行情中，而且如果在你的投资组合中大部分是波动较小、走势良好的共同基金，此时最好不要完全将股市清仓。你会想要完全清仓来买进股票。此时仓位控制就显得尤为重要。

建议卖出的 MACD 指标参数配置

有一种 MACD 指标的配置承载着明显的熊市预期——并不是每一个信号都有这样的作用，而是基于对历史数据的总体研究而得出的具体参数配置。下面有一些具体的参数。

- 作为卖出信号，我们建议使用 19-39 日 MACD 指标。
- 19-39 日 MACD 必须呈下跌趋势。如果转头向上，熊市预期就取消。
- 19-39 日 MACD 指标必须运行于 0 轴以下。尽管绝大多数危险的股票市场下跌时期，都从 19-39 日 MACD 指标位于 0 轴之上不远的地方开始，但是为了卖出这一特殊的目的，你可以把 0 轴看作是判定大多数 MACD 卖出指标是否有效的关键位。

再次重申，“完美”的 MACD 卖出信号，发生在 19-39 日 MACD 指标开始下跌并击穿 0 轴时。如果 MACD 指标转头向上，则卖出信号无效，尽管在实际能够再次进场之前，你可能仍需等待某个更快速的 MACD 组合发出买进信号。

- 即使是满足上述所有的条件，也并不是每次下跌都会导致灾难性的后果。当然，整体而言，上文所描述的卖出信号发出之后，市场都会进一步下跌，这一点必须要给予信号足够的重视。
- 整体而言，统计结果表明在所有的 MACD 卖出信号中，有效信号的比重更大，所以当卖出信号出现时，最好还是遵循，而不是非要等到 19-39 日 MACD 指标跌至 0 轴以下才做决断。当然，这可能会导致交易过于频繁、相关服务费用增加以及大量的假突破行情出现。
- 你可能需要资金管理策略，比如在第一次卖出信号发出之后，开始逐步降低多头仓位，但是至少要保留一定的仓位，直至最后一次完美的卖出信号出现之后才清仓离场。

MACD 指标在证券市场上的表现

迄今为止我们已经很好地阐述了 MACD 指标基本操作原则的方方面面，并且也讨论了一些 MACD 指标形态与其他技术指标整合、协同使用的方式和方法。那么在接下来这部分章节中，我们将通过使用周线、月线 MACD 指标形态，以及日线甚至是日内形态，讨论 MACD 指标在股票市场历史上的表现。MACD 指标是一个真正可以应用于任何时间框架的技术分析指标。

牛市初期

周线图表常常在跟踪股票市场中中级和/或主要级别趋势时非常有用。图 8-15 在时间上横跨了起始于 1982 年的大牛市的前两年。

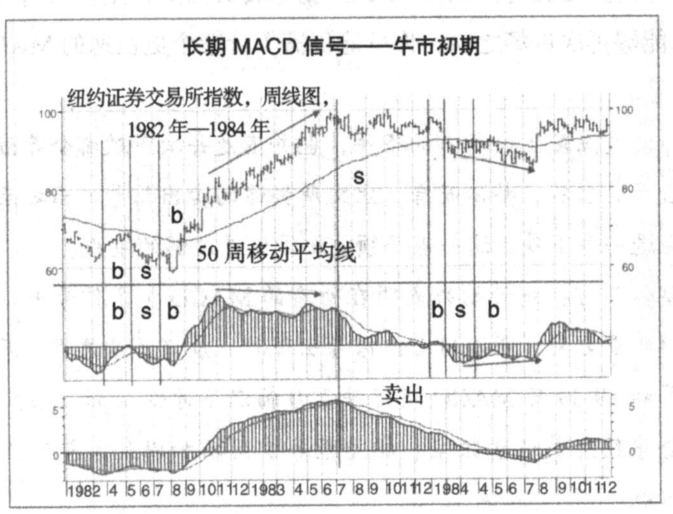

图 8-15　1982 年—2000 年大牛市的头两年：纽约证券交易所指数，1982 年—1984 年

本图是从 1982 年到 1984 年的纽约证券交易所指数周线图。

MACD 指标周线的计算方法与参数设置和日线非常类似，只要将日线级别的数据替换成相应的周线数据即可：50 周移动平均线用以描述证券市场的长期走势，6-19 周 MACD 指标用于选择买进信号，19-39 周 MACD 指标用于选择卖出信号（此段时间内，如果使用 12-26 日 MACD 指标来寻求买进信号，也是一个不错的选择）。

图中我们可以看到，虽然在 1982 年春季发出的买进信号是一个被放弃的信号，但是仍是可以获利的。接着第二个买进信号出现在 1982 年的 7 月。随后到 8 月价格跌至买进信号以下的位置，此时 MACD 指标正好跌至前期低点（这应该被视作是卖出信号），但是指标很快又发出了再次买进的信号。

从 1982 年 8 月起，MACD 指标的表现完美无瑕。无论是短期还是长期 MACD 指标都急速上涨并穿越 0 轴。顶背离以及自上而下穿越信号线的行为，由 6-19 周 MACD 指标发出，但是这并没有形成有效的卖出信号，这是因为慢速平均线以及长期 MACD 指标线一直都在稳步上扬，这种情况一直持续到 1983 年 7 月，直到那时才出现了第一个卖出信号。这一信号终结了持续了几乎一整年的市场上涨。这是一个极好的、使用短期 MACD 组合买进和长期 MACD 卖出的具体例子。

MACD 止损信号的实施实例

在 1984 年，MACD 的形态以及股票市场的价格运动都非常具有指导意义。从 1984 年 3 月出现的买进信号开始，股票价格就开始随着春季和夏季一路下跌至 8 月份并创出新低。然而 MACD 指标却并未创出新低，因此阻止了止损卖出信号的出现，而且持有头寸的行为最终被在夏末出现的市场反弹证明是正确的。

在日内交易中使用 MACD

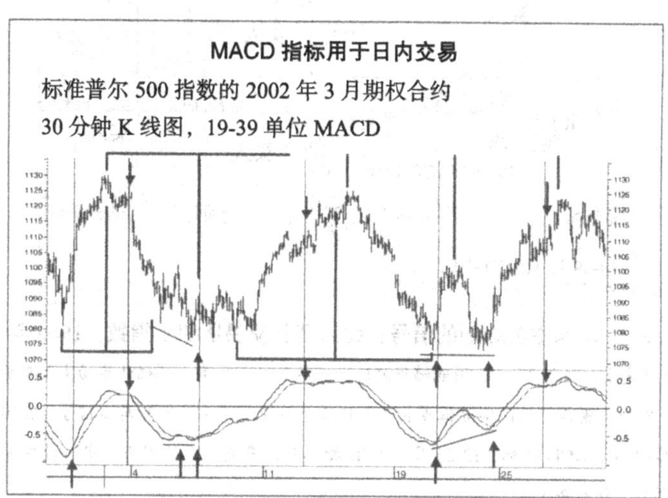

图 8-16　30 分钟 MACD 形态和日内交易：标准普尔 500 指数的 2002 年 3 月期权合约

本图是标准普尔 500 指数期权合约的 30 分钟走势图，下图的 MACD 指标使用的是 19-39 单位（30 分钟）组合，买进和卖出信号都由它给出。请注意图中我们使用了 T 型形态理论来确认 MACD 指标所发出的信号。

从长期的周线图直接跳到30分钟走势图以用于日内交易，这确实是很大的转变。但是正如你在图8-16中看到的那样，MACD形态依旧非常熟悉和类似（T型形态也一样，尤其是在中性市场时期非常有效）。

本图的形态中有不少角度的变化并没有被标记出来——你可能需要仔细观察才能发现。两个非常完美的底背离已经被标记出来，为买点提供了完美的确认。日内价格波动区间常常非常狭窄，所以尽可能早地建立仓位这种行为，在日内交易中就显得尤为重要。

MACD 指标及市场主要趋势

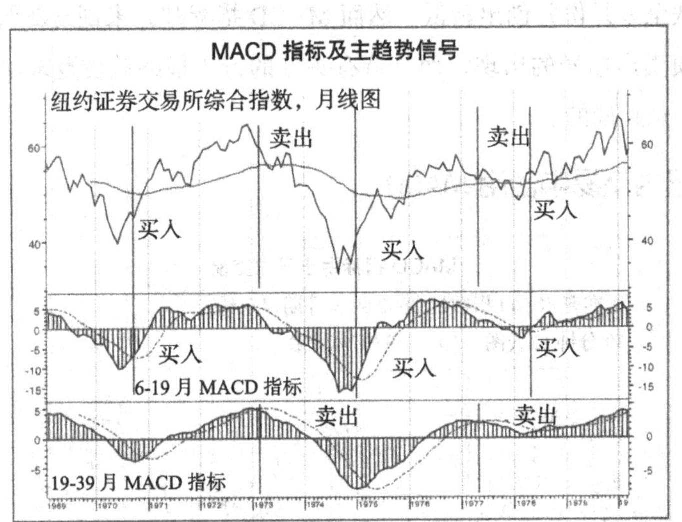

图 8-17　MACD 和主要级别的信号：纽约证券交易所综合指数，1969 年—1980 年

从历史表现来看，月线MACD图能够很好地——尽管并不完美——确认市场主要趋势的反转。按照通用的规则，它会比股票市场的实际低点和高点晚三个月左右产生买进和卖出信号（在图中所示的某些区间，相比6-19月MACD指标，12-26月MACD指标可能是更常见的用来判定买进信号的工具，而不是6-19月这样的参数组合）。

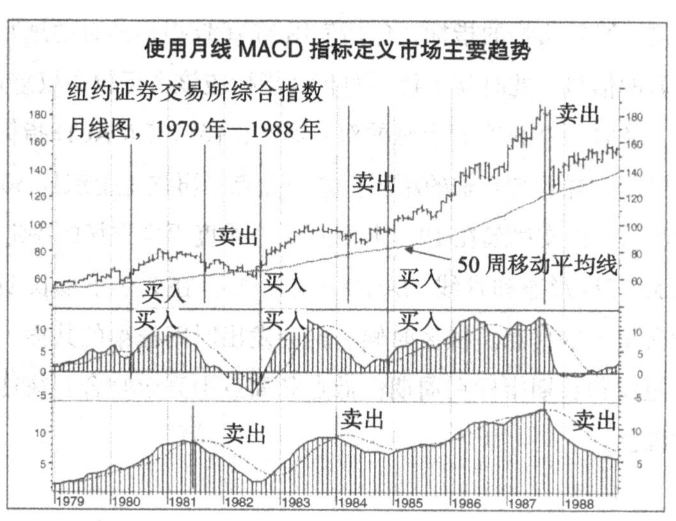

图 8-18　月线 MACD 指标和主要的市场趋势：纽约证券交易所指数，1979 年—1988 年

以月线图为基础的市场价格趋势走势和 MACD 指标，一般都能反映出用短期 MACD 指标买进，和长期 MACD 指标卖出的有效性。图中 19-39 月 MACD 指标在 1986 年底自上而下击穿了它的信号线，但是无论是 6-19 月 MACD 指标，还是 19-39 月 MACD 指标都没有发生任何顶背离现象，所以第一次卖出信号可以被忽略。使用月线 MACD 指标是否能够规避 1987 年的大崩盘，这一点仍然不太确定，尽管使用周线 MACD 指标可以明确地做到这一点。

月线 MACD 形态（如图 8-17 和图 8-18 所示）反映了股票市场从 20 世纪 60、70 年代，到 80 年代的市场长期动量的变化情况。随着 1968 年牛市的结束，在整个 20 世纪 70 年代，股市基本上都处于中性期（即震荡整理）。这期间 MACD 指标从高点开始随着时间的推移而逐步下降，到 1974 年底跌至最低点之后才开始逐步回升。

股票市场自 20 世纪 70 年代结束时开始明显转强，之后一直持续到 80 年代，并最终延续到了 90 年代。不断转强的市场甚至可以从最短的月 MACD 指标得到反映，因为它们从 1982 年到 1987 年间，始终保持在 0 轴之上运行，这可是一个几乎持续了 6 年的周期。实际上，你可以自由考量在 1984 年出现的买进信号，当时 6-19 月 MACD 并没有跌至 0 轴以下，因为通常跌至 0 轴以下才是买进信号发出的先决条件。

有时候，股票市场的指标，包括使用MACD指标的普通规则，都会发出互相矛盾的信号。此时就不得不对什么指标应该占据较高权重作出判定。在本例中，MACD指标有着上涨的双底形态，伴随着MACD指标向上穿越自身的信号线，并且与0轴的距离仅差一点点，再加上上涨的50月移动平均线，看起来足以支撑起在1984年最后一个季度再次进场的决定。

周线MACD形态和月线MACD形态一样，在关于市场长期趋势方面提供着意义重大的信息。很多时候它们会发出时间框架的共振，而使投资者受益。短期和长期指标在周期性低点和高点上完全吻合，往往会提供绝佳的投资机会。

MACD指标确定市场低点的能力

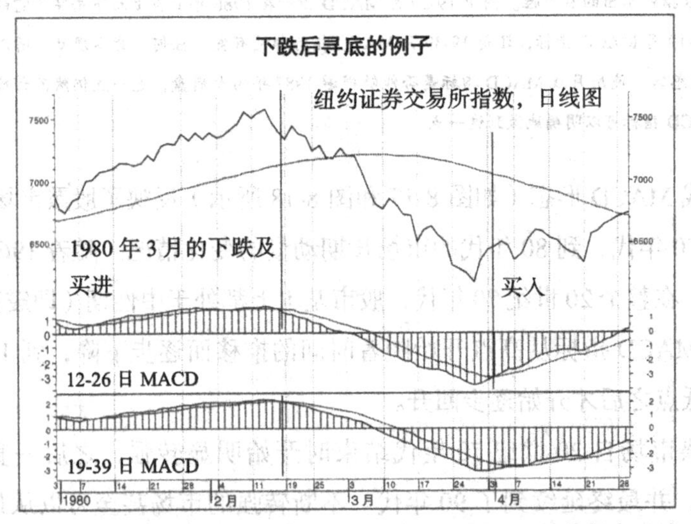

图8-19　纽约证券交易所指数：1980年2月到5月间的股市下跌

在1980年2月市场创出新高后，仅在三天之后MACD指标就发出了卖出信号。随后MACD指标在股市一路的下跌中置身事外，而且在3月底市场低点出现之后仅三天就再次发出了买进信号。

仅凭它众多功能中的一项，MACD指标就值得投资者追随。这个功能就是，判定经历过中期或者长期下跌之后的市场，何时能再次进场的能力。在这之前我们已经亲眼目睹了利用 MACD 月线指标判断市场大势的例子。图 8-19 再次向我们展示了 MACD 指标在市场处于弱势时期时发现买进时机的能力。据我所知，没有任何指标能够在这方面超越它。

发生在 1980 年冬季的股票市场下跌就是一个很好的例子。股市在 1979 年的大部分时间内都表现得足够强劲，接着市场连续遭遇了两次“十月崩盘”（实际上，下跌并没有严重到崩盘的程度）。下跌之后的整理行情被 1980 年 2 月的强烈上涨打破。那一年的 2 月中旬，高利率以及通货膨胀，再加上市场中贵金属行业股票的投机气氛高涨，导致市场出现了严重的下跌走势，这就使得平时波动平静的纽约证券交易所指数，在六周的时间内下跌了近 20%。

那么 MACD 指标对这些大幅市场波动应对得怎么样？实际上相当好。卖出信号虽然没有出现在 2 月中旬的股价最高点，但是仅比这一最高点推迟了 3 天。那之后直至 3 月底，MACD 指标都让投资者远离股市。市场开始出现反弹的第一天，MACD 指标就转头向上，并且在最终的市场底部出现仅 3 天之后，就向上穿越信号线，发出买进信号。

并不是每个市场周期都可以被如此完美地预测，这一点自不必说。但是不得不说的是，MACD 指标在这个 2 月的市场周期中的成功表现实在是不寻常。

MACD 形态及重要的市场底部形态

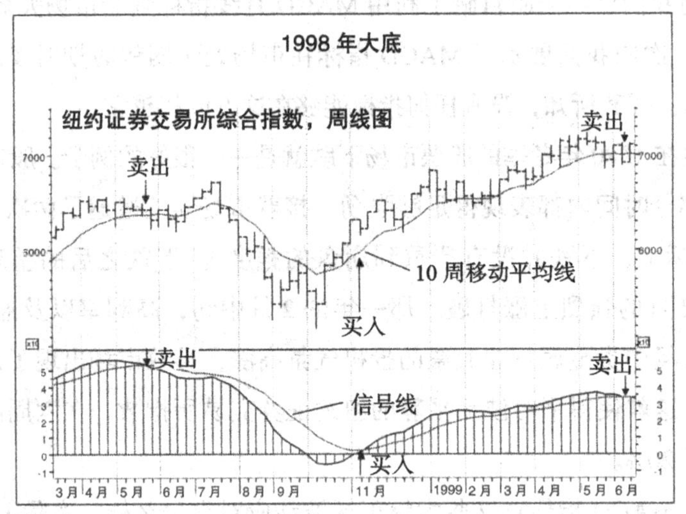

图 8-20　1998 年的市场周期，周线 MACD：纽约证券交易所指数

尽管 19-39 周 MACD 在低点出现的 5 周之后才上穿自己的信号线，但是这个长期的周线 MACD 指标，在 1998 年市场严重下跌的最低点出现之后的仅 1 周后，就已经开始转头向上。卖出信号的出现是在 1998 年的 5 月，这个时间稍显早了一些，但是在 1999 年 6 月出现的卖出信号确实是适逢其时。

图 8-20 阐释了 MACD 指标的具体应用，这一次是周线级别，用以对应中等级别的市场周期。图表展示的长期 19-39 周 MACD，主要用来确定卖出信号。倘若使用 12-26 周 MACD 指标来替代前者作为卖出信号的判定，它会比图中所示的提前一周发出市场再次进场的信号。

在 1998 年 5 月发出的卖出信号稍显早了一些，在这之后，19-39 周 MACD 使得投资者在市场的最后一次上涨时期和 1998 年夏天的严重下跌时期都远离市场。最后在 11 月，即市场最低点形成之后的 5 周，它发出了买进信号（在这段时期，日线级别的 MACD 形态在 1998 年 8 月，发出了一次非常勉强，最后被抛弃了的买进信号。自此以后，MACD 连续在 9 月和

10 月两次发出完美的买进信号，且发出点都是最低点形成之后的几天之内，最终市场形成了双底形态，这一点我们从周线图上可以清楚地看到）。

周线级别的 MACD 形态能够使投资者在股市中最肥美的上涨行情中持股 7 个月。

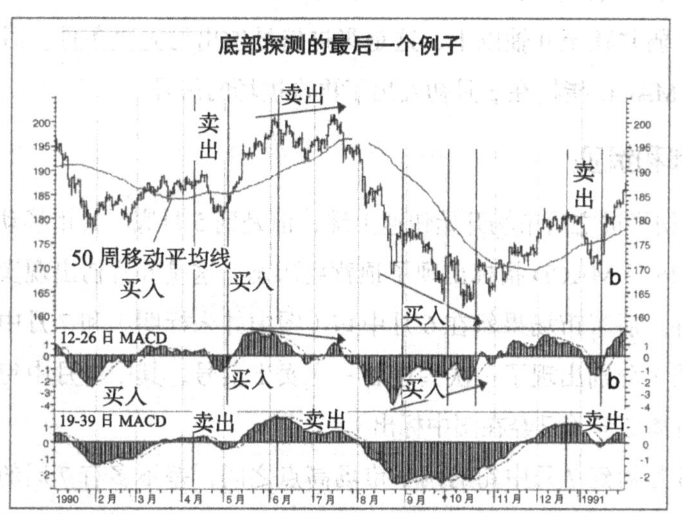

图 8-21 最后一个底部探测的例子：纽约证券交易所指数，1990 年—1991 年

从 1990 年到 1991 年，MACD 指标成功地发出了一系列买进和卖出信号。这张图阐释了许多和 MACD 指标相关的概念，包括顶背离和底背离、上升的底部形态、楔型形态和 T 型形态。有意进一步研究的读者可能会需要重画本图，在未被标记的地方画出这些形态。

1990 年到 1991 年间（如图 8-21 所示）市场提供了许多活跃的交易机会。接下来我们将仔细地研究这段时期内，价格的运动和 MACD 形态间的关系，用以对 MACD 指标的操作原理做一个最后的回顾。

年初的市场反弹

从 1990 年的元月份开始，市场一直处于下跌之中，12-26 日 MACD 指标在 2 月初发出了准确的买进信号，接着股价开始上涨。MACD 指标的形态也开始走强，短期与长期 MACD 同时出现上升的双底形态。到了 3、4 月份，

12-26 日 MACD 指标开始出现顶背离信号，这预示着市场将会走弱。所以 4 月份 19-39 日 MACD 指标发出卖出信号时，投资者应该果断离场观望。

短暂的下跌和及时的再次进场信号

4 月份的卖出信号发出之后，市场经历了短暂的下跌行情，MACD 指标开始走弱并跌至 0 轴以下，这是买进信号发出的先决条件。后来果然由 12-26 日 MACD 指标在 5 月初发出了再次进场的信号。

反弹和筑顶

5 月初买进之后市场开始快速上涨，但是到 5 月底时，市场动量的缺乏使得 12-26 日 MACD 指标出现了顶背离形态。这是 6 月初出现卖出信号的前提条件。后来市场果然在 6 月中旬（图中并未标明）和 7 月中旬（图中并未标明）分别出现了一次买进和一次卖出信号，其中 7 月中旬发生了严重的顶背离走势（已经在图中标出）。

从 6 月初到 7 月中旬的两个市场高点之间，差不多有 7 周的时间，这期间上涨动能明显消失，这常常会诱发重要的顶背离形态的形成。尽管指数在 7 月创出了新高，但是无论是长期还是短期 MACD 指标，都在 6 月呈现出比 7 月高的高点。无论从哪个方面讲，MACD 指标在 7 月中旬发出的卖出信号都是相当及时和准确的。

市场暴跌和筑底过程

股票市场在 7 月卖出信号出现之后出现了暴跌。MACD 指标在 8 月份抵达了最低点，并随之出现了一个过早的买进信号。之后直至 9 月份价格下跌至新低，MACD 指标也并未发出止损信号。这是因为 MACD 指标并未对价格新低作出确认。

9 月到 10 月，市场指数和 MACD 指标开始出现齐升共涨的喜人场面，指数走出来楔型形态，预示着可能会出现牛市行情。与此同时，短期和长期 MACD 指标都呈现出底部上升形态，并形成了底背离走势。

最终市场出现了修复性上涨行情，价格开始上涨并脱离了底部区域。

最终的衰退和反弹行情

随着 12-26 日 MACD 指标的顶背离走势，以及 19-39 日 MACD 指标自上而下穿越信号线的行为一起，MACD 指标在 12 月发出了卖出信号。

在卖出信号和 1991 年 1 月出现的新的买进信号之间，还有一次成功的倒卖机会。快速 12-26 日 MACD 指标首次向下击穿 0 轴，形成了这一买进信号发出的先决条件，那么接下来再转头向上以及穿越信号线就顺理成章了。

总之，在 1990 年到 1991 年间，MACD 指标产生了一系列非常精准的交易信号，只有一个例外，就是在 1990 年 8 月发出的过早的买进信号。但如果在这段期间完全遵循 MACD 指标进行操作，即使是在 1990 年 8 月的那次信号也能产生收益。

MACD 与市场周期的四个阶段

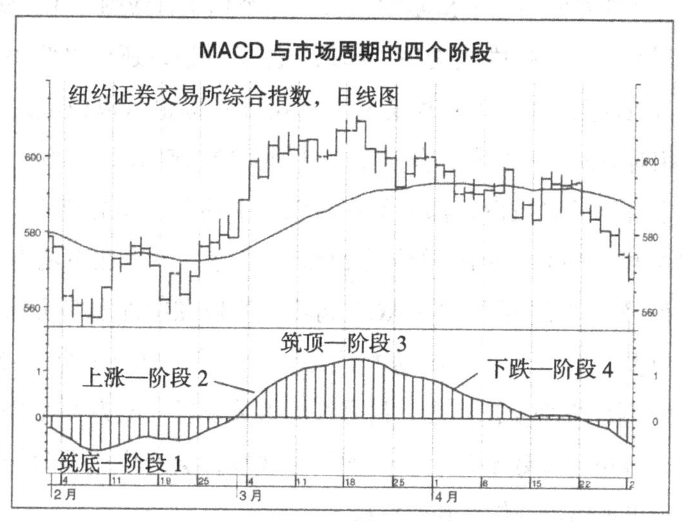

图 8-22 纽约证券交易所指数：2002 年，MACD 与市场周期的四个阶段

MACD 指标的平滑形态清晰地表明了市场周期的四个阶段。

作为最后对MACD指标的讨论，读者可能会发现图中的形态，相较于大多数市场指标而言显得非常平滑，并且能够为与市场周期有关的四个阶段提供思路。图8-22阐释了相关的概念。

众所周知，做多头寸的收集工作往往发生在阶段1的后半期，或者阶段2的早期。持有头寸的时期贯穿阶段2和阶段3。如果预期市场会进入阶段4，投资者就会减仓。

这个日线图反映的是相对短的市场周期，周线和月线图表则会反映更长的市场周期。

回顾与MACD有关的规则

本章中涉及太多的基本理论，所以我们要在最终结论中，对与MACD指标有关的规则作个小结。

创立并运用你的MACD指标

你可以计算并使用三个MACD指标：一个用于日线图，用作短线交易；一个用于周线图，用作中线交易；如果你愿意的话，还可以使用一个月线级别的MACD指标，用于长线交易。MACD指标也可以被应用于日内交易，与之相对应的周期参数，分别是5分钟、30分钟和60分钟。

每一个具体的参数设置都有其在短期、中期和长期的应用。例如，这些参数设置可能包括，6-19单位的MACD指标，用来在市场有利时快速发出买进信号；12-26单位的MACD指标，用以在中性震荡市场中寻找买进信号，以及在非常弱势的市场中寻找卖出信号；以及一个19-39单位的MACD指标用以发现卖出信号。信号线的参数设置一般为MACD指标的6个或者9个单位的指数平均线。短期信号线往往会产生更及时的信号，但是也常常会出现错误的信号和假突破。

此外，要用好MACD指标，你还要设置一条适宜的确定市场趋势的移动平均线。50个单位的移动平均线往往表现较好。

买进信号

第一，检查 50 个单位的移动平均线的趋势；

第二，在 MACD 指标发出买进信号后，检查是否发生底背离走势；

第三，检查市场周期、T 型形态、上涨楔型、V 型反转以及下跌趋势是否被打破等因素。

如果市场趋势走强或者处于振荡整理期（可以用 50 个单位的移动平均线来判定），或者存在底背离，或者出于市场周期的上升阶段时，投资者可以采用 6-19 单位的 MACD 指标来选择买进时，但是这种方法极易造成过高的交易频率。

如果市场的趋势走弱，则可以选择中期 MACD 指标来产生买进信号。

先决条件

除非市场长期趋势非常有利，且出现了明显的底背离形态，或者重大的下跌趋势被突破，MACD 指标发出的买进信号必须经过**“在最后一次卖出信号发出之后，MACD 指标先跌至 0 轴以下”**这一过程。这样被称作“零轴法则”，抛弃零轴法则的买进时机并不常见。

卖出信号

如果 MACD 指标发出卖出信号，并同时出现顶背离形态，那么即使是市场长期趋势线走强或者走平时，投资者都应该及时减仓。注意卖出信号（MACD 自上而下穿越信号线）的发出，必须经过“零轴法则”的确认。

如果中期或长期 MACD 指标并未出现顶背离，则投资者可以忽略第一次卖出信号。

如果投资者忽略了首个卖出信号，那么请使用 50 个单位的移动平均线作为止损信号，一旦该均线被向下击穿，请无条件清仓出局。还有一种情况也应该立即清仓离场，即在前一个买点出现之后，买进信号发出的 MACD 指标跌至前一个低点之下时，投资者应该及时止损离场，即便是该指标并未触及到 0 轴也不例外。

永远记住，必须遵循由 19-39 单位的 MACD 指标所发出的第二个卖出信号。

如果长期趋势明显不利，那么你可以使用 12-26 单位的 MACD 来同时决定卖出和买进，卖出的时机应该在 MACD 指标线在 0 轴之上向下穿越自身的信号线时。

总之，你对自己使用的 MACD 指标的位置得到的确认信号越多，就越能持有更多的仓位。记住这些概念的协同性。

哦，还有一件事不能忘——将日线市场广度脉冲模型升级为中级版。

将 MACD 指标日线模型拓展为中长期模型

在本书的第六章结尾时我曾经许诺说，在本书的后半部分我将讲解，如何将 MACD 指标从一个短期的、基于日线的市场广度脉冲信号的择时交易模型拓展为中长期模型，以便能适用于更长期的股市分析。你也可以使用这种方法来拓展其他短期择时交易模型的存活期。你会发现这是一个极好的可以减少交易次数、削减交易成本开销并提升投资收益的方法。

规则的改变实际上相当简明扼要。下面就是中长期版本的广度脉冲模型的基本使用规则。

买进信号

以前的原则是，当上涨股票数量 /（上涨 + 下跌股票数量）比率的 10 日指数平均线上升至 61.5% 或更高时买进。除此以外，再无其他买进信号。

卖出信号

以前的原则是，当上涨股票数量 /（上涨 + 下跌股票数量）比率的 10 日指数平均线下跌至 49% 或更低时卖出。

改进后的卖出条件

纽约证券交易所的 19-39 日 MACD 指标读数不得超过 1%。

这两个条件必须同时满足，即市场广度脉冲指标读数在 49% 或更低，MACD 指标值必须低于 1%。否则，不会发出卖出信号。

MACD 指标读数 1% 这个值的计算，是用 19 日减去 39 日的纽约证券交易所指数的日线收盘平均值，并且用这一结果除以较慢速的 39 天指数平均值而得到的。

例如，如果纽约证券交易所 19 日的指数平均值为 6500，39 日值为 6400，那么，我们先用 6500 减去 6400，即 6500−6400，结果是 +100。

接下来你要用 100 除以 6400（100 ÷ 6400）。其结果是 +0.0156。最后再乘以 100 将其转化为分数：1.56%。因为 MACD 指标读数高于 1%，所以此时并不会发出卖出信号。仅在 MACD 指标读数低于 1% 时，**并且同时**市场广度脉冲指标读数低于或等于 49% 时，才能卖出。

再次强调，两个条件必须同时满足才能卖出。

表 8-1　用 MACD 过滤市场广度脉冲信号：纽约证券交易所指数，1970 年—2004 年（指数的计算方法从 2002 年 12 月 31 日起进行了修订。之前的数据必须经过重新调整，才能适应当前的指数标准）

买进日期	价格（美元）	卖出日期	价格（美元）	受益 / 亏损比（%）
12/29/1970	530	05/18/1971	587	+10.7
12/03/1971	565	04/28/1972	634	+12.2
09/21/1973	610	11/06/1973	595	−2.5
01/03/1974	562	01/10/1974	523	−6.9
10/10/1974	388	10/24/1974	392	+1.0

（续表）

买进日期	价格（美元）	卖出日期	价格（美元）	受益 / 亏损比（%）
01/03/1975	394	07/28/1975	502	+27.4
01/02/1976	507	04/14/1976	564	+11.2
12/03/1971	107.26	04/28/1972	131.33	+22.44
09/21/1973	109.46	11/06/1973	106.29	−2.90
12/09/1976	594	01/27/1977	586	−1.3
11/10/1977	549	12/06/1977	542	−1.3
04/17/1978	557	06/27/1978	564	+1.3
08/02/1978	611	09/26/1978	611	0
01/05/1979	585	02/08/1979	578	−1.2
08/20/1982	683	07/19/1983	1009	+47.7
08/02/1984	936	10/09/1984	989	+5.7
01/14/1985	1040	03/25/1985	1089	+4.7
05/20/1985	1160	08/05/1985	1165	+0.4
11/11/1985	1203	05/19/1986	1423	+18.3
01/12/1987	1578	04/20/1987	1714	+8.6
01/30/1991	1966	05/15/1991	2136	+8.6
12/27/1991	2365	03/04/1992	2396	+1.3
05/05/1997	4561	10/27/1997	4897	+7.4
05/30/2003	5435	08/04/2003	5516	+1.5
12/30/2003	6444	03/15/2004	6445	+0.0
05/25/2004	6429	06/14/2004	6465	+0.6

统计结果小结

在 24 次交易中有 18 次（占比 75%）都是获利的，还有一次不亏不赚。获利的交易每单平均获利 9.4%；亏损的交易每笔平均亏损为 −2.6%。总获利是总亏损的 12.76 倍，而且投资时间仅占总交易时间的 18.3%，就达到了

年化 +4.23% 的收益率，也就是说超过全年时间都投资于纽约证券交易所总收益的一半以上，而且计算并未考虑股票分红和利息收入。

MACD 指标在纳斯达克综合指数上的应用

纳斯达克综合指数从 1971 年 2 月 5 日起才建立起来。因此下列的统计数据就从那时开始，第一个买进信号发生在当年的 12 月 3 日。除去该笔交易，我们将以纽约证券交易所指数为数据基础，把广度脉冲模型运用到纳斯达克综合指数上，统计汇总而得到表 8-2。

表 8-2　MACD 过滤广度脉冲信号：纳斯达克综合指数，1971 年—2004 年

买进日期	价格（美元）	卖出日期	价格（美元）	受益 / 亏损比（%）
12/03/1971	107.26	04/28/1972	131.33	+22.44
09/21/1973	109.46	11/06/1973	106.29	−2.90
01/03/1974	94.18	01/10/1974	91.42	−2.93
10/10/1974	58.54	10/24/1974	62.60	+6.94
01/03/1975	61.23	07/28/1975	83.09	+35.70
01/02/1976	78.06	04/14/1976	88.75	+13.70
12/09/1976	94.10	01/27/1977	96.04	+2.06
11/10/1977	99.98	12/06/1977	102.97	+2.99
04/17/1978	111.93	06/27/1978	119.18	+6.48
08/02/1978	128.16	09/26/1978	132.92	+3.71
01/05/1979	122.05	02/08/1979	123.41	+1.11
08/20/1982	166.96	07/19/1983	311.17	+86.37
08/02/1984	238.87	10/09/1984	244.09	+2.19
01/14/1985	255.46	03/25/1985	276.26	+8.14
05/20/1985	294.48	08/05/1985	302.14	+2.60
11/11/1985	302.31	05/19/1986	383.74	+26.94
01/12/1987	385.46	04/20/1987	417.73	+8.37
01/30/1991	408.53	05/15/1991	478.08	+17.02

（续表）

买进日期	价格（美元）	卖出日期	价格（美元）	受益 / 亏损比（%）
12/27/1991	565.71	03/04/1992	630.29	+11.42
05/05/1997	1339.24	10/27/1997	1535.09	+14.62
05/30/2003	1595.91	08/04/2003	1714.06	+7.40
12/30/2003	2009.88	03/15/2004	1939.20	−3.52
05/25/2004	1964.65	06/14/2004	1969.99	+0.27

在总共 23 次的交易中有 20 次（占比 87%）都是盈利的，每笔盈利交易的平均收益率是 14%，每笔亏损交易的平均亏损是 −3.1%。总收益达到了 +280.47%，总亏损是 −9.35%。总收益和总亏损的比率高达 30.0∶1。也就是说每 1% 的亏损就对应着 30% 的收益。MACD 过滤广度脉冲模型的年投资时间仅占总时间的 17.2%，却产生了年化 41.53% 的收益率。而如果将全部时间都用来投资的话，即使考虑到分红和利息等因素，回报率仅为 7.19%。而且最最重要的是，使用 MACD 过滤广度脉冲模型你全年仅有 17.2% 的时间用于交易。

当然，过去的优异表现并不能代表将来，这一点毋庸置疑。在过去的许多年内，许多曾经表现优异的择时交易模型都被人们扔进了废纸堆里。在短期和中期的时间框架中，市场广度脉冲模型在过去的 30 年间一直表现优异，而且具有非凡的锁定市场底部的能力。至今仍活跃在市场上的交易者们，亲眼见证了市场广度脉冲模型成功地预测 1971 年 12 月、1975 年 1 月、1976 年 1 月、1982 年 8 月、1985 年 11 月和 1991 年 1 月等牛市行情的能力。当然，该模型在 2003 年市场上涨时未能及时发现进场信号，这一点稍显遗憾。

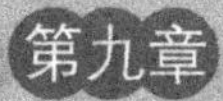

移动平均线交易通道：踏着历史的足迹，获取未来的收益

我相信你已经发现阅读本书，并由此引领自己走向技术分析之路，不仅非常实用，而且也颇有助益。我和我的同行们每天在作交易和投资决策时，都在使用本书中的交易工具。在本章中，你将学到我认为在投资决策中最为实用的投资工具之一：移动平均线通道。和 MACD 指标一样，这也是一个强大的实战工具。移动平均线通道也可以被应用于任何时间框架之中，从日内交易到长期投资不等。

和前几章的描述方法一样，本章也将从数据和图表中归纳出一系列概念和规则。基本概念实际上非常简单明了，而且我们在前面的章节中已经介绍过其中的一些。当然对移动平均线交易通道系统的分析还会涉及一些比较主观的因素。比如如何读图，这一点和择时交易模型的数据统计不大相同，常常涉及一些主观的判断力——但是在对移动平均线通道的分析中，这些主观因素也多是一些常识性见解。和 MACD 指标一样，移动平均线交易通道也是一个我非常推崇的技术指标。

移动平均线交易通道可以被应用于从短期到长期的任何时间框架。价格在通道内运行的模式可以帮助投资者作出如下判断。

- 市场是否正在增加或者失去上涨的动量？
- 即将到来的支撑位和阻力位会在哪里形成？
- 市场的初步复苏行情能否演变成持续上涨行情？
- 市场处于弱势运行时什么时候买进是安全的？
- 在什么时间，什么位置市场可能会发生调整，调整后是否伴随着反弹？

移动平均线交易通道的基本构成要素

移动平均这一概念反映的是股票市场在某一时间框架内的趋势。使用多个通道，用以反映短期和长期的市场趋势，其好处是显而易见的。

现在你已经知道，移动平均是用来平滑价格数据的工具，它能够剔除价格上短期波动的噪音，确定市场趋势的方向和强度。长期移动平均线反映的是市场的长期趋势，具有更加平滑、变化缓慢等特征。

移动平均线交易通道用到的移动平均值从 5 到 50 个单位不等，这取决于你的交易时段。股票、个别债券、国债或者商品期货等交易品种，既可以采用（极短的）5 分钟作为参数，也可以用（常见的）交易日、周甚至（长期的）月作为参数。不同的时间跨度反映了不同时间周期内的市场趋势。21 日移动均线反映的市场趋势是以 7~8 周的市场周期为基础的，这个时间周期大约是移动均线参数的 2 倍。10 日移动均线描述的是市场趋势的短期趋势，能够反映 3~4 周的市场周期。

移动均线在对时间参数的选择上并没有什么严格的规定，投资者在使用时不但要考虑当时的市场环境，而且还要考虑投资标的特有的波动性。我发现移动均线参数的范围在 21 天到 50 天（或者周线级别用以反映长期趋势）最为适宜。

下面我们简单回顾一下移动均线的计算过程：将最近一段时间内的股票或指数的收盘价相加，求得其算术平均值而得到。比如在计算纳斯达克综合指数的 10 日移动均线值时，投资者应该记录最近 10 天的指数收盘价并将它们相加求和，最后除以 10 就得到该值。在第 11 天的时候，剔除最早的一天数据，仍然计算最近 10 天数据的算术平均值即可。在实际操作中，基本上所有的证券分析软件都具有直接计算移动平均值——投资者可以自行设定时间参数——的功能，以及设定移动平均线通道的上下轨参数的功能。

这里需要特别指出的是，移动均线的参数越小，它就越能够反映市场短期的波动。反之，移动均线的参数越大，就越适合跟踪长期的趋势。我们将在接下来的章节中看到各种长度的移动均线图表。实际上，如果你使用的参数相差不大的话，比如你用 10 日移动均线来代替 12 日移动均线，或者反过来，其实对最终的结果影响不大。

投资者创建的移动平均线交易通道的时间跨度完全取决于其交易参照的是长期还是短期。

建立通道

围绕移动平均线建立通道，你需要定义通道偏离移动均线之上和之下的百分比并依此画出通道线。被创建的通道线自然成为移动平均线通道的上轨和下轨，而移动均线则成为通道的中心。

例如，以 21 日移动平均线为例，证券标的是标准普尔 500 指数，某日的指数值为 1000 点。现在我们想创建的移动平均线交易通道的偏离率为 4%，那么我就在比 1000 点高 4% 和低 4% 的位置上分别画一条线（实际上，对于指数而言这种通道参数很常见）。21 日移动均线值 1000 将位于两条通道的中间位置。上轨线偏离 21 日平均线 4%（1000+1000×4%=1040），则 1040 是这条上轨线的值；下轨值则是 1000−1000×4%=960。

选择偏离率

只要给定了限定价格运动的百分比值，也就是偏离率的具体数值，我们就可以用数学公式计算出平均线交易通道的具体偏离率。然而在实际操作中，偏移率的具体值是否精确并不重要。

但是一般我们有个原则，即市场的波动率越大，我们采用的偏离率就越大。因为投资者需要把 85%~90% 的价格波动数据都框定在通道之内，这就需要交易者根据不同标的的波动率自行设定偏离率。偏离率的精确与否并不重要，因为在电脑程序的帮助下，投资者可以自行根据目测来调节通道的宽度。

有的分析师认为，交易通道内应该包括95%的价格数据，而我则倾向于将通道设置得略窄些，因为我发现允许一小部分价格数据跳出通道之外，具有非常重要的实战意义。当然，这种分歧从实质上来讲根本无关痛痒。

偏离率的具体数值受到两个因素的影响：一，你所跟踪的市场指数或者投资标的的波动率；二，移动平均线的参数大小。数据的波动率越大，则移动平均线交易通道则应越宽；移动平均线的参数值越大，其对应的市场价格波动也就越大，所以其通道也要设置得宽一些。如果投资者可以借用电脑软件等即时分析工具，那么我会建议他们通过亲身测试来选择适宜的通道宽度。

许多移动平均线通道的用户会随着市场的上涨和下跌而使用不同的通道宽度，他们还会使用诸如标准方差这种专业级别的工具来跟踪某个时期的波动率变化。所以调整通道宽度的宗旨是：市场波动率增加时拓宽通道，市场波动率降低时收窄通道。本着这一宗旨，约翰·布林格（John Bollinger）发明了布林带（Bollinger bands），它提供了一些非常有益的信息。而我个人则喜欢固定宽度的通道，因为这能给我提供一些非常有用的信息。

此外，请你一定要记住协同性！要结合其他指标和对时间周期的判断来确认交易通道所发出的信号，并且对熊市和牛市的形成保持足够的警惕。尽管移动平均线交易通道本身就是很强大的交易工具，但是和MACD指标一样，如果与其他技术指标结合起来综合分析，那么其准确率会得到很大的提升。

移动平均线交易通道的实战应用过程

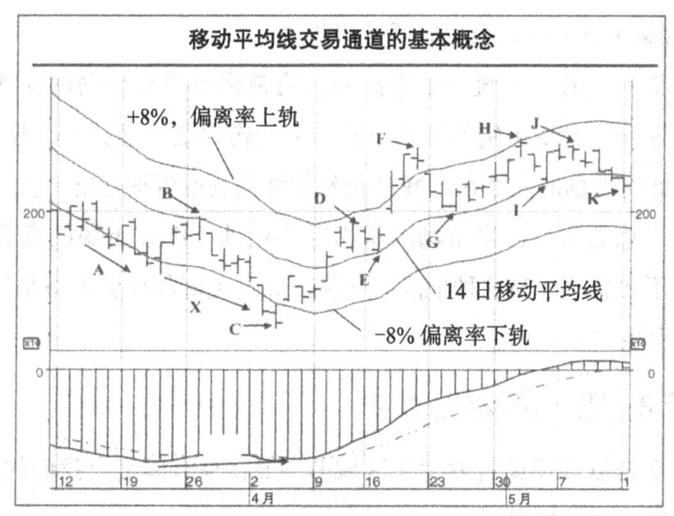

图 9-1　基本概念：纳斯达克综合指数，2001 年

图标 9-1 展示了纳斯达克综合指数在 2001 年春季的日线价格运动走势，这段时期正好是股市波动异常期。图中波段中心的移动平均线参数是 14 天，上下轨的偏离率是 +/−8%。因为这段时间市场波动很大，所以我们将偏离率设置得稍高一些。

除了 14 日移动均线及其上下轨形成的通道线之外，该图中还附有 19-39 日 MACD 指标。从图中我们可以看到，它和日线级别的纳斯达克综合指数及其移动平均线交易通道之间，自始至终都保持着良好的互动。

区域 A：图表从市场下跌开始

图 9-1 起始日期是 2001 年 3 月，此时市场正处于暴跌阶段。纳斯达克综合指数沿着移动平均线的下轨运行，MACD 指标也向下运行并击穿 0 轴，保持负值运行状态。价格平均线、移动平均线通道和 MACD 指标都呈现出下行态势，这表明市场会进一步走低。

当然，随着价格跌至区域 A 的末端并击穿移动平均线通道的下轨，市场进入了超卖状态，而且此时市场的下跌动量仍然很高。由此我们引出一个常见的规则。

规则一：当价格击穿意义重大的平均线交易通道下轨时，股票通常（但并不总是）会上涨，至少短期是如此。

当价格击穿通道下轨一定距离后，通常都会出现强劲的反弹。当然，在图表的左侧，日线级别的通道下轨被完全击穿之后就买进，显然为时尚早。但是此时进场的头寸在区域B仍然能够微利或者平仓出局。

然而，总的来说，当市场动量指标仍然处于继续走弱的态势之中时，最好还是不要急于参与这种危险的交易。此时更好的投资策略是持币观望，等待更有利的时机出现。

区域B：第一次修复性反弹

第一次修复性反弹就发生在区域B，现在是时候给出我们的第二个移动平均线交易通道规则了。

规则二：一般而言，价格击穿通道下轨后的第一次反弹，在上涨到移动平均线附近后会遇到强大的阻力，导致反弹至此结束。

如果市场价格下跌时，击穿通道下轨之后的距离较远（比如达到通道宽度的一半左右），那么市场初次反弹很可能在通道下轨就受阻，而不是反弹到移动均线才受阻。

实际上，在图中的区域B显示，纳斯达克综合指数的第一次反弹受阻于通道中轨（也就是移动平均线）附近。这就一个典型的连续下跌击穿通道下轨后第一次反弹至移动平均线附近的例子。这与规则二描述的完全一致，即可以预期反弹将会在通道中轨附近结束。

区域X：技术图形发生变化

在图中的C点，价格再次跌至通道下轨以外。当然，几个指标发生了一些变化，预示着技术图形正在发生改变。

一方面，MACD指标停止下跌，并出现了底背离形态：价格创新低，同时MACD指标上涨。从区域X中就可以明显看出，MACD指标形成了双底形态。另一方面，从B点到C点的市场价格走势呈现出楔型形态，这可是一个牛市信号（你会发现从B到C的下跌斜率和从A到C的斜率正在聚合）。

鉴于以上的变化，激进的投资者们可能会在区域C，价格击穿通道下轨时（参照交易规则一），就开始进场做多。这种形态一般预示着市场开始进入反弹修复期，高度最少要抵达通道的中轨，有时甚至具备突破通道上轨的能力。因为这已经是第二次，而不是第一次反弹。

区域D：反弹到通道上轨

最终事实揭晓，价格上涨穿越通道中轨并最终抵达上轨（区域D）。这就引出了我们移动平均线交易通道的规则三。

规则三：从通道下轨开始的反弹，一般高度不会超过通道中轨，尤其是当该反弹是下跌以来的第一次反弹时。当然，如果反弹价格突破了通道中轨，那么反弹的下一个阻力位就极有可能在通道上轨附近。

区域E：价格回落至通道中轨

在区域D，价格抵达了移动平均线交易通道的上轨，在那以后价格会重新回撤到区域E，也就是通道中轨的位置。

规则四：在价格抵达通道上轨之后，除非市场环境不同寻常得弱，否则反弹之后第一次回撤的目标位，极有可能是通道中轨，也就是移动平均线的位置。

随后，价格又一次上涨抵达通道上轨的位置。此时技术指标都发生了变化。MACD指标开始转头向上，并且上穿了自己的信号线。移动平均线通道自身也开始转头向上。MACD指标的阶段1（筑底）开始让位给阶段2（上涨）。尽管我们可以看到股票市场中上涨力量的不断增加，但是在通道上轨附近买进仍然非常危险。比较安全的方法是，耐心等待市场回撤到移动平均线附近再买。如果你错过了第一次反弹的买点的话，这一区域通常代表着绝佳的买进区域。图中，从通道上轨（区域D）开始的第一次回撤，在通道中轨（区域E）找到了支撑。

区域F：市场动量的提升得到确认

股票市场再次发力上攻。价格不仅从区域E上涨到了通道上轨，而且还突破了上轨上涨到更高的位置。

牛市指标

对比从C点涨到D点和从E涨到F点的斜率（见图9-1）我们可以发现，区域E到区域F之间的价格上涨斜率更大，这表明市场动量正在急剧增加。而且，移动平均线通道和MACD指标上升的斜率也在增加，这些都是典型的牛市信号！

上升的斜率、上涨的MACD，以及上涨突破交易通道，这些都是积极的牛市信号！这也说明，市场的下一次回调在通道中轨——也就是移动平均线——找到支撑的概率，要远大于在通道下轨找到支持的概率。

区域G：移动平均线交易通道的中轨

和预期的一样，价格在区域G——移动平均线交易通道的中轨——找到了支撑位。虽然交易价格有所回落，但是市场的上涨动量却仍在累积中。所以股票市场下跌至区域G这种行为，客观上为交易者提供了更好的、风险更低的进场机会。

区域H：预警信号

虽然之后价格继续上涨，并抵达通道上轨（区域H）处，但是预警信号也开始显现。从区域G上涨到区域H的斜率，比从区域E上涨到区域F的斜率要小。这表明上涨动量已经开始衰减。

正如图中区域F所示，当价格上涨到区域H后，市场动量已经不足以推动股价突破通道上轨了。这是另一个动量衰减的信号，这就引出我们的下一条交易规则。

规则五：如果市场的上涨并没有像前一次上涨一样抵达或突破通道的上轨，那么我们就认为市场的价格和动量都将走弱。

根据移动平均线理论，如果价格上涨到新高但是却未能突破通道上轨的话，那么这将意味着顶背离的出现和市场的走弱。

区域 I 到 J：最后反弹的失败

当价格最后一次在通道中轨（区域 I）得到支撑后，发起了多次上涨的冲锋尝试，图中区域 J 展示了最后一次尝试的结果。然而遗憾的是，这次股价并没有成功地冲击到通道上轨。

图 9-1 中的区域 F、H、J 分别对应一次上涨的最高点，而且三个高点和移动平均线交易通道上轨的距离依次加大。尽管区域 H 中的价格要高于区域 F 中的价格，但是区域 F 中价格突破通道上轨的幅度要大于区域 H。至于在区域 J，价格根本就没有触及通道上轨。这一切都表明，市场趋势将会走弱。

区域 H 处的价格未能向上突破移动平均交易通道的上轨，第一次发出了市场趋势即将走弱的警示信号。此时，投资者应该对市场未来短期的走势提高警惕。

（不用说，价格高点在事后可以一览无余，但是在上涨时期，就没那么容易被发现了。这时候我们建议你分析 T 型形态 H—I—J，这一 T 形态的形成受到了从 I 到 J 逐渐减少的斜率的影响。最终高点 J 的形成被第二天高点、低点均不停走低的价格走势所确认。我前面讲过，我们会在图表分析的过程中涉及一定程度的主观性分析。）

果然，市场最终在区域 J 开始下跌。和前几次分别在区域 E、G、I 处获得支撑的下跌不同，这次下跌一直跌至区域 K，击穿移动平均线之后才停止。

规则六：如果市场价格的上涨不能触及通道上轨，那么接下来的下跌很可能会击穿通道中轨——移动平均线。

应该着重考虑的几个问题

在每一次股票市场（或者其他市场）的波动中，投资者应该对比当前市场的趋势脉冲，和前一次相同趋势的市场脉冲的强度。如果价格仍继续下跌，那么你应该着重考虑以下几个问题：MACD 指标向下运行的动量是增加了还是减少了？每次价格跌至最低点时，与交易通道的下轨距离是增大了还是缩小了？下跌的价格斜率是增大了还是减小了？整个移动平均线交易通道向下运行的动量是增加了还是减少了？

在每一次市场价格的上涨中，投资者应该考虑与之相反的问题。上涨动量在消失还是在增强？斜率呢？ MACD 形态呢？价格的上涨和通道上轨的关系又如何呢？通过回答以上这些问题，你就会通过对比过去市场的走势，找到关于市场未来走势的答案。

移动平均线交易通道中的价格形态

大牛市终结时的传统高点形态

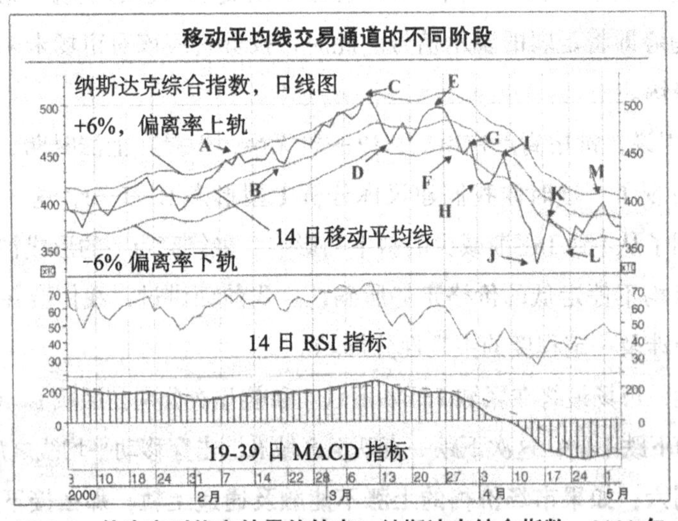

图 9-2 从牛市到熊市的最终转变：纳斯达克综合指数，2000 年

随着牛市在 2000 年 3 月遭遇了巨大的变化，纳斯达克综合指数走出了典型的头部形态。

当然，在20世纪90年代的投机性牛市走到终结前，曾经出现过许多迹象。在这段时间内，市场广度指标失效。从基本面来看，股息分红、净利润与账面价值等因素，和股价比较起来都显得太低。所有这些都指向一个结论，那就是市场已经被严重高估了。无论是专业投资者还是业余投资者，都在为科技股和因特网等概念股着迷。虽然很多研究者（并非绝大多数）也都认同股价过高这一事实，但是又因为贪婪而不愿离开市场。

当然，移动平均线交易通道给出了绝佳的离场信号。下面我们从图9-2中具体分析。

图9-2中的基本要素

图9-2展示的是纳斯达克综合指数的14日移动平均线，采用的移动平均交易通道偏离率为6%。指数走势图下方是14日相对强度指标，图表的最下面是19-39日MACD指标。

此外，本章还要对价格运动、移动平均线交易通以及MACD和RSI这两个市场动量指标之间的关系进行详细的分析。RSI指标是由威尔斯·威尔德（Welles Wilder）——他同时也是《技术分析新概念》（*New Concepts in Technical Analysis*）一书的作者——于20世纪70年代发明的，它迄今为止仍是最终欢迎的技术分析指标之一。

现在我们使用新的移动平均线交易通道规则，对2000年的最初几个月进行分析。

规则七：如果移动平均线交易通道的价格运动，不仅形成了市场顶部或者底部形态，而且还被其他技术指标所确认，那么市场趋势发生反转的概率将大增。对于投资者而言，将交易通道指标协同多个技术指标共同使用，效果更佳。

下面我们来看看这条规则的具体运用。

2000年1月：纳斯达克综合指数的稳健牛市

纳斯达克综合指数在2000年一开始，就表现出非常稳健的上涨趋势，价格温和上涨，既不上涨触碰通道上轨，也不下跌触碰通道下轨。移动平均线本身也处于上涨状态之中。而且，相关的确认型技术指标也纷纷表现出指数走势正在增强的信号：RSI指标读数一直在50（中性）到70（强势）之间波动；MACD指标也在0轴之上平稳运行，这些都确认了指数趋势向上的特征。

2月份的时候一股推力把指数推进到了通道上轨（区域A），与此同时也伴随着RSI指标和MACD指标的同步上涨。很明显，随后如果价格从区域A发生下跌的话，肯定会在移动平均线区域B处（即通道中轨）得到支撑（根据规则四即可得知）。这是下一次上涨的必经之路，而实际走势也确实如此。

后来价格从区域B上涨到了区域C的高点，尽管从B到C的上涨斜率较为平缓，但是区域C的高点的形成得到了RSI和MACD指标的共同确认。此时，趋势反转预警信号的发出条件并不成立，但随后指数就在调整过程中击穿了移动平均线（图中区域D），这种出人意料的走势说明市场可能出了问题。

区域E：牛市在狂欢中走到了落幕

指数的走势呈现出明显的双底形态后又开始了新一轮的上涨，这次指数涨到了区域E，这个位置非常接近但是并没有触及通道的上轨。将这个动作和前一次指数触及通道上轨的区域C作对比，很容易发现市场即将下跌的预警示告。

规则八：如果市场的价格高点未能超越前一高点，那么随之而来的回调低点，很可能会跌至两个高点之间的最低点之下。如果市场低点比前一个低点还低，那么随后出现的反弹，其价格可能无法超越两个低点之间的高点。

此外，其他确认指标也提供了更进一步的预警信号。比如，RSI 指标在区域 E 的读数也低于前高。这表明推动市场上涨的动量开始减弱了。请注意价格走势和 RSI 指标走势所形成的背离。从价格水平来看，区域 E 和区域 C 的高点差不多一样高，然而从 RSI 指标的读数却能很明显看出两个高点前高后低的差别。此时，即使当价格上涨到和 3 月初的高点差不多的位置时，MACD 指标仍转头向下，而且 19-39 日 MACD 指标也跌至它的信号线之下运行，与指数从区域 E 开始的下跌形成了双重顶形态。

随后，价格下跌击穿了前期区域 D 的低点，看样子很可能会抵达通道的下轨。市场由此开始步入下跌阶段。具体理由总结如下：

- 市场反弹至区域 E 的高点低于区域 C 的高点，这意味着接下来市场价格将回调到区域 D 的低点之下。
- 用于确认买卖时机的 RSI 和 MACD 指标，都呈现出典型的下跌形态。
- 在 3 月份的第 3 周，纳斯达克综合指数、RSI 和 MACD 指标开始同步下跌。此时投资者应该果断清仓离场。

区域 F：趋势反转的确认与完成

纳斯达克综合指数确实击穿了区域 D，抵达移动平均线交易通道的下轨，区域 F 处。这次下跌证实了市场至少会发生中等级别的趋势反转行情：从 C 到 E 高点在走低，从 D 到 F 低点也在走低。

参照规则二和规则三，我们会作出股价反弹到通道中轨的预期。但是从 F 到 G 的反弹尝试根本就和上涨行情的正常调整无关，价格又重新跌至通道的下轨区域 H，正好击穿通道下轨。这表明市场的下跌动量正在增加。

从区域 H 发生了一个短期的市场反弹行情，正如预计的那样，这一反弹行情在通道中轨处受阻（根据规则一）。当然，这个走势对于激进的交易者而言已经呈现出获利的机会。然而，这次反弹并不足以确认反转的发生，而是预示着市场正在演化成暴跌走势。

短暂的反弹到移动平均线（区域I）的位置结束，随后就发生了一轮新的下跌，区域J的低点大幅度击穿了通道的下轨（跌至距离下轨很远的位置），此时的RSI仅为30左右（这是严重超卖的位置），而且MACD指标也处于距离0轴以下很远的地方（已经处于负值的极值区域）。这些都表明市场下跌动量保持在高位，市场正处于超卖状态。

底部形态的形成

纳斯达克综合指数最终在区域J得到了支撑，并且快速反弹上涨到了区域K，之后在移动平均线交易系统的下轨处遇阻回落（根据规则二）。

价格从区域K小幅回落至区域L，此时各项技术指标的形态开始转好。在区域J和L之间，RSI指标形成了双底的多头上涨形态。同时，MACD指标线和它的信号线之间的距离也开始收窄。接下来市场开始从区域L上涨，此时MACD指标也开始转头向上。移动平均线通道的斜率也从之前的陡峭向下得到修复，开始逐渐走平，这些都表明市场下跌动量逐渐衰竭。最后，纳斯达克综合指数自身也没有再跌至区域J时的低点，仅仅跌至区域L就停止，这个位置距离通道下轨比前者更近一些。

由于指数在区域L的位置高于区域J，随后出现的从区域L到区域M的上涨就显得顺理成章。这一高点要高于区域K，后者是从区域J开始的上涨的最高点。此时的形态是低点在抬高（从J到L），高点也在抬高（从K到M）。那么综合而知，中级下跌行情即将结束，反转行情呼之欲出。

我们可以从图9-2中学到以下经验教训。

- 对比前期市场拐点出现的位置，和此时移动平均线交易通道的位置，两者间的联系可以为未来的市场走势指明方向。
- 一般情况下，如果价格上涨到或者超过交易通道的上轨，那么在接下来的市场调整中，价格将在通道的中轨（即移动平均线）处得到支撑。
- 同样，下跌抵达或者击穿移动平均线交易通道的下轨后的回调，也通常会在通道中轨遇到阻力。

- 如果市场的上涨（下跌）穿过交易通道的上轨（下轨）太多，那么回调（反弹）时，价格会在上轨（下轨）获得（遇到）支撑（阻力）。
- 市场上涨（下跌）一旦上穿交易通道的中轨，那么至少会有一次上摸（下探）交易通道上轨（下轨）的机会。
- 使用其他技术指标对移动平均线交易通道进行确认。

移动平均线交易通道与市场主要趋势

和 MACD 指标相类似，移动平均线交易通道除了能够反映市场的短期趋势以及中期趋势，也可以用来反映市场的主要趋势。移动平均线交易通道的月线图就可以达成此目的。

像标准普尔 500，纽约证券交易所指数这样的市场指数（在下图中给出）在 1995 年到 1999 年间表现强劲。下面我们将在图 9-3 中详细跟踪观察它们的具体表现。

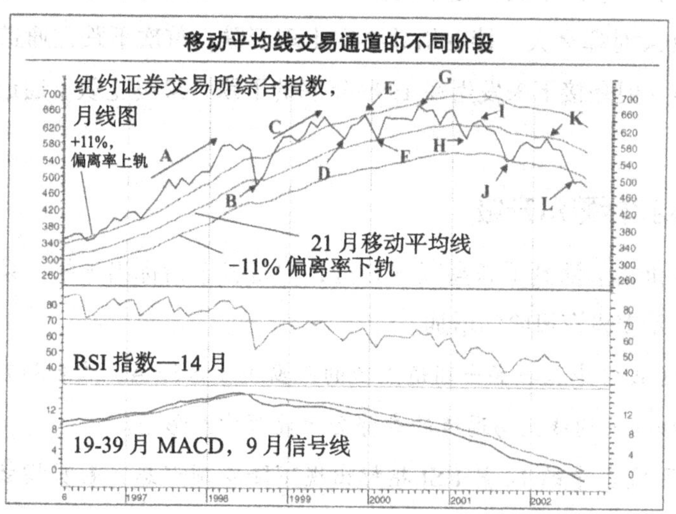

图 9-3　长期移动平均线交易通道：纽约证券交易所指数，月线图，1996 年—2002 年

从 1996 年到 2002 年，移动平均线通道在确定市场主要趋势方面成绩卓著。本图使用的是 21 月移动平均线，通道的偏离率设置为 11%。下图分别是 14 月 RSI 指标和 19-39 月 MACD 指标，主要用于对交易通道所发出的信号进行确认。

1996 年—1998 年：强劲的牛市上涨

证券市场在 1996 年到 1998 年夏天处于强势上涨的行情之中。价格高于 21 月移动平均线交易通道的上轨，而且一直保持向上运行，期间小幅回落至通道上轨处得到有效支撑后继续上涨。在区域 A，指数上涨的速度加快，直至形成双顶形态。

第一次回调在通道中轨止步

到 1998 年夏季，市场发生了一次较为严重的回撤走势。有趣的是，这次调整正好在交易通道的中轨（区域 B）处结束。这充分证明了移动平均线交易通道的交易规则同样也适用于股票市场的长期趋势。

上涨行情再度复苏

价格从区域 B——通道中轨——开始出现重新复苏，重新上涨到了区域 C，此后一直沿着交易通道的上轨运行——可是指数与上轨的距离并没有在区域 A 时那么大。接着指数再次出现下跌，首次下跌在通道上轨处得到了支撑，但是接下来发生在 1999 年底的下跌，最终止跌于通道中轨（区域 D）处。

技术指标警示升级

尽管价格上涨到了新高区域 C 处，但是各个指标出现的一系列顶背离形态，预示着投资风险的增加。

- 区域 C 中指数高出通道上轨的距离小于区域 A，这表明市场指数于移动平均线交易通道的走势会出现顶背离形态。
- 区域 C 中的 14 月 RSI 指标出现下降双顶形态，表明指数的上涨动量开始转弱。
- 19-39 月 MACD 指标线也没有对市场的新高进行确认。这表明市场的上涨已经进入第二阶段成熟期的末尾和第三阶段派发期的开端。

顶部形态的构建

从区域C开始的下跌再次在21月移动平均线处（区域D）得到支撑。随后指数又上涨到了区域E——交易通道的上轨。之后，指数下跌到区域F中轨，再反弹到区域G，此时指数位置距离上轨还有点空间。

根据规则八，股票市场指数不能抵达通道上轨的现象，表明下一次下跌将会击穿通道的中轨。后来指数从G到H的下跌走势验证了这一点。

市场主要趋势开始下跌

长期移动平均交易通道为投资者提供了很多警示信号，能够准确地预测熊市的到来。

纽约证券交易所指数在上涨趋势中产生的一系列高点A、C、E和G，与移动平均线交易通道的上轨距离依次缩小，这表明高点在走弱（相对通道上轨）。而且市场在下跌趋势中产生的一系列低点D、F和H，与通道下轨的距离又依次增大。RSI指标和MACD指标双双发出明显的下跌趋势信号，后者最终跌至0轴以下。这一切都表明市场的主要趋势已经步入熊市。

技术指标形态提示投资者分批减仓

逐渐走弱的移动平均线通道形态，伴随着下跌的MACD形态以及不断降低的RSI动能指标，这一切都表明投资者在价格落入在区域C时就应该谨慎小心了。对市场上涨动量衰竭信号的更进一步的确认是在区域E和（尤其是）区域G。

随着这些技术指标形态的出现，投资者的应对策略通常是逐步减仓其持有的做多头寸，并对剩下的头寸设置比较近的止损价位，以及在走弱信号得到进一步确认时，不断增加卖出的积极性。

我们并不会致力于找到在某个交易日一次性清仓的点位，而是寻找一些时间区间，在这些区间内选择买进、持股以及逐渐卖出的时机。这是因为股票市场运动的四个周期中都是时间区间，而且第三个周期（筑顶）之后就是周期四（下跌）。

下跌得到确认

截至区域 H，纽约证券交易所指数呈现出一系列高点都在走弱，低点也在走弱的情形，这表明市场的上涨动量在持续降低。到了区域 H 之后的市场反弹也未能明显突破移动平均线，这客观上也进一步确认了上述预警信号。

伴随着纽约证券交易所指数从区域 I 下跌至通道下轨区域 J，整个移动平均线交易通道开始转头向下，市场趋势发生了反转。

后来的走势和我们预计的一样，通道下跌过程中指数的首次反弹在移动平均线附近的区域 K 受阻回落，之后在此击穿交易通道的下轨。

指数最终在 2002 年底获得了支撑，转而进入持续低迷的蛰伏期。

当然，市场的价格运动并不一定完全遵照移动平均线交易通道的投资法则，但是这些法则的确能够在很多时候帮助我们发现价格运动中的交易机会，并做出正确的选择。

价格与移动平均线的离差振荡指标

尽管移动平均线交易通道本身就可以帮助投资者做出交易决策，但是有时通过价格和移动平均线之间的关系，将通道数据转化为投资者熟悉的振荡图形式，可能会更清晰明了，有利于操作。

图 9-4 就说明了如何进行这种转换。图中所示的指数是纳斯达克综合指数（日线图）14 日移动平均线，通道偏离率是 6%。

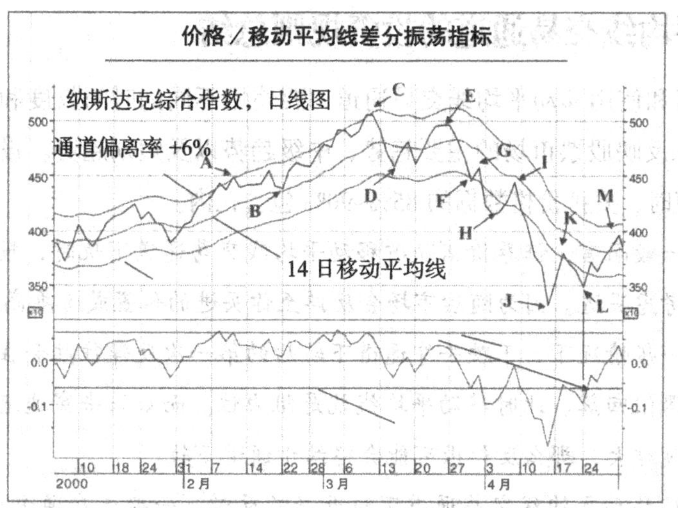

图 9-4　构建移动平均线价格振荡指标：纳斯达克综合指数，2000 年 1 月到 4 月

图 9-4 表明了如何将移动平均通道转变为我们更熟悉的价格振荡图。

图中的下半部分就是从移动平均线通道数据转化而成的振荡指标。其中 0 轴对应的是 14 日移动平均线，位置的高低不影响结果。振荡指标中位置较高的线代表通道的上轨，这里设置的参数是高于 0 轴（或者平均线）6%。较低的线代表通道的下轨，即 0 轴以下 6%。更新每天的收盘价即可更新振荡指标，它反映的是收盘价与移动均线之间的差值。

振荡指标表明，纳斯达克综合指数在 2000 年 2 月到 3 月间走势一直很稳健。指数的前半部分一直在移动平均线交易通道的中轨和上轨（也就是 0 轴和 +6% 线）之间运行。

市场动量的逐渐减少是在指数高点 C 出现之后，因为从那以后纳斯达克综合指数开始走平和下跌，振荡指标的表现是：高点稳步降低，低点也在不断降低。

直至 4 月底出现的上涨行情打破了这一下降趋势线。这表明市场正在好转，此时纳斯达克综合指数的中期底部在区域 L 被探明。

移动平均线交易通道的投资规则总结

计算和使用移动平均线交易通道，要使用不同的时间长度和不同的时间框架来反映股票市场的主要趋势、中级趋势以及短期趋势。设置通道的上下轨值时，要把价格数据的 85%~90% 包含在内。

- 一般而言，证券价格跌破移动平均线交易通道下轨时，投资者可以考虑买进。因为随后市场会反弹至你买进的位置或者更高。
- 一般情况下，下跌击穿通道下轨后的第一次反弹往往会在通道中轨遇阻回落。此时移动平均线就是阻力位。而如果击穿通道下轨的幅度过大，那么反弹很可能会终结于通道下轨。
- 从移动平均线交易通道下轨开始的反弹，一般会在通道中轨受阻，但是一旦其穿越中轨，下一个阻力点则很可能是通道上轨。
- 如果价格上涨至通道的上轨，而且得到了其他技术指标的一致确认，那么市场的回调走势会在中轨得到支撑。
- 如果市场的上涨突破交易通道的上轨，而且其超出上轨的距离小于之前的高点超出上轨的距离，那么这表明价格的上涨动量在减弱。这预示着市场即将发生回撤走势。同样地，在市场下跌过程中出现相反的图形态势，则表明市场将会很快出现反弹。
- 如果市场上涨未能触及交易通道的上轨，那么接下来的回调可能会击穿通道中轨。
- 如果移动平均线交易通道出现顶部形态并被其他技术指标确认，那么市场的上涨趋势很可能会发生反转。
- 如果市场高点未能达到前一个高点，那么在随后的调整过程中，价格很可能会跌至两个高点之间的最低点以下。如果市场低点比前一个低点更低，那么在随后出现的反弹中，价格很可能无法超过两个低点之间的高点。

兼容并包，构建自己的赢家策略

现在是时候坐下来，整理一下种种强大的交易工具了。我们要将这些“武器”按照一定的步骤和顺序组合起来加以运用，以期找到更好的市场投资机会。毋需多言，让我们开始吧。

第一步：确定股票市场的主要趋势和主要周期阶段

趋势判定工具：读者可以使用以下工具和方法来判定股票市场的趋势。

对主要移动平均线方向的判定，建议使用 40 周或者大约 200 天移动平均线。40 周或 200 天的时间参数能够帮助投资者有效地判断市场的主要趋势。判定过程中不仅要考虑移动平均线的方向，而且还要考虑移动平均线方向变化的斜率。当然，价格高于或者低于移动平均线的表象并不重要，反而是价格和移动平均线之间的联系的变化趋势更为重要（具体参阅第三章）。

研究长期移动平均线通道的方向和价格在通道内运动的模式（具体参阅第九章）。

运用月线和周线作为日线 MACD 指标的辅助（具体参阅第八章），将月线和周线级别的 MACD 指标作为股票市场的长期强度指标。

使用前文中提到的工具，判断股票市场处于四个阶段中的哪个阶段，并制定对应的投资策略。四个阶段分别是：阶段一，筑底和吸筹阶段；阶段二，上涨期，即市场最具活力的阶段；阶段三，筑顶及派发阶段；阶段四，下跌，即市场趋势最弱的阶段（具体参照第三章和第八章）。

保持对市场长期指标的跟踪，因为它们过去在对市场低点的预测上表现良好。例如，你可以关注主要趋势波动率模型（具体参阅第七章），也可以关注市场的反转规律，与创新高及新低股票数量相关的指标（具体参阅

第六章）交易者指数指标（参阅第七章）以及主要的市场底部形态。

切忌忽视股票市场的时间周期和政治周期。48 个月（4 年）的股票市场周期在过去的数十年间都表现优异。自 1931 年以来，股市一共经历了 19 个 4 年周期（具体参阅第五章）。在其中的 16 个周期中，标准普尔 500 指数在大选前的几年内都是上涨的，只有在 1931 年和 1939 年出现特例，股市在大选前下跌，在 1947 年股市持平（参阅第五章）。

第二步：检查市场行情指标和季节性周期

持续跟踪纳斯达克 / 纽约证券交易所综合指数的相对强度指标（参阅第二章）。当前者的相对强度走势领先于后者时，几乎所有的市场板块都会产生较高的收益。除此之外，你还可以使用 MACD 指标和以相对强度指标为基础的移动平均线交易通道，来对指数进行持续追踪。

持续跟踪本书第二章中提到的中间货币过滤指标，它和纳斯达克 / 纽约证券交易所指数指标一样，也能够被单独用来确定股票市场是否有利于投资。

季节性因素和周期一样（参阅第五章）也能用来判定股市行情。这其中我最喜爱的就是，从 11 月到来年 1 月的为期三个月的市场周期，因为此段时间极易发生上涨行情。历史上，股市下跌行情常常在 10 月份结束。

第三步：确定市场未来中期趋势的方向和强度，并尝试预估下一次中期反转出现的时间和位置

为达成上述目标，所使用的具体分析工具如下。

MACD 指标（参阅第八章）：运用周线和日线级别的 MACD 指标值，寻找和发现 MACD 指标的趋势，顶背离和底背离，上涨和下跌的斜率，以及移动平均线的斜率转折点等。在这方面，慢速 MACD 是非常有效的。

移动平均线交易通道（参阅第九章）：这种分析方法既可以和 MACD 指标结合使用，也能独立使用，无论用来判定中期市场趋势，还是短期和

长期的市场趋势，它都十分有效。

变动率指标（参阅第三章）：10 日、21 日变动率指标，不仅能够有效地反映市场动量的变化情况，并且能够准确地发现市场动量和价格走势之间的顶背离或底背离，使交易者及时地预见市场可能发生的反转。

市场广度指标（参阅第六章）：及时追踪各主要交易所的腾落线指数，以及创新高新低股票的相关数据。这对于你判断市场行情大有助益。一般而言，当市场广度指标正处于强势运行状态时，股票市场很少会出现明显的下跌行情。而且通过分析创新高和创新低的股票数量的相关指标，你也能更好地预见熊市或者牛市的结束点，发现投资机遇。

如果为了预测下一个拐点可能出现的时间和位置，请使用以下工具：

中期时间周期理论和 T 型形态理论（参阅第五章）；

图表形态——角度变化、反转形态、楔型形态、趋势线支撑和阻力区域（参阅第四章）；

季节性考量；

情绪指标，例如波动率指数（参阅第七章）。

如果你是中线交易者，那么下列这些需要特殊数据的择时交易模型，对你来说非常有用：

纳斯达克指数的三倍动量交易模型（参阅第四章）能够提供具有客观统计学理论基础的买卖信号；

经 MACD 指标修正的市场广度指标模型（参阅第八章），由于该模型经过 MACD 指标的调整，所以对异常强劲的市场广度指标有独到的把握，对中期市场的分析非常有效；

创新高和新低指标，与周脉冲持续信号指标，都能够及时地发现高于平均水平的市场强度状态（参阅第六章）。只要这些指标值在有利的区域内波动，投资者至少可以继续持有头寸。

第四步：通过短期日线甚至是小时级别的市场读数，重新调整中期投资策略

即使你是一个中期市场交易者，下列工具也能够帮助你提升进场交易和离场观望的时间精度。

在分析市场日线 / 小时线数据以研判短期市场趋势和动量时，MACD 指标、变动率指标、图表形态以及短期小时线和 / 或日线市场周期，都是非常有用的。

这是一款非常特殊的短期买 / 卖择时交易模型：短期趋势的日线广度脉冲信号触发模型。虽然模型发出信号的频率不高，但是一旦发出信号，便是非常可靠的，能够用来确认短期飙涨的行情。该指标模型还能结合 MACD 一同使用（参阅第六、第八章）。

我们最爱的共同基金选择策略

当然，还有一些其他的基于股票内在价值或动量指标的模型可以帮助我们选择投资标的。

以相对强度指标（参阅第一章）为基础的选择共同基金的方法，是我最喜爱的投资方法。这一方法强调与相对强度相关的概念，让投资者享受低风险和高回报。我强力推荐！

后记：40年交易生涯的一些心得

虽然我要讲的这些可能并非原创，但是它们很有价值。它们其中有不少都与股票市场没有关系，而是关于一个交易者应该具有的态度。很不幸，绝大多投资者都在经年累月的投资中缴纳了过多的学费。我自己也支付过高昂的学费，才从市场中学到了很多。与本书能帮你节省的钱和时间相比，本书的价格实在是显得微不足道。下面就是我的感悟，并没有什么特别的顺序。

我认为新闻媒体，包括电视中的股市专栏没有任何价值。绝大多数时候，它们总是在事后分析市场的趋势，而不是对市场作出预测。现在我所遵循的一般原则是，反其道而行之。每当某畅销杂志和主要的财经报道，头版头条都在长篇累牍地讲述股市的低迷，以及投资者的厄运时，那正是你买进股票的好时机。同样，在预测股票市场的未来走势方面，所谓的知名媒体和财富专栏的投资顾问，他们自始至终都没能很好地预测市场。这一点从记录中就可以看出，这些股票市场的“先知”们，其实并不比普通人聪明。

可能适时地参加一些沙龙、论坛以及会议，学习一些市场投资的交易技巧等，会对你的投资有所帮助。但是我认为更重要的是，投资者要依据自身的条件自行揣摩和摸索，并领悟处一套独有的投资决策方略。当然，对于你自己作出的糟糕决定，你也必须接受应有的损失。

类似地，最好将个人的投资纪录和业绩表现私密地保存下来。四处吹嘘自己的成功，却害怕提及自己的失败经历，这对你的投资表现没有任何帮助。

人类的天性总是使投资者错过最优的交易决策。我们喜欢获取利润，讨厌遭受亏损。而作为这一天性的直接结果，交易者总是会选择过早地卖出自己走势最强的头寸（锁定利润），或者一直持有那些走势最差的头寸（“我不卖就不会亏损”），而不是“截断亏损让利润奔跑”。

切记，即便是依靠最好的市场择时交易工具，也只能在部分时间区间内获取利润。但是平均而言，凭借它们所获得的盈利会更大一些，亏损会更小一些。

投资的本质是让你投入时间和资本以获取好的收益，而不是让你自我感觉良好。我知道有太多太多的人，在1999年到2000年间新经济泡沫从膨胀到破灭的过程中，损失了大量的财富。他们的失败并不是没有认识到当时股市的风险，而是他们一直沉浸在牛市期间“买什么都赚钱”的“自我感觉良好”心态中，即便是牛市散场也不愿离去。

你买的股票上涨了和你是个投资天才是两码事，一定不要搞混了。

对于绝大多数人而言，在市场中频繁地进进出出进行交易，最终获取的收益并不见得比中长期投资高。因为你的收益往往很难弥补你在频繁交易中产生的费用和滑点价差。当然，确实存在不少交易者能做到短线获取巨额利润，但一定不要认为那就是你。

错过盈利的机会，要远比遭受损失好。关于这一点，你可以回顾一下第一章的内容。

在大多数情况下，我建议投资者不要在股市刚开盘的时间段操作。每个市场每个交易日都有休市的时间，通常在东部时间上午11：30左右和下午1：15到1：30之间。这段时间市场相对平静，投资者作出的决策可能也更加明智。

从你开始进场投资的那一刻起，就应该准备好何时离场。

你用于投资的资金应该在你可以承受的损失范围之内。

一次成功的交易可能会令我们感觉良好，连续两次成功的交易会让我们感觉自己很聪明，连续三次成功的交易会让我们觉得自己简直就是个天才，但是亏损可能就在此时发生。

记录下失败的投资经历。看看是哪些非理性因素导致你偏离了一些最基本的交易法则和投资原则。投资难免会有失误，但是并非每次亏损都源自于错误的投资决策。证券市场就其本质而言，就是一个概率游戏。

最后，我们已经学习了数量繁多的交易技巧和交易工具，它们是用来鉴别最有利于投资的市场环境，捕捉最佳的投资时机的。你没有必要一直待在市场里。如果市场的走势不明朗，或者你不太有把握的时候，就先离开市场，休息一段时间，等一切都明朗了再作决策也不迟。

迄今为止你已经学完了一系列本书中所列举的工具，我相信你会找到一些真正有用且功能强大的交易工具。既然你能够一直坚持学到现在，那么我相信你也一定拥有足够的毅力去获取成功。这个市场中有成功者，也有失败者。我们当然都渴望成功，但是更要学会如何从失败中重新崛起。

最后，衷心地祝愿你的交易生涯成功！

版权声明

著作权合同登记号 图字：01-2016-1233 号